문학을 흉내내었읍니다

문학을 흉내내었읍니다

초판 1쇄 인쇄	2024년 08월 02일
초판 1쇄 발행	2024년 08월 16일
신고번호	제313-2010-376호
등록번호	105-91-58839
지은이	허신
발행처	보민출판사
발행인	김국환
기획	김선희
편집	조예슬
디자인	다인디자인
ISBN	979-11-6957-203-3 03810
주소	경기도 고양시 일산동구 연리지로 51, 라몬테이탈리아노 411호
전화	070-8615-7449
사이트	www.bominbook.com

- 가격은 뒤표지에 있으며, 파본은 구입하신 서점에서 교환해드립니다.
- 이 책은 저작권법에 의하여 보호를 받는 저작물이므로 무단 전재와 복사를 금합니다.

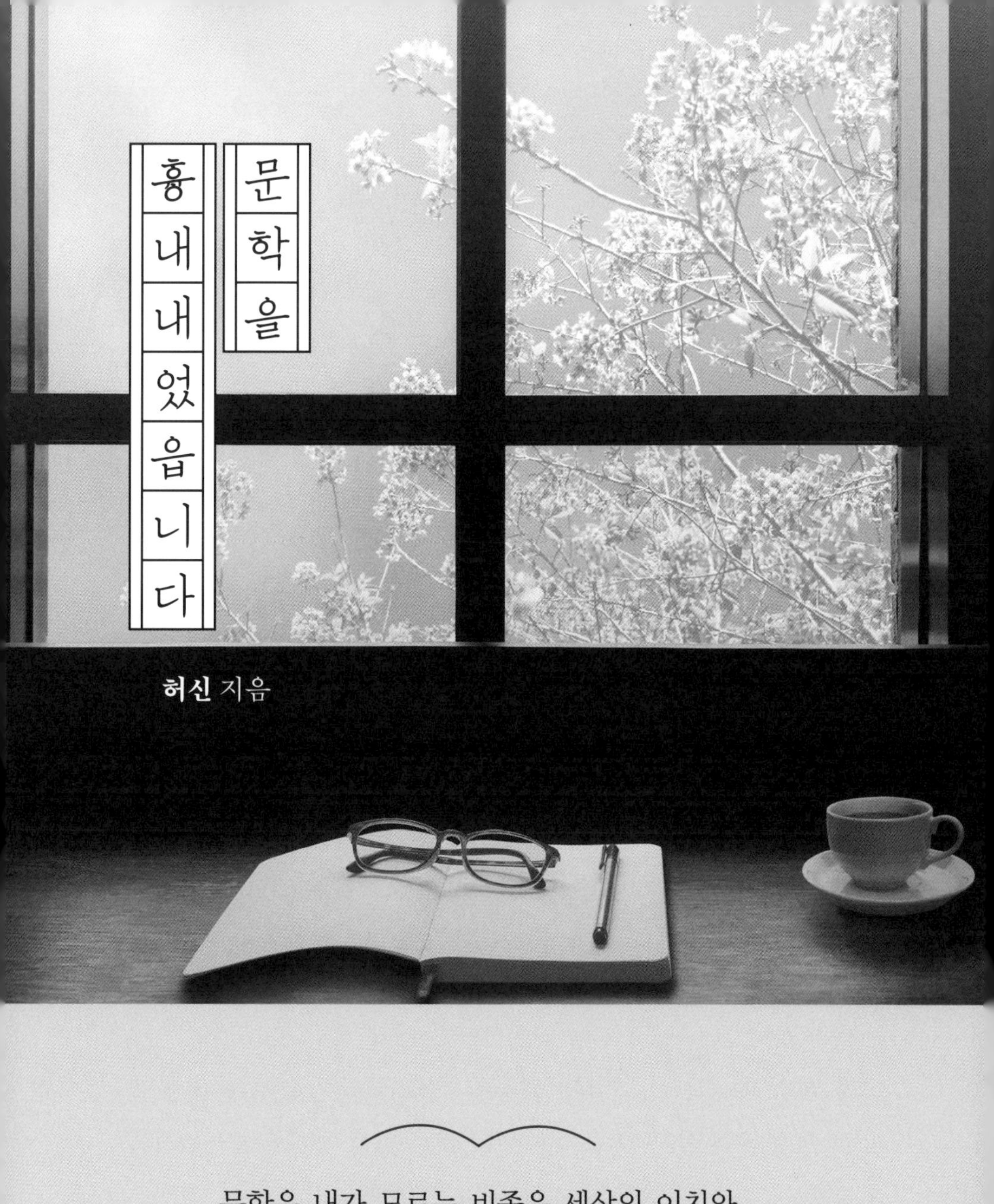

문학을 흉내내었읍니다

허신 지음

문학은 내가 모르는 비좁은 세상의 이치와
앎의 지혜를 배우는 마음의 양식이다

보민출판사

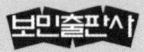

첫머리에

• 나의 생각 하나

　문학이 인간의 삶을 지지하고 닦아옴에 그에 걸맞은 지적 풍요와 세상살이에 힘이 된다는 걸 어쩌면 우리는 모르고 산다. 문학으로 하여 내가 모르는 비좁은 세상의 이치와 앎의 지혜를 배우고 눈으로 보고 생각으로 읽어 마음의 양식을 쌓는 지혜의 샘이 곧 문학이 아닐까 한다.

　삶과 죽음이 교차하는 극한의 상황에서 생존의 버팀목이 되는 현장을 본다는 것은 그 자체로도 가슴 벅찬 감동을 준다. 그러므로 나는 왜 정신적 고뇌와 고단한 일상을 포기할 수 없는지에 대한 분명한 이유는 무엇일까? 나도 잘 모르는 그 기억은 희미하다. 그저 내가 하고 싶어서 하는 일이고, 전업이 아닌 취미이며, 노동을 마친 빈 공간의 시간을 할애하는 부단한 수고로서 남들이 할 수 없는 이고 진 생각의 짐을 덜기 위한 이해 불가와 도전의식이 감행하는 나만의 정신적 호재여서라고 말하고 싶다.

　사람은 죽어 이름을 남기고, 호랑이는 죽어 가죽을 남긴다는 어록에 힘입어 감히 발칙한 발상으로 내 육신을 고문하는 처연함의 모태일 것이다. 끝까지 억지를 쓰며 세상을 살기로 했다. 난무한 필서, 오늘도 쓰고 지우고 구겨가며 정신적 지주와 힘겨루기를 한다.

  내일도 쓸 것이다. 이것이 내가 사는 오늘이며, 행복한 일상이다. 인생은 행복의 열반에 이르기 위한 자기 부정의 길이라고 티벳의 지도자 붓다, 그가 역설했다. 현실의 짐, 마음의 짐을 기꺼이 내려놓고 주어진 삶에 익숙할 때 그것이 자기 부정의 열반임을 자처하는 의미가 깊다. 그 어떤 것이 진정한 행복인지는 인생 저마다의 생각과 마음속에 있을 거라는 의미일 테고, 나 하고자 했던 일에 도취되어 최선을 다했을 때 얻어지는 성취감일 때 그것이 곧 그가 이른 행복의 열반이라는 뜻풀이가 아닐까 한다. 그릇이 큰 인물이 한 말씀을, 감히 무지한 내가 그 까닭을 이해하기란 참으로 버거운 일이다. 눈이 보배여서 보고 느끼며 살아온 삶의 연륜을 훔치기라도 해야 할 만큼의 시간에 청산의 한 줄기 빛이라도 보았어야 할 작금에 허망히 몸은 늙고, 삶은 기로에 서 있을 때 이것 또한 공적 열반에 속한다면 나도 붓다와 하나가 된다. 물씬 한 줄기 소나기에 땅이 패여 돌멩이 하나 흉물스럽게 드러나듯 나의 정체성이 붉어졌다.

  표적과 궤적이 있다. 표적은 내 생각의 목표물이고, 쾌적은 목표로 달성했을 때를 이른다. 그 궤적에 맞춰 시위를 당긴다. 나에게 그 처연함이 있다. 내 안에 붓다가 있다.

문학은 내가 모르는 비좁은 세상의 이치와
앎의 지혜를 배우는 마음의 양식이다

시간의 공휴

커피 한 잔 시켜놓고 그 님 오시길 기다리지만, 웬일인지 오시지 않네. 그대 이 마음 모르시나봐. 뜨겁던 커피는 식어가고 시간만 자꾸 가는데 왜 이리 아니 오실까? 가슴이 따뜻하게 빨리 날 사랑하러 오세요.

종이컵 위의 예술

몽실몽실 김 안개 서려 오르는 따끈한 커피 한 잔 손에 들고 찐한 향 음미하다가 얼핏 눈길이 닿은 곳, 종이컵 겉면에 낭만이 있다. 서양 그림이다. 고성이 있는 언덕 아래 노천카페, 파라솔 그늘에 차를 나누는 낭만의 두 여인, 그 옆에 신문을 펼쳐 든 사람 느긋함이 있어 좋다. 그래 인생은 이렇게 사는 거야. 오늘 차 한 잔의 여유에서 얻어낸 한 뼘의 행복론.

봄을 찬미하다

4월도 중순, 탐지고 멋스럽던 목련은 지고 온 산하 붉은 진달래꽃 제철 한없이 여유롭다. 물올라 통통해진 노란 개나리는 어떻고 설빛 갑사 치마인 양 하늘거림이 눈망울을 유혹한다. 너울가지 다투어 삐죽이 푸른 잎을 틔워 내려는 의지 강하다. 숫처녀의 야무진 젖망울처럼 툭툭 불거진 잎새의 눈.

빈자

일모도원日暮途遠, 해는 저물고 길은 멀다 함이니 오죽한 인생 살이 가진 것 아무것도 없다 보니 빈 보자기에 쌀 것이 없네. 팔자에 없는 부는 마음속에만 풍부하다. 허나 한탄도 후회도 없네그려. 초저녁달 기울 듯 세월은 무상한데 이놈의 인생은 자꾸 황혼으로만 간다네. 훠이훠이 훠이훠이 서산 넘는 노을빛 곱기만 할세. 끝물로 지는 인생을 화답하며 속눈썹 적신다.

고양이 사랑

나비의 소리 처량히 들리는 까닭은 = 사랑에서 나오는 내 진한 감정일 터. 기분 좋은 소리마저 애절히 들리는 까닭은 = 내 지극한 가슴에서 나오는 짜릿한 전율일 터. 애절하게 울어댈 때 견딜 수 없는 고통 같은 것이 밀려오는 까닭은 = 더불어 살아가는 생명 보호 본능적 공생관계 마음 나눌 어떤 인간적 책임감 지대한 내면의 치유에서 오는 내 사랑의 심리일 터.

비 오는 수요일

노동의 시간은 장장 남아 있고, 달밤에 체조라도 할 판인데 무심히 비는 내리고 나는 나무에 걸터앉아 있다. 탄산수처럼 튀어 오르는 물방울을 바라본다. 탁탁 똑똑 낙수의 소음도 가지가지. 저 작은 굉음처럼 우리네 인생도 세상사 모두는 저 별스런 낙수처럼 다양한 것을. 을씨년스런 오늘 같은 아침이면 담배와 뜨거운 커피가 제법 어울리는 아침, 고인 물에 낙수는 수없이 동그라미를 그려내고.

쥐구멍에도 볕들 날

여보게, 언제부터 허가가 이렇게 변했나 그래. 이젠 숨 좀 쉬나 보지? 봇장이 확 영글었어. 거금을 투자해 안달하던 서재를 마련하고, 그득히 책을 꽂고 대형 유리 책상에 앉아 책 읽고 글 쓸 내 앉아 있는 폼이 뭔가 될성싶어 그럴듯허이. 참말로 꼴뚜기가 오징어 되는 것 아녀? 사람 팔자 시간 문제. 으쨌거나 길 나선 김에 일구월심 가문에 영광을 앵겨브러. 베스트셀러는 주인이 없거든.

금지된 먹거리

술 = 마시면 지랄하는 엠병주, 도깨비 국물

담배 = 돈 타는 냄새, 구름과자, 백해무익

기름진 고기 = 육신을 피폐하게 만드는 악마의 살점

술 = 방탕과 헤픔, 또라이, 가치 하락, 추태, 실수의 근본

담배 = 흘러가는 구름, 허무주의 삶의 질곡을 무너트리는 병폐, 건강의 적, 육신을 학대하는 잔혹 행위, 죽음의 그늘

·

문명의 이기, 벌목

두 팔 벌려 가슴으로 안았다. 두 번을 안고도 모자라 반 아름을 더 안아보는 아름드리 치수. 도도히 버티고 섰을 우람함. 원숭이가 마르고 닳도록 오르내렸다. 나무늘보가 느림의 미학으로 매달려 오수를 즐겼다. 비단뱀도 도래도래 몸 감아올라 그늘에 망중한을 달랬을 거목. 어느 재수 옴 붙은 날 문명이 다가와 굉음과 함께 토막 난 둥치 고사떡 흩뿌리듯 세계 곳곳에 팔려나간다. 하늘이 노할 슬픈 운명 목(木)이다. 이별의 노래조차 부를 새도 없이 운명을 다한 슬픈 거목. 원숭이도 나무늘보도 비단구렁이도 꺼이꺼이 울었다. 물살 거친 파도에 멀미하며 태평양을 건너고 인도양을 건너 현해탄에 이르러 여기까지 실려왔구나. 네 몸 잘린 밑동만 홀연히 남긴 채.

·

태오름의 갈채

어둡고 깊은 습한 곳에서 돌과 흙을 머리에 이고 한겨울 인내하다가 때가 되면 가늘고 여린 싹을 틔운다. 대단한 역동으로 떡처럼 굳은 땅 들어 올려 빼꼼히 고개 내밀어 세상에 오른다. 숨 가쁜 여정이다. 호감 있는 갈채 아낄 수 없다. 잡풀 한 포기 뽑으면

서도 미안함을 감출 길 없다면 그것은 사랑이리라.

•

천성

　인체 중 유일하게 늙지 않는 것은 성대다. 한번 아름다운 목소리는 늙은들 여전함이다. 노래에 미쳤던 시절 출세를 위해 필사적 몸부림치던 시절, 그 젊은 날의 화려함. 오색조명등 무대 위 마이크를 놓은 지 강산이 서너 번 변했다. 원년 70이 내일모레이건만 그때보다 더 성숙해지고 중후한 멋이 깃든 목소리, 숨길 수 없는 자신감이다. 화려했던 그 시절이 다시 오랴만, 세상의 줄을 잘 못 서서, 돈이 없어서, 수단과 빽이 없어서 꿈을 접어야 했던 기막힌 사연의 과거였지만 오늘따라 추억과 함께 기약 없는 희망 하나가 생겨난다. 내 어머니, 아버지가 주신 능력 배가 되어 넘쳐나도 그 능력 발휘 못하는 딱한 자식, 일구월심 노력과 행동으로 일관한들 어이 미치지 못하니 통곡이라도 한 판 헐량이니 쓰린 가슴이다. 가다 못 가서 아니 감만 못한 올 스톱 인생, 그렇게 큰 뜻은 산산이 부서지고 피멍으로 남아버린 허망한 가슴. 구천의 부모님 차마 못 봬올 민망함 구구절절 애절한 마음인데.

•

공원의 수목

　푸르다. 힘찬 푸른 잎새다. 아름다움으로 우거져 한껏 멋을 부린 공원 나무들의 아름다움 속으로 날아든 새들의 노래가 있다. 올봄 태어나 처음 어미를 따라 이소하는 노란 부리 어린 참새가 두리번거리며 가녀리게 짹짹댄다. 엄한 어미의 훈련으로 이제 혼자 살아가야 할 심오한 삶의 여로를 배우는 중이다. 참새 일가의 거룩함이다. 새벽 6시 13번 버스 안에서 내다본 아름다움이다. 나 지금 정든 철물점집 검둥이를 보러 김포 가는 중.

·

신판 홍길동이 난리친 사연

　동에 번쩍 서에 번쩍 구시대 전설적 인물 홍길동의 나르샤 일화. 싸질러 해갈함을 견준 것이로되 비스무리 나도 좀 써먹고 싶어 엇때 꽈나… 인간의 임의대로 대지의 형질을 멋대로 바꾸는 행위는 철퇴 맞을 일. 오얏! 어제까지도 있던 산이 이태 만에 없어지고 골짜기가 평지가 됐다. 생물이 존재하고 조수의 간만이 출렁이던 바다가 흔적도 없이 사라졌다. 차마 못 볼 지경에 안달이 난다. 디지털 삭제 놀이에 이골난 버릇인가? 없애는 걸 좋아해 빌어먹을 못된 군상 심리. 귀신이 곡할 노릇이 아니다. 과연 그 산이 저기에 있었을까? 아리송 돌아버리는 중.

·

꿈같은 세상이면

　고단한 일상 노동에 지쳤다. 허울을 뒤집어쓴 가면, 인간의 만용에 지쳤다. 눈 감아버리고 싶은 세상, 모가지가 우뚝해서 인두겁을 뒤집어써서 만물의 영장류라서 모두가 가증이고 위장이다. 깔고 뭉개야만 살아남는 세상이라는 그릇된 인식, 편견만이 세상 전부였던 인류의 창조시대로 되돌아가야 할 지금이다. 세상에 벌어지고 있는 인간의 비망록. 시기, 물욕, 모함과 아집, 광기, 탐욕, 도태되어야 할 것은 동물이 아닌 인간이다.

•

섭리

워매, 파리도 씹혀요. 이 딱 붙어 한참 재미 중이구마이. 앗따 느그들 종자 맹그느라 용깨나 쓴다야. 시방 기분 째지제? 허는 재미가 바로 그거여. 우주 만물 섭리가 다 요로콤 요로콤 요상시럽당게. 그나저나 똥 빨어 먹는 파리도 짝이 있는디 반백이 돼도 요 놈의 인생은 왜 짝이 읍쓰까이. 시상이 참말로 야속시럽구마니라. 종래는 총각 귀신으로 인생 마칠려나. 그 흔한 과부는 다 뭘 한다냐? 홀아비를 혼자 놓아두고.

•

노망 타령

무자식 상팔자 = 내시가 하는 소리

아들딸 구별 말고 둘만 낳아 잘 기르자. = 아날로그 밀가루 배급 타던 시절 이야기

각설하고 이 몸이 검불처럼 쓰러져 먼 나들이 황천길 떠날 때 대나무 지팡이 굴건제복 아이고 지고 어허어야 배웅하며 영혼을 위로할 맏상제 하나 없다. 가슴에 상처 하나 들어앉았다. 허망히 바람개비 되어 돈다. 해방 그 이듬해에 태어난 1949년생 비망록 피뿌림이 있던 6.25가 나기 한 해 전이다. 뭘 하고 자빠져 우애 씨 오쟁이 한 놈 못 받았노? 누가 아나? 도술이라도 한번 부려봐라.

이야으잇 아들아 나와라 뚝딱. 종자가 멸해 대가 끊긴 묵사발 가문.

•

화분

청 너울 잎새로 비집고 우뚝 키가 올라온 꽃대. 백모의 붓끝처럼 가즈런히 요염 부리다가 절정에 이를 즈음이면 청솔에 올라앉은 한 마리 학이 된다. 비 개인 오후쯤 만개하면 양손을 마주 오무려 쥔 듯 보호성 강한 정갈로 피워낸 흰 꽃잎, 흡사 그 중앙에 청보리 이삭 같은 씨오쟁이 하나 매단 듯 신비스럽다. 이 봄엔 다섯 송이의 학이 피어올랐다.

•

고독한 자유

읽는 버릇, 쓰는 버릇, 청승 같은 메모가 내 심취 문학의 3궁합이다. 한 우물을 파는 중이다. 야독. 자꾸 새벽으로 달아나는 밤이 야속타. 소설을 쓰기 위해 노력한다는 것. 한번 해보자는 자존심, 완벽으로의 기대감. 고독한 길 위에서 누리는 놀라운 자유가 작가의 행복이라기에 내가 꽃처럼 피어나기 위하여 노력하는 물망초.

•

길은 만들면서 가는 게 길

강산이 네 번쯤 변했다. 40년쯤일 게다. 1970년 싱겁게 시작한 막연한 글쓰기. 어떻게 하리라는 계획이거나 의무감도 없이 낙서로 시작한 글쓰기. 세상 물정을 이해할 성년이 되어가면서 문학적

사상으로 물들어갔다. 문학의 치밀성을 조소하듯 능력과 한계를 잊은 채 그렇게 건방져 갔다. 40년이 흘렀다. 능력과 자질을 일깨워줄 글쓰기의 자양분인 책을 읽지도 않았다. 그저 내 안의 통찰력, 분별, 감상적, 남다름, 자만심 하나만 믿고 까불었다. 인내라고 할까? 질긴 옹고집 하나와 집념이 드디어 2014년 2월 한 권의 자서전을 발간하게 된다. 나 개인의 영광일 터이고, 가문의 한 점 빛일 수도 있다. 타이틀 〈꿈이 머문 슬픈 인형〉이다. 기쁘거나 자만치 않았다. 그냥 덤덤했다. 꿈, 그것은 절대적 소망이다. 꼭 해내야 하는 나와의 약속이다. 로망이 한 줄기 빛이 된 내 역사의 날이다. 인터넷 세상에 올라 미력하나마 돈을 주고 사야 하는 책이 된 것이다. 국립중앙도서관에 영구 보관된다는 기쁨 하나는 도저히 감출 길이 없다. 세상을 다 가진 듯 행복했으니 이는 곧 문학이 준 행복이리라.

・

고독을 사랑합니다

나는 조용한 외로움이 좋다. 아무도 없는 외진 산속에서 외로움에 묻혀 사는 자연인이 되고 싶다. 옛적에도 혼자 독방을 쓰며 살아 외로움에 익숙하다. 물질 풍요와 문명 이기, 폭력, 다툼, 모함 이런 세상이 더러워 죽을 만큼 싫은 까닭이다. 부처가 깨달은 자비는 실종됐다. 돈만 밝히는 한국 불교가 싫어 한국을 떠나겠다는 푸른 눈의 수행자 현각스님 참 슬픈 일이라고 했다. 존엄과 미덕, 존재의 가치, 도깨비 세상 인성교육이 절실하다. 천지창조를 행하며 깊고 외진 수림에 범처럼 묻혀 머물고 싶다.

일상처럼

매일매일 12시가 넘어 죽었다 살아나는 시간 새벽 5시 10분. 먹어야 양반, 한 숟가락 냉수에 말아 후루룩 물배 채우고 나서는 출근길 목숨 부지하려는 노력만큼은 가상하구나. 오전 10시면 뱃속 창세기가 뭘 좀 달라고 깡통을 두드려댄다. 애인을 기다리듯 12시만 기다린다. 살랑살랑 한 공기 게눈 감추듯 욱여넣고 커피 한 잔 손에 들고 이빨을 쑤시니 무릉도원이 따로 없다. 다람쥐 쳇바퀴 인생 밥을 버는 운명의 노동판.

고발장

거꾸로 가는 21세기 조롱법. 법이 왜 이래? 간통을 폐지하고 추행은 기가 살아 철부지 어린 것 쓰다듬고 만지기가 큰 죄라니 참 무섭네. 법에 이의 있습니다. 할아버지가 외손녀 이뻐하는 것도 추행죄에 해당됩니까? 무방하다구요? 오~ 참 다행이군. 털썩 털썩 법이 주저앉고 기후변화에 빙산이 무너지고, 예쁘고 사랑스러워도 표현이 두려운 사랑. 가까이하기엔 너무 먼 사랑. 인간 본연이 범죄라니 아, 서정이 메말라간다. 허허. 세상이 왜 이래.

없는 게 쇠아들

높이가 700이요, 발판 넓이가 400, 길이는 800. 이 비좁은 공간 여기가 여덟 시간을 꼬박 서서 일하는 작업공간이다. 고막을 찢는 기계소음, 날리는 분진, 떨떨거리는 지게차, 염장 지르는 안하무인 사장의 이죽과 핀잔, 안 들어도 될 잡소리. 자존심을 억누르며 이 나이에 이게 뭔가 싶은 슬픈 연가래도 내지르고 싶은 심정. 이런 하루가 등짝의 진땀과 함께 황망히 간다. 내 불쌍한 삶 영원을 위한 무던한 몸부림. 나이 탓이 아니다. 양팔은 이미 무거운 나무 들머리에 녹초가 되어 저리고 쑤시고 진저리친다. 움직임 둔한 좁은 공간에서 말뚝처럼 설 수밖에 없는 양다리엔 피가 몰려 감각이 무뎌진다. 고질이 되어가는 다리 걸음걸이가 절름댄다. 이러다 팔자에 없는 병신이라도 되지 않을까? 걱정스러움은 매일매일 날 불안케 하고.

●

마음이 가는 사람

내 애인이 되어줄래? 도대체 뭘 어쩌자는 건데? 마음이 가고 생각이 미치고 행동하게 만들지만 무엄하게도 신중을 기해야 하는 일, 하루가 생각으로 머문다. 집착, 충동, 하얀 낚싯밥의 빌미. 처음은 이렇게 대천지의 오지랖 같은 것일까? 더러는 공연한 착각일 수도 있다는 개념 하나, 인간성 체통에 치명적 오류 남길 수 있는 운명적 기로와 같은 것일 수도. 아직은 담 높은 금단의 문, 무지개빛 오작교는 희망이 두 배 되는 한 줄기의 빛. 태공은 낚시를 드리운 채 침묵으로 일관하거늘 때깔 좋은 물고기는 그럴까 말까 시치미를 떼는 중. 깨달음을 기다리는 석가모니 같은 나날, 나는 지금 수행 중. 열 번 도끼질에 결국 나무는 쓰러질 터. 나는 지금 잠자는 사자의 콧구멍을 찌르는 중.

농담 따먹기

누구나 다 아는 사실, 과부란 혼자 사는 여자의 이름, 임자 없는 쓸쓸한 사람, 혼자라서 외로워 남모르게 눈물 흘리는 사람, 팔자타령 신세타령 뒤척이며 까만 밤을 하얗게 지새우는 사람, 과부는 뭇 사내들의 시선으로 여왕벌 같은 존재. 개똥참외도 먼저 맡는 게 임자라는 수컷들의 찐한 농 "우심깜뽀"얘, 허가야~ 해석해라. 아랏쓰으. 답 = 우리 심심한데 깜깜한 데 가서 뽀뽀나 한 번 할까? 과연 명언이로고. 그대가 보고자퍼 늑대가 우글거려. 자나 깨나 불조심, 꺼진 불은 볼 것 없고, 사람은 개조심. 여자는 남자 조심. 옳은 개소리.

No 잉태의 이유

오늘날 왜 아이의 울음소리가 안 들리는가? 세상이 버겁다 해서 태어나지 않기로 했어요. 효녀 심청이가 되고 싶어요. 열 달 배 아파할 엄마가 불쌍해서 효녀가 되기로 했습니다. 그래서 잉태를 거부했구요. 아이야, 그러지 말구 세상에 한 번 나와보렴. 싫어요. 이만한 문명의 이기와 밥벌이가 지겨운 세상의 이치에 아빠가 지쳤대요. 그래서 세상에 안 나가려구요. 아이야, 그러지 말구 세상에 한 번 나와보렴. 싫다니까요. 언니, 오빠 가르치고 먹이는 데 허리가 휜대요. 가진 건 없고, 자꾸 나이는 먹고, 사는 게 갈수록 착잡해서 정착할 희망이나 행복이 그 어디에서도 찾을 길이 없대네요. 그래서 싫어요. 오늘을 보세요. 세상은 점점 더 어지러워져

무역 교류, 전쟁과 땅뺏기 욕심으로 서로 맞총질도, 살상을 일삼는 그런 비극의 세상에 절대 나갈 용기도 이유도 없구요. 안 나갈래요. 참 딱하고 어지간헌 게 인간입니다.

•

전생

이놈에 전생은 아마도 짐승이었나? 개가 좋고 고양이가 좋다. 빨간 혀를 빼물고 학학대는 개가 좋고 할퀴는 고양이가 좋다. 넘치는 사랑과 진실함이 있어 좋다. 가깝게 지낸 인간의 간교에 속고 배신에 울었다. 위선자, 겉과 속이 다른 사람이 싫다.

•

봄이야 여름이야

강남 간 제비 3월이면 영락같이 왔건만 그 흔한 제비 보지 못하고 3월이 갔네. 이 봄 첫 흰 나비를 보면 집안에 초상이 난다는 가설은커녕 호랑나비 한 마리 볼 새도 없이 3월이 갔어. 키 큰 무장다리 꽃이라도 피었더라면 나비쯤은 볼 수 있었으련만 계절이 무색하다. 계절 아닌 계절에 살다 보니 계절 감각도 뜨악하고, 봄인 듯하다간 여름이고 헷갈리는 세월에 산다. 사계가 뚜렷했던 삼한사온은 슬그머니 내빼고 환경이 미쳐가는 징조다.

•

천주의 한

차만 타면 지척인데 부모님 산소 자주 못 가는 건 아마도 정

멀어진 망자여서인가 보다. 심성이 글러 먹어 내남보살이 아니다. 목구멍이 포도청이구 극 터듬는 절박한 삶에 족쇄되어 심신이 고달픈 이유도 있겠지. 천륜은 1백 년을 간들 변함없으련만 살아생전 못다 한 불효, 평생의 짐처럼 무거울 뿐이지. 이런저런 생각에 사는 게 웬수 같다.

•

억겁

    인생사 한두 해 아닌 자그마치 강산이 여섯 번을 뒤집은 억겁의 육자백이 세월이었다. 재미있게 행복한 세월이었다고 말하기는 양심상 할 수 없어서 자신을 학대하며 채찍을 든 내 육신에 미안함뿐이다. 집을 떠난 여유로운 휴식, 맛깔난 먹거리를 찾아 밥상머리를 떠난 적 있었을까? 산과 계곡물을 찾아 충전의 시간 따윈 남의 이야기일 뿐, 이렇게 나는 못난 세상을 살았다. 취미 불가도 한몫 했겠다. 미지근하게 생겨 먹은 태성. 부지런하기는 했지만 실속은 없다. 여유 부린 그 아무것도 없다. 빈손이다. 다 내 탓이요, 누굴 원망할 일 없다. 다행스럽지 아니한가? 원대한 그 무엇 희망 하나가 정신적 지주로 버팀목이 되어 우뚝 섰다. 해가 서산에 기우니 갈 길이 바쁘다. 막장의 짐이 큰 산이다.

•

회상

    아날로그 시대의 한 줄기 소나기는 마당에 미꾸라지를 데려다 놓았다. 비 개인 오후면 얽개미로 논배미 둠벙에 민물새우도 건

졌다. 옥수수 알갱이는 쥐가 다 파먹고 밭고랑 바랭이풀은 웃자라 김맬 생각을 하니 더운 날에 걱정이 크다. 미처 거둬들이지 못한 강낭콩은 장마에 썩어 싹이 나고, 하루살이가 들끓는 해 질 녘 빙글빙글 악다구니를 치다 하나둘 땅바닥에 생명을 놓는다. 아버지가 좋아하는 무 숭숭 썰어 넣고 끓이는 국에 새우살은 빨갛게 익어가고, 저녁 상차림에 덜그렁 절그렁 분주한 어머니.

•

가을로 가는 길

두루뭉술 한껏 어우러진 남색 나팔꽃 넝쿨 사이로 가을이 스며든다. 하늬바람에도 달랑대는 청순한 나팔꽃. 홀연히 벌 하나 이 꽃 저 꽃 옮겨 날며 꿀을 찾는다. 늦게 핀 노란 호박꽃에도 벌 날아들고 하늘은 점점 높아지고 가을은 자꾸 깊어간다. 노을 붉은 저녁 하늘에 줄지어 나는 기러기는 남으로 남으로 가고.

•

토요일 아침

조간을 보는데 콧속이 간질거려 검지로 콧구멍을 후볐다. 장난끼가 발동하여 노랗게 잘 익은 코딱지를 가만히 들고 있다가 신문의 글을 연재하는 얼굴 사진에 철커덕 이겨 붙였다. 흐으~ 맛이 어때? 쫄깃쫄깃하고 짭짤한 것이 잡술만 혈껴? 명품 코딱찡게. 고것 아무나 안 주는 것이여. 워매 코딱지가 커서 얼굴은 하나도 안 보여이. 시치미 딱 떼고 오피니언 24면을 본다.

달 이야기

　낮에 나온 하얀 반달은 햇님이 쓰다 버린 쪽박이라고 동요는 그렇게 썼다. 그 희미한 낮달을 실로 오랜만에 본다. 한가로이 하늘 한 번 고개 제껴 올려다볼 수 없는 박빙의 세월을 사는 탓이다. 이런저런 볼 것도 많은 세상 그 시시한 낮달이나 찾아 올려다볼 사람이 몇 명이나 될까? 역사는 유구해도 변함이 없는 것은 하늘 이련만 우주의 만물이 해와 달 아래에 있다. 우리 모두가 있고 또 나도 있다. 어머니, 아버지의 영혼도 저 달 아래에 있다.

여름, 가을 그리고 추억 하나

　천산의 기후란 알 수 없는 수수께끼 같은 것. 육신을 능지처참하듯 전신을 쥐어짜 땀을 빼내던 게 어제. 시치미 딱 뗀 능글맞은 대머리 늙은 지기 희롱은 참아 아닐 터 오늘 느끼는 가을이 성큼 왔다. 짧은 소매가 을씨년스럽다. 비취빛 청정 하늘에 멋스럽게 피어오른 흰 뭉게구름은 한 폭의 그림이다. 하늘은 눈이 시리게 푸르고 높다. 이 풍성한 계절, 가을이 아니면 볼 수 없는 대자연의 운치다. 이 아침 낡은 의자에 걸터앉아 이 글을 쓰면서 한기를 느낀다. 끼룩거리며 울며 나는 기러기 소리에 하늘을 올려다본다. 흰 실타래를 풀며 가듯 하얀 획을 일자로 그으며 까마득히 하늘을 선회하는 비행체 하나. 나 어린 시절 5월의 푸른 보리가 실바람에 일렁이며 알알이 익어갈 때 밭두렁 키 큰 밤나무 옆에서 발랑 고개를 젖혀 올려다본 그 기억 하나가 또 한 번 새롭다. 추억 하나가 그리움으로 다가오는 아침이다.

•

가을

말복이 지나간 지 일주일, 가을의 입문 처서가 지나면서 조석으로 냉기류가 완연하다. 가을의 향기가 난다. 한껏 익어가는 자연의 서두름이 피워내는 무채색 향기, 가을이 우리에게 전해주는 러브레터. 나는 가을이 참 좋다. 신선해서 좋고 바람이 아리해서 좋다.

•

내 마음의 수채화

낭만을 표현하고 고독을 씹으며 외로움을 달래고 질투로 항변하며 번뇌로 고뇌한다. 상실로 우울해하고 함구로 번민한다. 그리고 기다림, 이렇게 가을은 저리고 아프다. 촌로의 가슴 한구석 별을 헤이는 꿈이 있는 가을 소풍.

함께 어울려 사는 세상

내 침소에 들어온 물건 하나 함부로 할 수 없어 살살 몰아 밖으로 내보냈다. 내 피를 탐하는 괘씸한 모기 한 마리, 생명이기에 창문 열어 살려 보냈다. 어둡고 습한 곳에 은둔으로 살아가는 바퀴 한 마리의 삶을 짓밟을 수 없어 잡아서 밖으로 내보냈다. 가엾은 길고양이들 행여 배고플세라 오가며 먹을 걸 챙겨주고 고양이 싫어하는 여편네들한테 걸려 뚜덜뚜덜 눈총에 할 일 없이 고양이 밥 주는 아저씨로 찍혀 욕을 먹어 욕배가 불러 배 터져 죽을 뻔했다. 출근길 아침마다 마누라 몰래 쌀을 퍼날라 떼거지로 몰려오는 넉살 좋은 비둘기 떼 일용할 양식을 흩뿌려 가슴살을 키운다. 나 모든 것들의 천사가 아니다. 그냥 내 마음이다. 그렇게 하고 싶어서다.

절대 내 생각

길고양이 창궐에 쥐 수난이 쓰나미 같아 머지않아 쥐가 일급보호동물로 등록될 날이 오는 중. 쇠주 안주 참새 안가슴살 들녘 웬수 같던 참새가 멸종으로 지정 보호새가 되고, 그 흔하던 가을 고추잠자리가 멸종위기종이 된 걸 세상이 다 아는 사실. 보통으로 12식구 다산이던 보릿고개 이 나라의 운명적 구호는 '아들딸 구별 말고 둘만 낳아 잘 기르자'였다. 그러나 이제는 다산을 독려하는 인구정책이 정부 시책의 하나가 되었다. 한 치 앞도 못 내다보는 영리한 인간의 실수가 불러온 안일 무사 거꾸로의 정책 때문에.

혼백

중추절이 보름 남짓 남았다. 새벽부터 서둘러 백석 어머니, 아버지 묘지에 성묘 갔더니 발 빠른 형제가 있었다. 휑한 마음이다. 장마에 웃자란 풀들이 산소마다 덥수룩하게 자라 키 낮은 봉분을 덮어 초라한 모습이다. 죽은 자들의 허무를 덤으로 느끼게 한다. 요즘 따라 자주 꿈에 어머니가 보인다. 흰 치마저고리를 입고 쪽진 머리에 은비녀를 꽂았다. 얼굴은 보이지 않았다. 대화도 없었다. 귀신이지만 무섭거나 서먹치도 않았다. 내 어머니여서다. 그래서 꿈인가 보다. 열 손가락 깨물어 안 아픈 손가락 있을까만 두 분은 평생을 나와 함께하셨다. 칠남매 중 넷째인 나는 두 부모님이 제일 믿고 싶은 자식이었고, 없고 구차한 삶이나마 함께하심을 행복으로 아셨다. 그런 부모님께 자식 된 도리를 다하지 못해 죄스러움은 세월이 흘러도 가시처럼 남아 아린 가슴이다. 참으로 웬 못된 불효자다. 차가운 마음 휑한 발걸음이다. 꿈에라도 이 자식이 그리워 선명하신 거다.

노골송 평생 청춘이더냐

갈매기 나는 부산의 영도다리는 간만의 차로 건들건들거리고 사타구니 거시기 남근은 뻘떡뻘떡, 월미도 사쿠라꽃은 펑둥말뚱 애인을 생각하니 가슴이 벌렁벌렁, 오래된 내 덧니 덜렁덜렁 이제 빠질 때가 됐나 보다. 아직 비아그라는 저리 가라인데 여기저기 죄 나사는 풀려 씰구적거리구 아유 별꼴이 2/3이래서 거꾸로 죽으면 늙어야 돼. 한참 빠릿빠릿한 젊은 날 늙은이가 일어나며 에구구구 아야 아야 비둘기 쌀 조저 먹는 소리나 하고, 가까스로 일어나기에 속으로 어멈 엄살 존나게 하네. 앉찔렀다 일어나길 뭐 그리 힘이 들어. 개다리 부러지는 앵두 따먹는 소리야. 엉성하기는 네미 그러면서 느구자구 없이 공박을 줬는데 이제 내가 아니꼽게 꼰아보던 그 늙은이 짝이 났으니 씨부랄 이걸 으쩌면 좋우. 후딱 하면 잇몸 고장에 시큰거리는 옥수수. 맛있는 중국산 마른오징어는 강 건너 불구경. 딱딱한 반찬은 빈 젓가락만 들락날락 씹기 귀찮아 물 말은 맨밥이 최고야. 스리슬쩍 꿀꺽 잘 넘어가 따봉 따따따 왕따봉! 으흐~ 노동은 되고 기력은 깟뗌 죽어도 "고!" 명색이 사내랍시고 자존심 하나로 버티며 밥을 버는 중. 에개~ 월급이나 많이 주면 눈깔이나 안 돌아가지. 봉투 들고 사팔뜨기 눈으로 욕을 그냥 중국의 진시황처럼 젊어지는 불로초를 찾아 뒷동산에나 올라가 볼까. 오라질 영원한 청춘일랑은 아마 없는 개비네. 이상 끝. 허씨 작사 허씨 작곡. 난봉꾼 노래 음반 랭킹 10주 1위곡.

·

배꼽에 때 뽑는 날

여편네가 어디서 돈냥이나 생겼나 삼겹살을 사왔다. 노릇노릇 데글데글 기름이 쏙 빠지게 바짝 구워 상추쌈에 싸서 눈을 허옇게 치켜뜨고 우걱우걱 한 볼탱이 씹는데 개들의 눈이 내 주둥이만 쳐다본다. 청양고추는 매워서 못 먹고 알키한 양파만 먹었어. 삼겹살엔 태양초고추장에 마늘이 제격인데 이 느무 마누라가 정신이 있나 없나? 아, 전쟁하러 가는 놈이 총을 버리고 가면 금방 내 잘 있거라. 나는 간다 아냐. 삼겹살에 마늘이 없어서야 아~ 먹일려면 제대로 멕여. 어으 꼬르르윽~ 남은 고기 두어 점씩 아홉 놈들개 돌림빵치고 느긋이 이빨을 쑤신다. 수십 년 이쑤시개질에 잇몸 사이는 하발통 그 틈새에 돼지고기가 잔뜩 끼었다. 앗따 이빨 새에 끼고 목구멍에 들러붙고 간에 기별이 나갔을까 했는데 엄청 배가 불러야, 이건 필시 헛배 부른겨. 더위 먹어서 씁씁씁. 쟈, 어멈아. 여기 이쑤시개 하나 가지고 오니라. 중국제 말구 국내산 미루나무 이쑤시개로. 이리하야 어금니 새에 몽니를 부리듯 틀어박힌 고기 찌꺼길 후벼내다 실수로 콩알만 한 놈을 방바닥에 떨어뜨렸드니 잽싸게 개가 집어 먹고 입맛을 다신다. 워매 내 강아지 그렇게 맛있쪄. 많이 먹어. 대장부 살림살이 이만하면 부족함이 없다는 듯 흡족한 눈망울 꼬르르륵 커피 한 잔에 고기 트름을 하니 신선이 부럽지 않구나.

제사상과 방랑시인 김삿갓

부모 살아생전에 자식이 한 일이라고는 속 썩이고 돈 뜯어내는 일밖에 모르던 잡녀래. 모리배 이 인간 황천 간 부모 제사상 하나는 상다리가 부러지게 푸짐허게 차렸구나. 곤하고 어려운 고물가 시대에 돈냥이나 썼구먼 그랴. 여보게 과하셨어. 자네도 먹고 새끼들 처멕이려고 핑계 대고 떡 벌어지게 차렸지. 죽어 없어진 뒤로 개과천선이래도 하신 겐가. 지나간 버스에 손드셨어. 쯧쯧쯧쯧. 여보 방랑시인 김 삿갓씨 이리 오셔. 잠시 머물러. 여기 제삿술 한 잔 하시구려. 시 한 수 찌끄리고 가셔. 그러지 뭐. 까짓꺼 철철 넘게 따르셔. 그래야 시가 잘 나와. 옘병헐 술 욕심은. 꼬부라진 지팡이로 정신 나게 대가리를 까버릴라. 시방 누구더러 헌 소리야? 아니 그냥 아니 뭐 술 한 잔 주면서 을루고 엿 멕이구 흐믈거리기는. 네미 김 벙거지 아니 삿갓씨 그만 자시구 읊어봐. 앗따 뜸은. 준비됐수. 적어 적어. 한 잔만 더 줘봐. 술 췌면 시가 나오냐? 근심 마러. 얼큰허면 더 잘 나와. 자 받어. 이게 마지막 잔이야. 이거 쪽 마시구설랑에 바로 차고 들어가는 거야. 그럼 그럼. 캬아아~ 물찬 제비 월궁에 선녀요. 목구멍에 실 올갱이가 홰홰 감기는구나. 또랑물이 이렇게 시원스레 내려갈 수 있을 꺼냐. 좋아 좋아. 아주 좋아. 빈 창세기에 먹으면 지랄허는 옘병주가 들어가니 금방 내 기별이 와 창자가 찌르르르한 게 시야. 그럼 시지 술이냐? 이거 돌팔이 김삿갓이냐. 에이 속아만 살았나. 주민증 까봐. 진짜 삿갓인가. 유명한 시인이 그런 걸 왜 가지고 다녀. 3년 전 술 얻어먹고 시 한 수 읊어주고 비탈길 술김에 경중대며 내려오다 자빠져 그때 잊어버린 후로는 그냥 다녀. 이거 간첩 아냐? 간첩 좋아허네. 내가 간첩이면 정은이한테 양주 얻어먹지. 조잔허게 남에 제사상 퇴주나 얻어먹겠냐. 이렇게 생각 없이 말씀을 허셔. 초등핵교 6학년 졸업장 있으셔? 있다. 왜? 어디 봐? 어디 봐? 에이~ 없잖어. 어쩐지 말하는 품새가 학벌을 말해주더라니. 이봐 모리배 쥔장 여기 한 잔만 더 땡기는데. 안 모자라면 한 잔 더 주셨으면 길이 길이 만만세일 텐데. 없는데요. 나 먹을 것밖에. 거기서 한 잔만 딱 따러. 나는 손님이잖어. 반 잔만 줄게요. 그래 그럼 그거라도 맛나게 먹지 뭐. 복 받으셔. 이렇게 이렇게 공짜를 밝히니 대가리 털이 붙어 있나. 말조심해. 내 대가리 까지는 데 네가 보태

준 거 있어? 아유 똥 마려. WC가 어디유? 똥은 참으면 안 나오게끔 되어있어. 모아두었다가 저 산굴 엉뎅이에 가서 이따가 싸. 어디서 구린내를 필려구. 흥! 내 똥은 구리구 네 똥은 달달허냐? 잔뜩 처먹고 시도 안 읊으면서 똥 핑계로 내뺄려고 수작 부리면 너 다시는 못 걸 줄 알어. 우리 집에 6.25 때 인민군이 쓰던 따발총도 있어. 알아서 해. 에이 왜 이러셔. 이렇게 윽박질러 놓으면 내가 쫄아서 글귀가 나오다가 쏙 들어가겠다. 노가릴랑 나중에 까고 하던 육갑 멍석 펴놓으니께 안 허드라고 시줄이나 읊었다고 좌세 허냐? 알았어. 알았어. 바로 들어갈게. 다만 국졸 중퇴자라니까 한시를 읊으면 좆두 모를 거고 그냥 세종대왕이 만드신 한글로 곧장 들어간다. 열 달 배 아파 새끼 내질러 금이야 옥이야 복덩이로 알고 키웠건만 사람의 새끼가 아니라 금수를 키웠구나. 냉혈이 또랑 물이야. 귀신 앞에 개과천선이라. 됐고 살아생전 효는 엿 바꿔 처먹고 탈은 고물상에 버렸도다. 거꾸로 간 인생 청정 이 가을 하늘이 부끄럽다. 아서라 아서라. 이 이 잡자식아. 끄으읏 아유~ 김삿갓씨 고생했어. 어디 하나 틀린 데 없이 요구석 조구석 오목조목 끝발나는 시였어. 날 따라오려면 아직 멀었지만 말이야. 바쁜데 어이 가봐. 지팡이도 부러져 건들거리누먼. 짚세기는 다 닳아 너덜너덜하고 내가 구두 하나 줄까? 질긴 걸로. 제2차 세계대전 때 독일 나치가 신던 워카인데 아직도 빤닥빤닥 얼굴이 비쳐. 우리 그니가 화장발 거울로 쓰고 있어. 에이 필요 없수다. 천 리 먼 길 축지법으로 팔도를 유람하는 내가 그 무거운 워카를 신고 동으로 번쩍, 남으로 번쩍 꼴불견이에요. 동서고금에도 그런 일은 없었소이다. 이대로 내버려두시오. 이거 봐. 삿갓 엎어진 김에 한숨 잔다

문학을 흉내내었읍니다 • 31

고 기왕 벌인 술좌석이니 나랑 서너 병 더 빨지 그래. 한 잔 술에 두루마기 소매자락에 주댕이 쓱 문지르고 애햄 그러면서 수염 한 번 훑고 손사래 치며 시 한 수 읊고 그게 네 트레이드 마크잖어. 그러면서 더 먹고 가셔. 그러면 갈 길이 바쁜 몸이오이다. 기꺼이 놓아주시지요. 먼 길 가려니 서둘러 길을 나서야겠습니다. 그럼 이만 예전엔 이랬는데 이제는 인정머리가 없는 세상이라 찔통을 부리지 않으면 못 얻어먹어요. 그러니까 모처럼 나랑 한 번 아랫도리 거시기 나오는 지퍼 열어놓고 니나노 젓가락 장단치며 이 밤을 보내자니께. 술발이 늘어서 어지간히 들어부어서는 표시도 안 나요. 쫌 줄여. 저번 날도 보니까 술이 떡이 돼 낡은 지팡이를 휘둘러가며 곤조 부리더구만. 그러더니 피그르르 앞으로 고꾸라져 광대뼈를 죄 까구 주접을 떨든 걸 보셨슈? 봤지. 난 웬 그지가 왜 저 지랄이야. 그러면서 욕을 한바탕했어. 그러다가 어떤 아주머니가 지나가니까 그 지경에도 수컷이라구 주댕일 오무려 휘파람을 불며 시아까시를 허든 걸. 내가 으찌나 웃음이 나오던지. 맞지? 글쎄요. 전혀 기억이 영, 두환이를 닮아가나. 오리발이야. 그리구 말이야. 김삿갓 시에 문제가 있어. 시는 그렇게 재탕, 삼탕 써먹는데 그게 시냐. 외워서 술이나 얻어먹는 도구에 불과하지.

　그런 식으로 서민 속여가면서 지지허게 술 얻어먹고 노천에서 새우잠 자지 말고 흔헌 게 여자야. 깔짬한 거 하나 후려가지고 초가삼간 지어 살림 차려. 아들딸 펑펑 내질러 나중에 제삿밥 얻어먹으란 말이야. 부랄만 찔렁대며 나대지 말구, 근데 이 아랑 망태기 속에 웬 메이커 아디다스냐? 아 그거요. 서울 중구 명동 아디다스 대리점에 가서 시 두 수 얼버무려 주고 얻은 신발인데 조금

커요. 질질 끌고 다녔드니 뒤꿈치는 다 닳아 구멍 나서 못 신어요. 못 신는 다 해진 신발을 버리지 왜 바랑에 넣어 돌아다녀. 구접시럽게 명품이라 그냥. 아니 김삿갓도 명품 알어? 모르는 거 빼놓고는 다 알죠. 그런 소리는 나도 해. 저기 드러 엎어 자빠진 쓰레기통에 가봐. 그거보다 더 쌤삥인 아디다스가 허리가 아퍼 못 주워. 쎄구 쎘어, 이 화상아.

그나저나 가기 전에 떠나기 전에 누구신지? 술은 먹어도 집요한 데는 있구만. 등신은 아냐. 아유 왜 이러세요. 말 놔 말 놔. 맞먹어도 돼. 마팍 까진 머리에 마팍 주름살을 보니 나랑 같이 늙어가는 처지에 그냥 트구 먹어. 내가 누구인지 꼭 알구 싶어? 그래. 앗따 내가 트구 먹자구 그랬다구 금방 트구 먹냐? 그래 좋다. CE8 얼마 전 전 세계 시인들이 수근거리며 찬사를 아끼지 않던 유머 맹신 쥐뿔, 허 시인이 내가 아니더냐. 워매워매 방가웅거. 너는 쨔샤, 케케묵은 500년 전 이조시대 시나 읊고 다니는 구닥다리지만 나는 21세기 신가라 잡탕 시인 아니냐. 아무거나 게걸게걸 되거나 말거나 자유분방 어디서 공자 앞에 문자 쓰고 그러냐. 아유 이거 미안해서 으쩌나 그래. 이제 술은 그만 먹고 그럼 빵이라두. 빵은 인마 내가 빵 장사하다가 하루아침에 그지가 됐는데 빵을 먹냐. 빵이래면 아주 징그럽다. 둘 다 거절해서 미안허다야. 안 삐졌지? 고로 사내란 봇짱이 커야 하느니. 이다음에 내가 삐삐치면 그때나 코가 삣뚜러지게 먹어주자구. 너의 그 500년 전 구닥다리 시는 한시에 능하지 않고서는 알어 먹기는커녕 해석도 어려운 게 네 시야. 요즘 애새끼들 귓구멍에 그거 틀어박히기나 하겠냐. 장님 잠자나마나 꼽추 인사허나마나 장님한테 여기 노름방이 어디냐구

묻는 거나 같지. 너랑 의형제 맺어 가까이 지내려고 했더니 안 되겠다. 왜? 네 코를 보니까 딸기가 달려서 형님 으쩌구허면서 노냥 술 사달라구 엉겨 붙으면 웬수가 따로 없지.

곤약고가 되도록 마시고 자빠져 코 골구 이빨 갈면서 음냐음냐 왝왝거리는 걸 누가 보냐. 에유, 걱정 마셔. 시방까지 술 먹고 게워본 적은 한 번도 없으니까. 그걸 날더러 믿으라구? 내가 또라이냐? 짜샤! 고장은 갑자기 나는 거야. 너 급허게 똥 마려울 때 똥이 지금 설사 나갑니다. 그러면서 똥이 나오데? 똥은 말이 없어. 그게 똥시야. 나는 고독을 사랑하는 시인이야. 번잡스럽고 시끄러운 건 싫다. 산골짝 아기 다람쥐가 노니는 첩첩산중 절간에서 염주나 굴릴 인물인데 세상의 줄을 잘못 서서 타이밍을 놓친 한 많은 인생 오라는 데 없어도 갈 곳이 많은 떠돌이 시인 김삿갓 차라리 네가 부럽구나. 어이 가거라. 떠나거라. 눈이 쏨벙쏨벙 눈물이 나려고 하누나. 형제구 나발이구 기냥 가라구~ 에이이 좃새끼가 말이 없어. 눈치가 빨러야 비린 것 배척하는 절에 가서 새우젓을 얻어먹는 게야. 제발 해골 좀 굴려가며 살어라. 그렇게 분위기 파악이 빵이냐? 으리부리허게 살딜 말구 앞으로는 날더러 엉아라구 불러. 알건냐? 아~ 씨바! 저저 말투허구는. 해 기운다. 어서 치빼. 이제 가면 언제 오냐. 그걸 낸들 어찌 알갔시갸. 바람따라 구름따라 발길 닿는 곳이 내 집이니 기약인들 어찌하겠오.

기회가 주어지면 올 것이고 때가 되면 오리다. 엉아나 잘 있으슈. 내 걱정일랑 붙들어매구. 술 한 잔에 핀잔만 되지게 듣고 떠나가는 김삿갓이올씨다.

어쩌자는 세월인가

가을이 왔구나. 몸으로 느끼면서도 일에 휘말려서 책읽기에 빠져서 국화가 피었는지 들판의 벼가 익었는지 땅띔도 할 수 없다. 제자리에 틀어박혀 돌고 또 도는 물레방아 같은 인생. 어두운 벽장 구석에서 오래도록 먼지를 뒤집어쓰고 좀체 벽장 밖을 나와 보지 못한 잊혀진 낡은 고서처럼 작금의 내 인생이 그 지경과 무엇이 다르랴. 이런저런 이유에 갇혀 은둔으로 사는 인생 무정한 세월은 나와는 무관하다는 듯 날이 가고 달이 가 해를 넘기니 세월은 유수라 왜 아니 이르던가.

진실과 오해

한 번의 상처가 세월이 가도 지워지지 않음은 사람이어서다. 잊혀지지도 않으며 용서가 쉽지 않고 응어리가 남음은 사람이어서다. 독난 살모사의 곤두세운 대가리처럼 들고 일어나는 오해가 여운처럼 오래 남음은 가슴을 가진 사람이어서다. 웬만하면 풀릴 때도 됐지 하는 건, 나 아닌 남이 위로 겸 해줄 수 있는 동정 섞인 편견 하나 유일무이한 역성에 불과한 것. 부모 생전에 있었던 오해에 불을 당긴 본인은 쏙 빠져 침묵만 지킬 뿐이었고, 삼자라 할 여자가 나서 난리를 피운 핏대 오른 독기가, 늙은 시어머니를 통곡하게 만든 그 잘난 돈 몇 푼. 눈에 핏발 선 독설로 늙은 시어머니 내쫓은 며느리. 이후 그렇게 쪽난 발길은 오래오래 이산이 된 채 무야무야 세월 속에 묻혀갔다. 예수는 사랑을 말했고 부처는 자비를 말했다. 누구를 탓하랴. 예수의 사랑과 부처의 자비를 함께 공유하고자 내가 먼저 마음을 열기로 했다. 계면쩍고 서먹하고 체면이 서지 않았지만 다 내 탓이요 하니 3월의 봄눈 녹듯 마음이 해빙되니 이제나 이대로이고 싶다. 침묵만 일관하던 장본인은 이제 구천의 원귀가 되어 말이 없다. 오늘 같은 날 4형제 어울려 부모님 제사상에 제주 한 잔 못 올리는 처지가 되었으니 참으로 안타까운 일이다. 두 동생 보기가 부끄러운 처신을 했으니 나는 허울만 형일 뿐이다.

・

신앙

하나님이 이 인간을 얼마나 홀리셨으면 서방은 뒷전이구, 미치면 곱게나 미칠 것이지 알고 죽어야 하는 해소병. 약방문 처방전 한 번 안 들여다보는 무대빵이 생전 안 하던 짓거리를 한다. 됐고, 구역 단체 속에 리더가 되려는 야망은 아닐 테고 체면치레이거나 마지 못해서 하거나, 집사라는 감투가 시키는 명령 불복이거나 집단 속 어울린 군중심리가 머리를 돌게 했거나 건강 안위상 천당에 이르려 이승에서의 사생결단이거나 노련한 주입식 빨갱이 사상교육에 세뇌되듯 강요에 의한 교리의 농간에 놀아나거나 지극정성 일구월심 같지만 적어도 내 눈에는 아니다. 빈 깍지는 영글지 않는 법. 그날이 그날. 서당 개 3년이면 풍월을 읊는다고 했거늘. 강산이 한 번 변한 만큼의 세월이어도 도로 아미타불 변하고 달라진 건 하나도 없어. 제에길 빠가야로 궁색한 살림에 탈탈 털어 헌금 내는 재미에 도취된 허세가 아니더냐. 세 살 버릇 여든 간단다. 고질은

약도 처방도 없음이니 지극히 주먹으로 다스려야 할 일이로다.

·

해 짧은 해

책 몇 페이지 읽다가 지루하면 지그시 눈을 감고 쉰다. 미동도 없이 그렇게 공허한 시간이면 어지럽게 스치듯 지나가는 온갖 잡념들. 커피를 끓여 식기를 기다리며 무상에 빠져본다. 무료하고 따분한 몇 십 분이 깜짝 잠행으로 이어지기도 한다. 심취하던 책에서 잠시 눈을 떼고 창밖을 주시하면 줄달음질친 해는 어느새 석양에 붉은 노을을 드리우고 땅거미를 불러온다. 아니 벌써라는 허무가 남는다. 이토록 빠른 하루하루가 내 인생을 갉아먹는구나 싶으니 또 한 번 허무해지고 그놈의 허무가 허무를 낳아 또 허무해지니 그야말로 허무허무하다가 허무로 판이 난 하루가 아닌가. 정말 허무하네.

·

지금은 식사 중

12시다. 귀청을 찢는 기계소음이 일순간에 멈췄다. 배고픈 노동자가 맛있는 성찬을 집어먹는 행복한 식사시간이다. 한 시간 여유로운 시간이다. 제멋대로 편한 자세로 양지에 모여 앉아 쉰다. 국정이 뒤집어진 요즈음이다. 대통령직에서 쫓겨난 박근애의 실세 도둑년 사기꾼 최순실 욕설과 함께 서로 언쟁 중이다. 저마다 생각과 이해가 다르므로 핏발을 세우고 목소리가 커진다. 드잡이라도 할 기세다. 어허어허 밥들 잘 처먹고 뭔 지랄들이여. 순실이

년 때문에 개처럼 싸울껴. 갸들허구 우리는 달러. 근애가 등신이지. 순실이가 뭔 큰 죄여. 밥 먹던 고양이가 큰 눈을 더 크게 뜨고 멀거니 쳐다본다. 고양이 왈, 속으로 벼엉신들 놀구 자빠졌네. 점심 밥알갱이가 곤두섰구먼.

·

11월 중순

 푸르고 무성한 잎, 찬 바람에 지고 키 큰 나무 맨 윗가지에 덩그러니 까치집 하나 떨어진 나뭇잎 바람결에 싸락싸락 흩어져 종적을 감춘다. 앙상한 가지 위 새 한 마리 날아앉아 꽁지깃을 날릅이며 찌가찌가 노래를 한다. 거뭇한 하늘, 눈이라도 나리려나. 싸잘한 냉바람에 두 볼이 시리다. 저무는 해는 까치집을 어루만지며 서산에 기울고 슬며시 겨울 어둠이 찾아들 때 새는 단잠 이룰 제 둥지를 찾아 날아가고.

·

수제비를 먹으며

 햇살 따가운 9월 어느 일요일, 책에 정신이 팔려 점심을 걸렀다. 미련한 놈의 뱃속 꾸루룩 괴성이라도 지르지. 꿀 먹은 벙어리였어. 에이~ 그 순해 터지기는 부랴부랴 밀가루 반죽을 한다. 요리 경력 십수 년이니 뭔들 못할까. 김치를 썰어 넣고 끓인 김치 수제비다. 개들의 눈이 일제히 내 입만 경청한다. 안 돼. 나 혼자 우걱우걱 쭈덕쭈덕 후루룩 쩝쩝. 마나님께서 점심도 안 주남. 믿으나 마나 교회 가셨어. 칼싹뗴기 밀장국 수제비 칼국수 흥 잘 먹는다.

똥 나오겠다. 인석아, 딱 보매 홀애비 같어. 안 그래도 수십 년 홀애비다. 왜 또 아픈 곳을 찌르냐. 수제비 체하게. 그놈의 흔한 라면 때문에 쑥 들어가 잊혀진 수제비 이젠 별식이 됐어. 요즘 애들 그거 해먹을 줄이나 알간. 라면을 죽이고 수제비를 살려줘요. 수제비가 애걸을 한다. 왕년에 농사지을 때 콩밭을 매며 새참으로 급하게 만든 우리 엄마의 칼싹떼기 맛은 죽여주지. 하늬바람 부는 밤나무 그늘에 호미자루 내던지고 도란도란 모여 앉아 뜨거워 후후 불어 식혀가면서 허허대며 새참을 즐기던 그때 그 맛은 지금도 잊을 수 없노라고 땀 후질근한 엄마의 삼베적삼이 눈에 어리는 오후.

·

하늘로 간 길고양이

오다가다 길거리에서 만난 인연. 마음 줘 정 나누다 보니 어느새 끈적한 사이가 됐네. 이놈두 내 마음을 헤아린 거야. 그러나 어느 날 아침 슬픈 운명을 맞은 고양이는 비명에 그렇게 가고 내 가슴에 남은 건 멍자국 하나 덩그러니 남았다. 그 큰 눈을 감지 못하고 눈을 뜬 채 싸늘히 식어가는 냐옹이의 등을 쓰다듬으며 슬픈 목소리로 불러 깨워보려는 내 애절한 네 이름. 냐옹이 냐옹아. 늘 널 부르던 다정한 내 목소리가 들리기도 하련만. 못 들은 척 차라리 네 놈을 몰랐었으면 좋았을 것을 인정머리 없는 인간들의 눈총 속에 주워 먹고 굶으며 모질게 이어온 목숨. 그 끝이 그 인연이 겨우 여기까지였다니. 그래. 네 슬픈 영혼을 내 마음속에 품어줄게. 다음 생애에는 고양이로 환생치 마라.

새삼스러운 날

이 고진 세상 삶의 징검다리를 건너서 나는 묵묵히 나일 뿐입니다. 순박의 청순함을 내세워 문학을 흉내내었읍니다. 그래서 모두는 내 푸른 날의 하늬바람 같은 것이라고 나는 나를 말합니다.

TV 앞에서

눈과 생각이 함께하면 그것은 보배가 된다. 골짜기에 담아진 저 깊고 짙은 푸른 물에 빠져 죽고 싶다. 저 산허리에 피어오르는 신령스런 운무, 그 속에 극락이 있음이니. 월악산 721 고봉 정상의 웅장함이 내 발치 아래에 있다. 지금 시청률 TV 산을 보고 있다.

세 발 낙지

낙지는 전라도 무안 뻘 세 발 낙지가 최고라지. 왜 그럴까? 무안 뻘만 뻘이 아닐진대 왜 하필 무안낙지람. 낙지에 미원을 쳤나. 뻘에 다시다를 뿌렸나. 맛이 좋다길래. 농노에 지친 소두 낙지를 멕이면 기사회생 기력을 회복하고 빌빌거리던 사람도 세 발 낙지로 원기를 회복한다지. 믿어도 되나요. 당신의 말씀을 꼼장어는 꼬리가 힘이라며 그걸 못 먹어 안달이 난 남정네들. 그거 먹고 어디다 힘쓸려고 껄떡과 끄덕끄덕 사이에 장어가 웃는다야. 냅따 웃어. 이이 빙신이라고. 끈적끈적 느물느물 들러붙은 갯벌의 ET 철퍼덕 쎈 빨대 가분수 ET 대가리에 징그럽게 더듬대는 세 발 낙지도마 위 산 채로 난도질당해 날로 먹는 낙지 발 배배 비틀린 꽈배기가 되어 잉글에 구워져 또 꼬이고 천상 꼬일 수밖에 없는 운명. 그렇게 꼬이면서 석쇠에 살을 태우고 칼, 도마 위에서 비명을 지르며 난도질당해 기름장에 마지막 목욕을 하고 씹히고 으깨져 목구멍으로 들어가 똥이 되는 슬픈 운명의 세 발 낙지.

・

분향 가는 길

 어머니, 아버지 두 분 북망산천에 터 잡으시고 언 땅에 누워 영면한 세월 어느덧 십수 년, 안타까움도 서럽던 눈물도 이젠 말라가는 세월. 떼 입힌 봉분만 흙 그러모으길 몇 번이었나. 비장한 듯 서 있는 비문의 글씨는 눈과 비바람에 퇴색해 희미해지고, 혼백마저 떠올릴 수 없는 아득히 먼 그렇게 세월이 갔습니다.

・

머물지 않은 물레

 우리 큰딸 "린". 아비는 큰아이 널 흰 백합이라 이름하네. 그 백합에 나비 한 쌍 넙죽 앉았네. 향기 없는 백합이라네. 그러나 그 백합에서 향기가 나네. 그 향기는 곧 꿀이 되어 벌과 나비를 부르네. 난세, 이 고진 세상. 힘겨워도 처연히 백합은 울지 않는 법.

・

치유의 시간

 하나, 둘, 셋, 넷, 다섯 면면히 시들다가 어느 날 한 줄기 소나기 천둥 번개 치던 날, 감긴 눈 다시 떴네. 세상이 크게 보여 정신이 들고 혼비백산 놀란 가슴 응어리를 만지며 여우처럼 돌아보지만, 기억에서 지우고 싶은 상처 난 자화상. 이제 촉박한 삶의 시간에 완행에서 우등으로 갈아타고 떨리는 가슴으로 전두엽에 생각을 묻어 꽃길을 가네. 아빠 딸 "설".

·

주태백이

어느 허벌난 인생사. 그에게는 낙원인 상다리 앞에서 술과 여자와 기름진 고기로 배를 채웠으니 사는 동안 인생 꽃밭이로구나. 에라이~ 기적을 뒤집어쓸 지지리 하빨, 잠을 설치고 사지를 떨며 원한을 품는 네 마누라의 독기가 시퍼렇다 시퍼래. 만수무강 천하태평 희로애락 인간 모두의 소망일진대 몰라서 못 누린다더냐. 매양 청춘 아니거늘. 세월이 혼을 거두어가는 판에 주책도 아닌 주색이라니. 불쌍하고 가련한 인생, 그리 살 인생이면 어지간히 지구를 떠나거라. 잡자식.

·

빗창이 심장에 박히던 날

다람쥐 신이 난 듯 쳇바퀴 돌려 쌓고 나는 개성 없는 똑같은 일상을 돌려대는 넌더리 나는 늘그막의 일상. 인생 막장 죽음의 가루 먼지 귀청을 뜯어내는 악마구리 비명 같은 기계소음, 아니꼬움, 치사스러움, 불특정 대우, 무시, 멸시, 갑질, 괴롭힘, 하루에도 몇 번씩 고진감래, 늙음도 서러웁거늘 목구멍이 포도청이라 심사를 누르고 덮으며 매일매일 고추냉이 와사비를 먹는다.

•

판박이

　새벽 6시 선지 핏국에 밥 말아 먹고 똑같은 시간에 똑같은 동료를 만나 똑같은 차에 올라타 똑같은 공장으로 간다. 똑같이 마스크를 하고 똑같이 먼지를 뒤집어쓴다. 12시 때가 되면 똑같은 밥, 똑같은 반찬에 똑같이 밥을 먹고 똑같이 쉬었다가 똑같은 시간에 똑같이 일을 시작한다. 똑같이 퇴근하면서 똑같이 인사를 하고 똑같이 제 집으로 돌아간다. 일오빵빵 번호키 철문을 열면 똑같은 마누라가 있고 똑같은 개가 있으며 똑같은 내가 방에 들어와 있다.

•

119 가족

　우리 집에는 4개의 금송아지가 아닌 고질망태기가 산다. 아이구 골치야. 마누라인지 내연녀인지 판단 불가한 평생을 약사발로 골골대는 어지간히 늙어 노령기초연금 타 먹는 할망구 하나 "원" 잘름잘름 뒷다리 하나 절단나 깨꿈발 장애로 그래도 이쁘기만 한 개 "투" 저를 죽여주게 이뻐하건만 뭐가 맘에 안 드는지 세 번씩 할망구를 물어뜯은 수컷 뚱땡이 개 "쓰리" 고추 덜렁 수컷이지만 유달리 순둥이에 내가 제일 사랑하는 잣 아니 호두 심장병에 걸려 진료비, 약값 거금 250~300 정도 까먹고 하늘나라 간 슬픈 자화상 "훠" 아니 하나 더 있다. 생긴 건 장동건, 인물이 인물이 끝내줘요. 오른쪽 볼기짝에 날계란만 한 혹이 난 딸랑딸랑 안녕하세요. 구세군 남비입니다. 애늙은이 방울이 "하이브" 당나귀 귀따구 거시기 띠구 나면 남는 게 없다구. 월급이~ 월급이 모자란 다니께. 집터가 드러운지 되는 노릇이 없어. 왜 그런가? 근애 실세 순실이한테 알아볼까아.

•

뒤로 자빠져도 코가 깨지는 이유

예쁜 나이 스물다섯의 불운. 운명처럼 다가온 병마. 동아줄에 묶여 옹촘매진 아픔으로 부대껴온 세월이 어느새 43년. 60 고개 이순을 넘어선 지금도 병원과 약이 아니면 버틸 수 없는 딱한 인생 그 게스트. 이 페이지의 주연배우가 마누라 박혜숙이다. 어찌 하오리. 긴 병에 효자 없거늘. 무던히도 이놈의 속은 새까맣게 타버렸다. 질려버린 가슴이어서 모든 걸 내려놓았다. 걱정도 희망도 절벽이어서 오늘은 무릎뼈 해박으러 대학병원으로 간다. 수술 잘하고 오라며 나서는 출근길, 울적하고 슬픈 마음에 내 눈가가 촉촉해진다. 종일 심란한 마음에 일손은 겉돌고 머리는 분주하고 이런 팔불출 팔자도 있다.

•

고령화 가족

우리는 개도 사람도 늙어 헐헐대는 고령화 가족. 다들 이가 빠져 합죽이 영화배우 김희갑이야. 다들 사자가 데려갈 나이야. 무슨 소리세요. 야! 혹부리, 네가 왜 나서. 아니 벌써 죽다니요. 벽에 똥칠할려면 아직 멀었는데 왜 그런 재수 없이 방정맞은 소리를 해요. 아유~ 잘못했다. CE8 짜식아. 늙었어도 오래 살고 싶은가 봐. 아주 굶겨 죽일까부다. 괘씸한 야 늙은 놈 너 딱 찍혔어. 감히 아빠 말씀에 반기를 들어. 그거 어디서 배워 처먹은 행세 보따리냐. 오늘부터 본식 외에 간식은 없다. 다 안 줘요. 아니 너만. 그런 게 어디 있어요. 있어. 이따가 봐. 에이 씨~ 뭐 에이 씨? 야, 잘하면 물겠다. 물어봤자 이빨도 없어 물으나 마나지만. 이거 봐 배은망덕 죽을 때까지 호강하려거든 개소리 말구 자빠져 있어. 늙어서 그런가 풀어놔도 도망도 안 가. 미쳤어, 늙은이가. 나가봐야 갈 데도 없는데 왜 나가? 에이그 터진 주댕이로 개나발은.

·

노냥 설사가 나서

우리가 언제 이렇게 잘 먹고 잘 살았냐. 예금통장 하나 없이 사는 주제에 주책바가지 여편네와 정신 나간 딸년 덕에 부자 못지않게 잘 먹고 산다. 가난에 이골이 난 아날로그 시대에 살아남은 빈자로서 허례허식은 묵인할 수 없다. 이 풍성한 밥상머리를 드러엎고 싶게 밉다. 척박했던 대지도 거름이 걸면 키만 우뚝할 뿐 열매는 기대할 수 없다. 요즈음 사람들 병원 문턱 닳게 드나드는 원인은 너무 호의호식으로 먹는 문제와 관련된 질병이리라. 잘 먹고 난 뒤에 찾아올 병마를 염두에 둘 일이다. 여기 보셔. 노마나님, 그리고 딸년. 이이 늘어진 애비 배떼기 두꺼운 삼겹살 좀 봐봐. 이래도 서방 입에, 이래도 애비 입에 먹을 꺼 자꾸 디밀래. 된장국에 우거지가 소원이야. 여봐라. 두 것들은 들어라. 게딱지만 한 집구석 하나 있는 거 마저 만들어 먹으려거든 일찌간이 정신을 차리도록. 짜증난 가장의 말씀.

・

크리스마스 이브

    2016년 12월 24일 낮잠이 덜 갠 몽롱함 속에서 숨 가쁜 하루 늦은 야독에 늘 잠이 모자라 내 눈은 항상 슬픈 거위 눈이 되어 3월의 봄 양지에 모인 햇병아리처럼 졸았다. 모처럼 만의 오수가 그처럼 못마땅했더냐. 곤한 잠을 깨우다니 고얀 놈. 꿈속에서 널 보았다. 이승에서의 보던 모습 그대로 놀란 고양이 눈이 되어 반가움보다는 놀라 소스라쳤지. 죽은 자 망령이라서 그런가 보다. 친구여, 황천의 재미에 빠져 이승마저 잊었느냐. 네가 떠난 지 며칠 후면 돌이 되건만 일자상서는 그만이고 띠리릭 공중파 삐삐도 끊어진 채 영영 아주 간 것 같아 서운한 슬픈 심정 그지없어라. 살아 눈 멀뚱멀뚱한 누렁이를 쳐다보며 그놈 참 맛있게 생겼다며 침을 흘리던 이승에서의 징글징글한 개고기 타령. 황천에도 침 고이는 누렁개가 널렸을 테지. 그 개고기와 어여쁜 선녀와 막쇠주가 어우러져 노냥 취해 해롱대다 보니 친구고 나발이고 그새 다 잊은 게로군. 그래, 어차피 떠나 원귀가 된 몸. 잊어도 좋고 소식 없어도 좋다 친구야. 사노라 고생만 직사게 하다가 병마와 싸우다 불시에 떠났으니 어찌 아니 놀구 싶겠냐. 산 자들은 이렇게 말하지, 천당은 행복한 꽃동네라고. 그런데 나는 정말 네가 천당이라는 그곳에 정말 갈 수 있을까 싶어. 왜냐? 악당이 아니냐. 우리 좀 더 솔직하자. 이런저런 동물들을 일용할 양식이라며 네 목구멍에 집어넣기 위해 가장 잔인한 방법으로 도살했거든. 사람으로 이르면 너무 끔찍한 살인자라서 종신징역이나 사형에 해당하는 죄질, 무거운 변태적 살인행위였으므로. 참으로 웃기는 게 개고기는 환장하면서 개는 끔찍이 싫어한다는 거. 그건 네 식성이 너무 염치가 없는 거야. 피 뚝뚝 떨어지는 개의 간을 꺼내 칼로 썩 베어내 왕소금에 찍어 입에 넣고 우물거리는 모습은 차라리 악마였어. 돼지의 낭심이나 불알을 꺼내 구워 먹고 선지를 마셨지. 그때마다 나는 널 두 번, 세 번 쳐다봤지. 끌끌 혀를 차고 조소하고 저 죄를 다 어찌하려고 걱정스러워했지. 너의 죽음이 그 죄의 몽덕인지도 몰라. 하찮은 미물일지라도 살상은 나를 해하는 내 생명에 연루되는 주술적 행위라고도 보여지거든. 네가 천당에 이르렀다면 그건 정계가 떠들썩하고 사고 친 순실이의 빽이 개입된 게 확실해. 그리고 개고기의 힘으로 선녀들은 죽이지 마라. 여보게 계유년 새해를 맞기 전에 빨리 천당의 주소나 전해주시게나.

•

살며 생각하며

아무런 생각 없이 마음을 비우고 그냥저냥 살면서 홀가분해 좋겠건만 나는 왜 복잡한 것들을 찾아 끄집어내서 내 것으로 만들고 내가 나를 괴롭히는 명분을 만들어내 늘 바쁜 인생을 산다. 팔자소관인지 본능적 기벽인지 걱정스러운 성격의 소유자임에는 틀림없다. 계유년 새해가 내일모레다. 마무리와 새 출발의 작심삼일로 끝나드레도 새로운 비전이나마 계획이 있어야 한다는 생각의 삼각지대, 만감이 교차한다. 망인인 어머니, 아버지 제례차 산소에도 다녀와야 하고 그리운 금강산이 아닌 한동안 못 봐 나를 기다릴 단짝 멍멍이들도 보러 가야 한다. 병원에도 다녀와야 하고 여자친구도 만나야 한다. 여기저기 지인에게 한 해 마무리 인사와 새해맞이 인사도 해야 한다. 그 밖에 해야 할 일이 태산이지만 내 분수령 같은 글은 언제 쓰며 서점에서 갓 사온 20여 권의 도서는 언제 다 보노. 세월이 좀 먹냐. 하지만 나에겐 늘 하루가 짧기만 하다.

・

첫눈

밤새 발목이 묻힐 정도의 함박눈이 내렸다. 세상은 온통 백색이고 바람은 차다. 탈모로 빠진 민둥산 정수리가 시리다. 귓바퀴가 꼬드라지게 얼어간다. 발밑 눈 밟히는 뽀드득 소리, 그 소리 정갈하고 새침하고 포근하다. 철없던 동심의 시계가 환영처럼 밀려온다. 빈손을 호호 불며 눈을 굴려 마당 끝 키 큰 버드나무 밑에 오뚜기처럼 만들어 앉혀 숯 검댕이 눈썹을 붙여준 눈사람의 기억 하나와 넓은 응삼이네 논배미에서 친구들과 외발 가랑이 썰매를 신나게 탄다. 초가지붕 초스락엔 엿가락 같은 고드름이 발을 엮은 듯 총총히 매달렸다. 그걸 따서 우드둑거리며 씹어 먹다 보면 몹시 이가 시렸다. 간식이 무엇인지도 모르고 삼시세끼 밥 먹기가 곤곤한 시절의 수정 고드름은 어린 날 유일한 우리들의 행복한 순간의 간식이었다. 기억에서 지울 수 없는 이 겨울 한 편의 청춘 드라마 얄개 같은 것이었으니.

입맛 땡기는 날

　유머가 나르샤 수염이 석 자래도 먹어야 양반. 배지가 몹시 고픈디 짭찔한 뭐라도 좀 우물거려야 헐랑개비네. 창세기에서 우르릉 꽝 소프라노가 나와 뭘 쭈덕거려야 쓸라나. 으이 바로 고거여. 물근헌 콩두부 숭덩숭덩 썰어 넣고 시금털털 묵은김치 쫑쫑 썰어 파, 마늘 다진 양념 돼지고기 고춧가루꺼정 얼큰허게 인정사정없이 넣어설랑에 부글부글 끓여서 마누라 몰래 골방에서 혼자 막걸리 한 사발 콸콸콸콸 목구멍에 쭈루루룩 들어부으면 아유 이게 무슨 맛이야. 니게미 내가 이 맛에 산다구 혀도 과언이 아니지. 암만 내가 신선이지. 무릉도원이 왜 필요해. 거기가 뭐허는 데야. 깜빵에 자빠져 있는 순실이 안 부럽지. 시방 내가 어랑어랑 어허야 어허어디야. 그리운 내 사랑이로당. 잘 미끄러져 넘어간다. 도야지괴기 꺼르르륵 어허 게 트름 시원허고, 똥이 나오게 잘 먹었네. 인자서야 뱃따시가 따땃허구만이라 어흐흐흐흠. 인자 낼랑은 기분도 깔짬헝게 손자 놈 부랄이나 더듬으러 가야 쓰겄다. 임자 시방 가네. 삥허니 다녀올팅게 집 잘 보고 쬐깨 기다리소이. 뭐 할라 기다린다요? 어허 잘 암시롱. 그그그 쫑알대는 버르장머리는 대가리가 허애도 개과천선이 아니 되누먼. 쯧쯧쯧쯧 에이이 백 년 웬수.

삼류

　평양감사도 나 싫으면 그만이라고 했다. 취미는 물론 마음에도 없는 일을 한다는 것은 당사자에게는 고역이요 고통이다. 그런 고통을 딱딱한 나무걸상에 여덟 시간을 앉아 시간을 때운다는 것은 참으로 고약스런 일이다. 피 마르는 지루함이다. 그 꼬락서니의 발단은 56년 전 나의 국민학교 시절로 돌아간다. 나는 학교가 징그럽게 싫었다. 날이 밝아 아침이 오는 것이 두려웠다. 어깨에 멘 보자기 속의 책과 필통이 천근만근처럼 무거웠다. 80여 명의 한 반 아이들과 선생님이 싫었다. 6년을 다녀도 수업에 집중해 본 기억이 없다. 교단의 선생님과 아이들이 책을 읽을 때 나는 딴생각을 하고 있었다. 그렇게 어거지로 6학년 졸업을 했으나 머릿속에 있는 것은 아무것도 없었다. 그저 졸업했으니 학교는 이제 안 가도 된다는 희망 하나가 그저 좋았을 뿐이다. 그렇게 싫은 학교생활에 기억으로는 개근상은 두어 번 탄 것 같다. 어거지로 등 떠밀려 다닌 꼴일망정 어쨌거나 싫어도 출석은 해야 한다는 사명감이거나 의무감 하나는 철저했던 것 같다. 지금 생각하면 참 웃긴 아이였다. 그런 무식한 빈 깡통 머리가 더구나 아는 것도 까먹을 정신 아득한 이 나이에 글을 쓰겠다고 밤잠을 설치며 불을 밝히는 그 어처구니의 비밀스런 까닭은 무엇이냐고 내 스스로에게 반문해야 할 일이다. 어려서부터 자연에 심취하는 버릇이 그런가. 나는 지금도 자연에 대한 신비스러움과 통찰에 인색하지 않다. 자연은 위대하다고 말하고 싶은 사람이다. 그래서 그런가. 공부는 0점이었지만 그날들의 기억에 있는 추억은 어제 겪은 일처럼 새롭다. 어느 것 하나 놓치지 않고 생생하게 브리핑할 수 있는 기억력과 총기가 있다. 내 절대적 능력이다. 몸은 늙었지만, 생각은 아직 늙지 않았다.

스트레스

　일도 스트레스, 마주 보고 일하는 사람도 스트레스, 다리는 삐걱거리고 몸은 천근, 생각은 난무한다. 날씨마저 차가워 문이란 문은 죄 쳐닫아 먼지는 들숨에 숨어들어 폐로 가고 두꺼운 점퍼 속의 등짝은 땀으로 흥건하고 같잖은 핀잔을 들어가며 이 나이에 이게 무슨 짓이냐 생각하니 슬퍼진다. 머리 꼭대기에서는 라면이 지글거리며 끓고 똥이 더러워서 피하지 무서워서 피하는 건 아닌 이치라서 심사가 난 자신을 애써 달래본다. 이것이 내 삶의 지금이고 비춰지는 거울이다.

고속버스 기사

　인연, 그 인연은 시도 때도 예약도 없이 느닷없이 오는 빛과 같은 것. 오~ 세상에 나와 똑같이 고양이 걱정을 하는 사람이 있다니! 삼화고속버스 기사와 울타리를 사이에 두고 오간 대화, 그가 먼저 나에게 말을 건다. 개를 기르냐고? 아니라고. 고양이가 있다고. 자기도 고양이 사랑이 끝이 없는 사람이라고. 회사가 위태로워 언제 파산할지 몰라 만약 이사하게 되면 이 고양이들은 어쩌나 싶어 고민이 깊다고 한다. 자기가 여기를 떠나드레도 밥 주는 내가 있어 안심이 된다며 그는 환하게 웃는다. 전화번호를 주고받았다. 자신과 똑같은 사람을 만나게 되어 반갑다며 그는 소년처럼 웃는다. 매우 심성이 착한 사람으로 보인다.

016 핸드폰

　10년은 족히 된 나의 016 핸드폰님이 또 꼴까닥 졸도하셨다. 요즘 들어 자주 이상 조짐 껌뻑껌뻑 골때리는 치매가 오시는가 보다. 첨단의 문명도 세월 앞엔 장사가 없는 모냥새. 해장에 쌀막걸리 한 주전자 마시고 어미, 아비도 몰라본다는 해장 취기에 추태를 부리는 것도 아닐진대. 영자야, 여그 낙지 한 사라 올려라. 그건 더더욱 아닐 테고 그냥 버려달라는 몽니 같다. 버리긴 버려야 할 텐데 미련 때문에 누가 그르드라구요. 폴더에서 스마트가 나오면서 폴더는 늙은이들 전용으로 전락, 명분을 잃어가는 판이고 날로 신형 단말기가 출시되어 016~017의 수요 사용자가 적어짐에 따라 기지국도 줄이면서 아예 없애려는 회사 방침에 고가의 현금 거불을 유도했던가 보다. 180만 원에 폴더폰을 이양했다는 사람. 200을 받았다느니 낭설인지 급보인지 소문이 나들면서 나 또한 016 고수에 미련이 남다 보니 선뜻 버릴 수 없는 욕심이 생겼던가 보다. 그래서 돈을 더 물드레도 016은 죽이지 말고 신형 스마트폰을 구입하기로 마음먹었다. 졸지에 사업가도 아닌 놈이 전화가 두 대를 갖게 된다. 그렇게 1년여 애물단지를 꿰차고 연락을 기다리건만 기회는 오지 않고 전화비만 낭비하는 모냥새가 됐다. 180, 200은커녕 20원도 보상 없이 해지 신청을 하고 말았으니 결국은 소비자인 내가 넌지시 지켜보기만 했던 회사와의 기 싸움에 스스로 주저앉은 꼴이 됐다. 2022년 지금까지도 폴더의 명맥은 끊기지 않고 살아있다. 결국, 뜬소문에 쓰지도 않으면서 기본료만 손해를 본 셈이다.

실패는 성공의 어머니가 아니였다

강연 100℃ 인간극장, 두 PD와 구두 인터뷰까지 마친 상태. 그러나 내 몫은 없었다. 내가 설 수 없는 자리. 프로그램 중도 종영, 종영. 생애 3번은 운명적 기회는 있다고 철학자는 그렇게 외쳤건만 실패를 두려워 말자. 기대 걸어도 좋을 마지막 하나 내 생의 필사본 책을 볼모로 한 언론 조명을 받고자 청춘의 뚝심인 양 우뚝 서고 싶었는데 자존심 희망이 일순간에 날아간 이내 지존은 어쩌란 말이냐.

아비의 가슴앓이

가다 못 가면 아니 감만 못하지. 가난해서 세상의 줄을 잘못 서서, 옆구리 콕콕 찌를 빽이 없어서 그런 거다. 접고도 하면 되는 재주가 다분하건만 싫어서 안 하겠다는 데야 어쩔 수 없는 일 아닌가. 네 꿈을 펼쳐라. 아비의 끝없는 욕심이지만 따라주지 않으니 애간장이 녹는 건 아비다. 아비가 못다 이룬 꿈, 자식이 이어 꿈을 실현해줄 거라는 일구월심의 금전적 투자와 정신적 동행은 힘이 들어도 하나의 희망이 있었는데 이대로 무산이 되어버렸다. 무지개 프리즘이 경지에 오른 예능을 조명하는 무대 관대의 마당 그곳에 네가 있어야 했는데 그 화려한 날을 각인으로 가슴에 묻으면서 행복해하기도 했는데 인위로 만들어질 수 없는 타고난 끼, 신이 내린 선물 선택된 아이의 몫. 그 행운을 외면한 둘째 딸. 큰 애의 손재주는 또 어쩔까? 이런저런 남을 뛰어넘는 비상함을 주부라는 이름으로 멀리하는 숨겨진 손. 은둔으로 버려진 채 가는 세월을 생각하노라면 소금에 절인 듯 가슴이 아프다. 이런 안타까워하는 아비의 심정을 두 새끼는 얼마나 헤아려줄 것인지. 솔직해지자. 아비는 만인의 우상 속에 스포트라이트 조명을 받으며 무대 위의 가수가 되었어야 했다. 첫째 큰애는 백지 위에 예술의 혼을 그리는 환쟁이가 되어야 했다. 둘째 딸, 백조의 호수가 되어 세계의 무대를 넘나들 카리스마 있는 무용수, 발레의 여왕이었어야 했다.

•

존경하옵는 바퀴님 전에

　바퀴야 바퀴야, 뭐하니? 자동차 바퀴가 아닙니다. 어둡고 습한 곳에 즐거운 나의 집이 있는, 여자들이 질겁을 하는 벌레, 바퀴요. 바퀴야, 네놈들은 어째서 사람과 어울려 살려고 애를 쓰냐? 새끼를 한 번 치면 한두 마리도 아니고 수백 마리씩 다산하니 그 수가 어마어마해 개체수를 줄이기 위해서라도 이제는 안타깝지만 어쩔 수 없이 방역을 해야 한다잖어. 너희들이 희망을 누리며 행복의 나라로 살기에는 땅바닥 틈바구니가 최고야. 왜 하필 사람하고만 어울려 살려고 부엌이나 헛간, 안방, 장롱 밑 틈새란 틈새는 다 우물거리니. 그러니까 맨날 초상이 나지. 일찌감치 주섬주섬 보따리 싸가지고 애들 데리고 얼른 내빼. 살충제 뿌리기 전에. 너희들이 오래오래 자손만대 부귀영화를 누리며 살기엔 인간을 떠나서 자연에서의 번식이야. 사람들은 바퀴를 징그럽고 더러운 벌레로 알거든. 약삭빠른 행동도 싫고 까만 몽둥이도 싫고 잡식성인 아무거나 먹어대는 꼬락서니도 다 싫은 거야. 세상의 어느 벌레도 너희들같이 멸종을 원하는 벌레는 없거든. 그토록 바퀴는 사람과는 인연이 없는 벌레지. 인간들은 성가신 너희 존재들을 박멸키 위해 더 독하고 강력한 약발을 개발코자 잠도 안 자며 연구하걸랑. 나중에 이런 괴변이 올런지도 몰라. 멍청한 인간들은 너희들이 씨가 마를 정도까지 이르면 국가지정 천연기념물로 바퀴를 사수하자. 바퀴를 뻗게 독한 약을 만든 놈을 잡아 엄벌에 처하라. 바퀴는 유해 벌레가 아니다. 인간은 바퀴와 함께라는 플랜카드가 걸리는 날이 올지도 모른다. 나는 그렇게 보는 거지. 가정마다 집집마다 바퀴 키우기 캠페인을 벌일 거라고. 그날이 언제냐구? 너희들이 다 죽고 몇 마리 안 남았을 때. 아아 잊으랴? 어찌 우리 그날을.

•

이별의 날이 올 것 같아서

외로움, 그리움도 손님처럼 그렇게 잠시 왔다 가는 것. 그래서 슬프고 아픈 것. 울적한 추억 남겨진 내 기나긴 기억에서 차마 지워질까? 뒤엉킨 가시철조망 날 찌르고 할퀸 수많은 날의 고통 그 가슴앓이는 어찌할꼬. 마지막이 주고 가는 은혜 대신의 아픔이라면 그래 슬픔은 오해로 가실 것이고, 눈물은 갈잎처럼 마를 것이니 이별이라 말하지 말고 나 자연으로 돌아가는 길, 행복으로의 먼 여행길 나서는 길이라 말하며 떠나야지.

•

에덴의 열매

사과는 내 입의 혀와 목 넘김을 감미롭게 하는 내 선망의 선악

과였다. 맛과 향이 있는 설렘의 먹거리였다. 연인의 뜨거운 혀를 탐닉해 황홀한 기분으로 핥는다 해도 사과의 맛만큼은 어림도 없다. 새콤달콤 깊은 맛의 홍옥. 달고 맛있는 그 사과 홍옥은 입맛 단내 젊은 날의 로망 같은 것이었다. 세상에 널린 과일 중 그 어느 과일이 홍옥의 맛을 따라올까? 뭉텅 한 입 베어 깨물면 사르르 왼 눈 하나가 감겼다. 사과 맛이 가져다주는 윙크는 행복한 순간에만 오는 입안의 전율이다.

•

그러하리

수컷의 대명사는 암컷이다. 수컷은 암컷을 빌어 종자를 잉태하는 양산의 보고다. 육신이 녹아드는 아리끼리한 잉태 순간의 황홀은 생명에게 신이 내린 마지막 보너스이리라. 이 고귀한 암컷의 사타구니에 탐닉하는 수컷의 욕망은 예를 넘어 불가경 난잡의 도덕적 슬픈 구연이다. 수컷은 열 암컷 마다하지 않는다라고 했다. 본능이다. 본능을 탐닉한 무질서가 본능을 음해한다. 수컷은 늑대라 말한다. 조롱의 비아냥이다. 그 무엇 누구도 예외는 아니어서 뜨거운 열정 나눌 암컷이 있어서 만면에 회심의 미소가 무지의 그늘을 덮는다. 음과 양은 철썩같은 자석의 부류다. 수컷의 향기는 페르몬이다. 암컷의 우유 및 향기는 수컷을 불러들이는 끌림의 향기다. 절묘하다. 부득 꽃과 나비로 이름하자 짝없는 외로움은 바람 시린 외기러기. 심해한 외로움으로부터 자유로워진 수컷, 그리고 환희.

자연이 준 꽃다발

내가 수년째 아끼는 더운 나라의 식물, 난. 다섯 개의 붓대를 내밀어 이제 마악 꽃망울을 열었다. 겨우내 부엌에서 겨울을 나고 적어도 석 자는 되게 키를 키워 이 봄의 길조를 피워낸 안간힘이다. 어느 예술가가 이 아름다운 색을 그려낼 수 있을까? 열십자로 균열을 맞춰 쭉 뻗어낸 탐진 다섯 송이 내 동공을 황홀케 했다. 내 가슴을 설레게 했다. 이 순간 생생한 왈츠라도 함께한다면 더더욱 금상첨화일걸. 오오~ 마당 끝 뜰이 아니어도 좋을 내 마음의 꽃밭, 내 가슴의 정원.

둘째

해장술이 거나한 둘째 딸이 느닷없이 전화를 걸어왔다. 혀 꼬부라진 소리로 친구들과 가진 술자리에서 아빠 나 사랑해? 라고. 그럼 사랑하지. 얼마만큼 사랑해? 하늘만큼 땅만큼. 유치원 아이가 하는 말 그대로 대답했다. 역시 우리 아빠네. 아빠 사랑해. 그래 나도 사랑해 우리 딸. 그리고 저희끼리 킬킬대는 소리가 들려온다. 새끼 사랑하는 부정 끔찍한 줄 저도 알련만 해준 건 없어도 그래도 아비라고 작은 마음, 큰 마음 다해 이것저것 챙겨가며 신경 써주는 아이의 따뜻함에 자식 둔 보람을 느낀다. 옛말에 딸 덕에 범군한다는 속언이 되살아난다. 제 간엔 저를 얼마만큼 생각하는 아비일까? 사랑 확인이 필요했던 모양이다. 딱딱하기가 대나무 등걸 같던 아이가 나이 40이 돼가면서 생각의 틀이 많이 온순

해진 자신의 감정에서 우러나온 확인의 물음이었나 보다. 그 취중 속 의미심장한 물음은 최대한의 용기로 천륜을 확인한 순간이다. 생각의 틀을 표현하는 아비와 자식 간의 친목이다. 아빠 사랑해, 또랑또랑 들려온 소리, 내 끔찍한 새끼의 진실한 소리.

•

빈곤의 바다

　바다는 말이 없다. 넓고 푸르고 출렁이며 때로는 낭만을, 때로는 풍요를, 때로는 무서움을. 천의 얼굴이 바다다. 바다를 떠올리니 언젠가 읽은 바다를 쓰는 소설가 한창훈의 내 밥상 위의 자산어보가 생각난다. 오늘도 바다는 천의 얼굴을 드러내며 잔잔한 유속으로 출렁인다. 이 바다 밑에 지금 무슨 일이 벌어지고 있다. 걷잡을 수 없는 만행이 자행되고 있다. 중국의 뱃놈들이 어깃장 똥배짱으로 날 잡아먹어라 배를 디밀며 동해, 서해 법적 수해로 넘나들며 닥치는 대로 어린 치어까지 싹쓸이를 하며 불법 어로를 일삼는단다. 심지어 지도단속반에게 흉기를 들며 위협까지 서슴지 않는단다. 이는 상호 국가와 국가가 맺은 국제어류법상 불법이며, 양국 간의 신뢰에도 연관이 되는 앙금적 문제로 발전할 수도 있는 중대한 일이 아닐 수 없다. 물 반 고기 반인 우리 바다가 가난해졌다. 빈 바다 속 빈 바다다. 개흙뿐이다. 생명 고갈 기로의 바다 1960년대 서해 연평도는 조기의 섬이라 불릴 만큼 조기 떼가 태산이었단다. 말해 뭘 하랴. 배가 가라앉을 정도로 배마다 만선이어서 일부러 조기를 퍼서 바다에 버릴 만큼 고기가 천지였다고 한다. 똥개도 만 원짜리 지폐를 물고 다니며 헤롱거렸다는 연평의 일화가 거짓은 아닌 듯했다. 천덕꾸러기가 될 만큼 바글거리던 조기와 꽃게가 이젠 없다. 물고기 없는 바다엔 쓰레기만 지천이고, 맹물만 출렁거릴 뿐 침묵의 바다가 되었다. 비린 생선 싸게 사먹기는 국상에 개다리 틀리듯 다 틀렸다는 예전 아버지의 그 말씀이 오늘날 현실이 되었다. 인간이 무서워 그렇게 조기는 나의 살던 고향 바다를 떠난 지 오래다. 돈독에 눈이 멀어 자연을 거스른 미련한 인간이 벌인 큰 실수가 가져온 형벌의 말로다. 내 밥상 위의 비린 어보도 이젠 귀물로 가난해질 터.

개도 주인을 닮더라

새벽 2시 30분. 적막한 이 야한 밤에 주먹만 한 노란 한라봉을 까먹는 맛이란? 소설 구조의 이론이라는 책을 보다 보니 자정이 넘어 첫닭이 울 새벽으로 간다. 개들까지도 나를 따라 잠 못 들고 내 주위에 쪼그리고들 앉아 망중한을 달래듯 그렇게 나를 지키고 있다. 우리 개들은 말이 개지 양반 자제 모냥 예절 바르고 똑똑하다. 난잡하다거나 물어뜯거나 하는 별난 짓은 일체 하지 않는다. 주인인 나를 향한 충성심이 임진왜란 난리통에 나라를 구한 이순신 장군보다 한 수 위다. 이순신 장군도 큰 칼만 옆에 찼지 별거 아니다. 우리 개들도 의리와 충성심이 이 장군 못지 않았으니 이순신씨 미안하우. 개랑 비교해서. 웃자고 헌 소리외다. 드디어 인내가 한계에 왔던지 한 놈이 날 노려보다가 뿔따구가 나는지 크응 크응 콧방귀를 끼며 대장간 풀무질을 하듯 콧물을 사방으로 튀겨댄다. 잠 못 자고 졸게 만드는 내가 미웠나 보다. 야야! 드럽게 콧물 튀겨? 항의 말고 자빠져 자. 아니꼽다 이거지? 아닌데요. 아니긴 인마! 내가 네 배떼기 속까지 들여다보구 있는데 아니라구? 후라이를 까? 아니라니깐요. 어허어허 이렇게 무식한 놈을 봤나. 내가 이래 봬도 얼치기 박수다. 너, 쌀 몇 알갱이만 굴려보면 다 나와. 점두 점두점이요. 개점도 점이라. 자 봐. 딱 나오잖어. 어디서 주인을 깔고 앉으려고. 그게 아니라니깐요. 말귀를 못 알아들어. 나이 자신 양반이 맞먹어라, 인마. 귀신도 내 앞지르기는 안 돼. 아, 내가 누구야? 양천 허씨 문중 김수로 왕 27대손, 뭘 알아야 면장을 하지. 야들아, 일자무식 백수건달 살만 뒤룩뒤룩 이리 모여 봐야 첫닭이 울 새벽에 동네 시끄럽게 큰소리 낼 일은 아니고 오장육부가 출출한데 오랜만에 텁텁한 좁쌀 막걸리나 한 사발씩 하려느냐. 아저씨나 배 터지게 드슈. 개가 술 마시는 거 봤어? 기네스북에도 그런 헤게모니는 없다. 그러냐? 아악 실수! 아니 개가 욕을 할 때까지 안 자빠져 자는 심보는 또 뭐야? 갖은 궁상 어쩌다 이 인간한테 걸려 잠도 제때 못 자는 팔자가 됐나 그래. 아유 열받어.

・

상전이 따로 없지

정성이 지극하야 이 몸이 아프면 그냥저냥 참고 견디면서 자연치유에 의존하지만, 개가 아프면 부리나케 잰걸음으로 수표 한 장 손에 챙겨 들고 병원으로 간다. 개 팔자 상팔자, 통장이야 비어 거덜이 나든 말든 사날라 입히고 먹이고 씻겨 부처님 섬기듯 해도 배은망덕도 유분수지 세 번 물렸어요. 빡빡 씻기다가 그 잘난 꼬추 좀 건드렸다고 물고, 털 깎다가 발가락 새 피나게 했다고 물고, 밥 먹는 거 건드린다고 물려 완 투 쓰리 세 번 물리고 억울하지 않는지 우유 주고 계란 삶아주고 오리고기 간식에 피부 미용에 좋은 사과 깎아 먹이고 생딸기에 닭가슴살, 물도 수돗물은 안 줘요. 웅진 코웨이 정수물만 먹어요. 개 싫어하는 양반들이 이걸 알면 넋 나간 나사 빠진 녀석이라고 욕을 그냥 바가지로 하련만 그러거나 말거나 나 좋으면 그만이지. 당신들 나 좋아하는 내 개에게 보태준 거 있어? 남의 인생사에 뛰어들어 눈꼬리 치켜뜨들 말고 이거나 보셔. 개조심, 불조심, 여자는 남자 조심!

늙어서 미안합니다

우리 개들은요. 다 고령이어서 나와 같이 늙어간다우. 개도 늙은이 행세를 합디다. 뜨끈한 아랫목을 좋아하고, 늙었어도 수컷은 여전히 암컷을 밝히고, 저 꿈쩍이는 허리의 유연함을 보라. 개랑도 오래 동거동락하면 주인을 닮는다지. 공갈이 아니었어. 연세들이 다 높으셔도 기동성 재빠르고 눈치가 100단. 늙은이는 그저 먹어대야 똥힘으로 버틴다며 식욕이 사흘 굶은 그지예요. 똥은 또 얼마나 푸지게 내놓는지 꼭 강화 물고구마 같다니께. 내가 아주 그냥.

약속 불이행

이 계절에 분노한다. 이름 없는 꽃이라서 외면하는가? 학벌이

전무한 차별의 설움인가? 씹 주고 뺨 맞는다더니 줄 것 다 주면서 그것도 선지불로 성의를 보였건만 야만성을 드러내는 인내의 한계에까지 와 무책임한 그를 핀잔하고 있다. 인연은 세상살이에서의 근원적 뿌리다. 고객이라는 것, 신뢰성이라는 것, 인연의 고리, 의무적인 사고, 멀미 나는 핑계의 그늘, 무모한 약속, 합리화를 회피하는 무능의 사업자 처음부터 잘못 선택된 인연이었다. 올챙이는 반드시 개구리가 되는 법! 세상의 모든 것이 사양길에 노출된 이 시대에 신용 타락이라는 불명예로 자사 고객으로부터 신뢰를 잃어버린 사업자라면 이미 자격을 잃었으므로 자리를 비워야 할 일이다. 살아남기 위한 몸부림의 제스처는 그런 것이 아니다. 인간과 인간의 신뢰는 약속 이행과 믿음이다. 기다림의 한계가 분노한 나와 그간의 불협화음이다. 내 비릿한 조소다.

·

농담과 농담 사이

여자가 무슨 대통령! 남자나 하는 거지. 왈그렁 절그렁 후당탕 거리드니 그여 접시를 깼구만. 명예만 대통령이지 순실이가 다 해 먹고, 정체불명 비선 실세! 대한민국을 골치 아프게 한 순실이에게 배운 교훈, 사고를 쳐도 크게 쳐야 한순간에 유명 인물이 된다는 걸 공짜로 배웠다. 계집이나 사내나 덮어놓고 뱃장이 두둑해야 떼돈 긁는다는 것도 덤으로 배웠다. 차라리 순실이가 대통령이었다면 고질 덩어리 정은이 하나쯤 골려 먹는 건 일도 아니었을 게고, 뭔가 대박 하나쯤 터트렸을 거라는 못내 아쉬움도 배웠다. 근애는 순실이의 손때 묻은 목각 인형이었다. 쓰다듬고 어루만져 떡

주무르듯 이겨가며 간을 빼고 간지럼을 피워 갖은 여우를 떨어 홀려놓고 으흥 언니~ 나 순실이야 어쩔껴? 그래 그래 그렇게 하자. 지렁이가 용을 데리고 놀 수도 있다는 교훈도 얻었다. 잠을 설치며 새벽 5시에 일어나 수많은 유권자 대열에 맨 앞줄 1번으로 투표해 큰 기대를 걸고 뽑아줬더니 일이 이 지경이 될 줄이야.

밥 자시고 순실이랑 전화질이나 하고 얼굴이나 토닥거려 영화배우 되려고 그랬나. 정사에 신경 좀 쓸 일이지. 순실이 부려 먹다 볼장 다 보고 말년에 쇠고랑을 찼으니 으쩌면 좋우. 순실이는 끝까지 언니 나랑 같이 들어가. 언니 잘못을 내가 다 뒤집어썼잖아. 얘가 얘가 무슨 소리야? 시방 네가 날 이용해서 너무 많이 헤쳐 먹다 들통난 거지. 난 너 때문에 망했어. 내 인생이나 물어내, 이년아! 언니 나이값이나 해. 명색이 대통령이. 대통령이면 뭐허냐 이년아. 네가 나 대신 이러구저러구 다 하는 바람에 믿거니 하고 내비뒀더니만 겨우 했다는 게 날 망하게 해. 이이 천하에 급살을! 난 말만 대통령이지, 그냥 빈 깡통 로봇 대통령이었다구. 언니 지나간 버스에 손들지 마. 언니 각오해. 나 혼자는 절대 못 들어가. 얘가 무슨 소리야 지금. 야 말이야 바로 말이지. 한 살이래도 들먹은 네가 살아도 살아야지. 60 늙은이인 이 언니가 콩밥 먹으러 가리? 망할 년 같으니. 이래서는 안 된다는 고약한 교훈도 얻었다.

・

뒷골목 인연들

길고양이 밥 주려고 밤길 나서는 중. 물을 뜨겁게 데워 물병에 담고 종이컵과 사료를 들고 정든 놈, 낯선 놈 모두 골목에 거주하는 열 마리 정도의 고양이 저녁 식탁을 차리러 간다. 지금 시간이 자정이 가까워 가건만 쥐 사냥이라도 나섰나? 한 놈도 보이지 않고 차가운 골목 가로등만이 졸고 있다. 오늘 밤 이놈들 얼굴 보기는 틀렸다. 매일 밥 주던 자리에 사료를 쏟아놓고 따끈한 물을 부어주고 두리번거리다 나 지금 집으로 오는 중.

·
관계

    나는 사랑의 아들이다. 인간보다는 동물을 더 신뢰하고 사랑한다. 믿었던 사람에게 속고 채이고 거절당하며 수모로 숨이 막혔다. 뒤돌린 마음으로 다시 한번 더 믿어보자는 의욕 하나 있어 인간적으로 보듬어보지만 또 배신당하고 가면의 탈을 쓴 이중성 인간을 버리자고 마음먹었다. 베푸는 자의 미덕을 미끼로 이용한 비열한 인간, 더럽고 추한 여우가 따로 없다. 흉물이다. 자신의 이익을 위해서 수단과 방법을 동원해 잔꾀를 부리는 더러운 아첨이 몸서리나게 싫다. 간교를 앞세워 남의 인생을 칼질하는 생각 없는 금수라면 차라리 용서가 쉬우련만 그렇지 못해서 사람이라서 억울해서 견딜 수가 없는 것이다. 이래서 인간이라는 그 자체로 배척하며 싫어하는 이유다. 밥을 먹고 모가지가 우뚝해서 사람이 아니다. 네 발로 기는 동물도 두 발로 걷는 인간보다는 정직하다. 비굴하거나 해하지 않는 오로지 본능 그대로 살 뿐이다.

    무리와 어울리고 나름의 위계질서가 정연하다. 소위 영장류라는 인간이 되어서 야비와 침탈로 안일한 삶을 더러운 탐욕으로 채우려 하다니! 구역질은 임신한 여자만이 하는 전유물이 아니다.

비열한 족속을 겨냥한 이유 있는 항변! 지난날 내 사생활 속 일부러 나쁜 감정으로 지금 환영하는 중이다. 나를 이용해 사욕을 채우고 내 신세를 파탄낸 인간이기를 거부한 구더기들을 나무라는 중이다. 씹 주고 뺨 맞는 꼴이다. 지금, 이 나이에 노동이 아니면 목구멍 풀칠이나마 부족함에, 삶이 어깃장 전 판이었던 미주알고주알 과거사에 네까짓 것들이 아니었던들 지금의 내가 이 지경까지는 아니 됐음을 심술로 항변하는 것이다. 빈곤한 내 여우살이에 끼어든 오물 같은 더러운 군상들, 그들에게 행복이란 절대 있을 수 없다. 인간도 금수도 아니어서다.

·

고장난 인생

내 이비인후과 냄새 기관이 고장났다. 벌써부터다. 심한 감기 몸살 이후 슬며시 찾아온 불청객이다. 잘난 마나님 코는 아직도 마약 찾아내는 공항의 세퍼트처럼 기가 막혀 개 오줌 지린내에 민감하다. 이 구석 저 구석 오목조목 육신은 다 절단났어도 아직 사냥개 냄새 맡는 그거 하난 이찌방이다. 어수선한 세상이 내 코의 감각기관처럼 대책 없이 느슨하다면 꽤 괜찮을 성싶은데, 마누라 코는 너무 튀어 아찔하다. 서서히 무너지는 모래성처럼 하나하나 고장나 가는 육신의 나이는 70 인생에 육박하고, 이 늦은 인생에 파란 신호등이라면 뭔가를 새롭게 해야 한다는 의욕 하나가 날 책상머리에 앉혀놓았다. 참 가상한 의욕이다. 가끔 넋을 잃고 깊은 시름에 잠기다가 깜짝 놀라는 알 수 없는 내면의 내 불가원칙. 그것이 무엇이냐고 나 자신에게 반문해본다. 실속 없는 바람 같은 삶을 살아왔다. 세월과 함께 먼 길을 왔지만, 그저 빈손일 뿐이다.
허무가 주는 후회 있으런만 이 몸 욕심 없는 허수아비일세.

・

아리랑 괴변

　어허, 이런! 이런 괴변이 있는가? 어찌 사내대장부가 오물이 쏟아지는 아녀자의 아랫도리에 연연하는가? 이히이~ 못나서요. 어허 터진 주댕이로! 이놈이 못나도 사내지 않습니까요? 꺼떡거리는 고추는 똑같지 않습니까요? 나도 쟤도 이놈두 다 똑같다니깐요. 예끼이! 호로 주제에 재미난 건 알아가지고. 노세~ 노세~ 젊어서 놀아~ 늙어지면 못 노나니 화무는 십일홍 달도 차면 기우나니 아무리 고운 꽃도 자태와 향기는 열흘을 못 간다는 뜻이렸다. 화무십일홍! 세상사 만물이 암수가 어울려 짝을 이루게끔 이치가 그러하니 이런 걸 덩더꿍 아나방창이 아니더냐. 해서 후는 이렇고 서는 이러 허니 시방이 어느 때냐?
　민간인 신분으로 근애에게 붙어, 백성 세금 갉아먹는 눈먼 나랏돈 남의 마누라 지분덕에 건드려도 간통죄가 없어진 판국에 쇠고랑 찰 일 없으니 이것이 태평성세라. 허준이 동의보감에 적은 기록으로 사내는 열 계집 마다하지 않음 여기에 가늠하려면 야관문을 장복해야 함이라고 기록되어 있는지 없는지 안 들여다봤으니 난 그건 모르겠고. 모르다니? 이런 똥 싸고 밑도 안 닦고 바지 추켜 올릴 녀석! 순실이 딸년 유라가 뭐라구 그랬냐? 돈 많은 부모 둔 것도 능력이라 안 하던? 잘난 어미 덕에 반짝 호강 좀 하더니 그나마도 이젠 '아 옛날이여'가 되었으니 이런 걸 뭐라고 하더

라. 와전! 자~ 기도합시다. 욕망이 잉태하면 죄를 낳고 죄가 잉태하면 사망을 낳느니라.

꿈은 꿈꾸는 자의 것

내 야무진 소설의 꿈은 얼굴에 솜털이 송글송글한 감성의 시절 낙랑 10세 나이였다. 아무도 가르쳐주지 않는 내 잠재와 생각으로만 쓴 원고 170페이지 분량의 미숙한 원고가 있는데 그 글을 다시 읽어보면 유치하지만, 그런대로 글꼴은 제법 갖춰져 잠재성의 단면을 본 듯 감회가 새롭다. 실개천 가는 물줄기는 끈기로 흘러 긴 터널 50여 년을 은둔한 채 빛이 바랬다. 첫 글 제목은 〈열일곱이 되던 해 이른 봄〉이었다.

여복

이국의 인도네시아 처녀와의 짧은 시간의 인연. 그녀가 나를 제 가슴에 묻었다. 내 사소한 호의에 감동을 받았다거나 남녀의 본능인 이성에 이끌렸을 가능성 배제하고 진실한 사랑이었을지도 모를 이루어질 수 없는 사랑이었을까? 이별의 아픔도 나눌 수 없이 갑자기 제 동료들과 떠난 여자. 나를 못 보고 간다며 서럽게 울더라고 전해 들었다. 바보, 좋아한다고 말을 하지. 나는 전혀 그녀의 예후를 눈치채지 못했다. 그냥 내 나라에 돈 벌러 온 이방인으로 측은한 마음에 이런저런 호의를 베풀었던 건데 그 호의를 그녀는 이성으로 받아들였었나 보다. 먹먹한 가슴으로 회한을 남기고 갔을 이제 그리워해 보는 이국의 여자. 내 가슴살 한 점을 떼어내고 서럽게 울고 간 여자. 이렇게 지난날을 새롭게 읊조리고 싶다. 꿈속에서조차 재현할 수 없었던 숨겨지고 잊혀졌던 은둔의 어제가 잠 못 이루는 이 밤. 잡념 속에서 묶어진 깡마른 그 여자! 오늘 이 밤은 참으로 현미경 같은 밤이다.

・

자유의 노래

근로 5일제 시행. 금요일이 토요일이다. 얼씨구 만고강산 목욕 재개 때 빼고 광내고 여유로운 저녁 215,000원 결제. 신간 소설 사서 쌓아놓고 그걸 읽을 생각을 하니 또 한 번 업그레이드된 기분. 지겨운 먼지 소음에서 해방된 유일한 휴식공간. 내 자유의 금요일.

・

길거리 장의사

이 보우다 쥑장. 인생은 이렇게 사는 거야. 둥굴둥굴 데굴데굴 자유분방허잖어. 개가 네 발 들어 천장을 쳐다보며 등짝을 비비고 야비다리 치다가 빤히 날 쳐다보며 놀잔다. 앞발을 뻗어 내 볼기짝을 긁어댄다. 계속 놀자고 양다리를 붙이는 중이다. 내 기분은 알지도 못하면서 제 멋에 겨워 제 기분만 맞춰달라니 염치없는 수작이다. 안 그래도 내가 돌봐주는 덩치 큰 늙은 고양이가 로드킬 당했어. 그놈을 묻어주고 와 마음이 울적한 판에 날 보고 기분을 내자니 슬슬 피하기만 하던 놈 겨우 낯이 익어 친해지는 과정인데 그놈 팔자가 겨우 객사여서 지금 너랑 놀 기분이 아니거든. 뒷골목이 제 영역이고 놀이터며 보금자리인 갈색 고양이. 김포지구에 일 다니면서 개, 고양이의 시신을 참 여러 마리 묻어주었다. 심지어 산에서 산으로 길을 건너다 친 고라니 시체까지 묻어줘 봤다. 인간도 동물도 사후에는 당연히 흙으로 돌아가야 한다는 내 개똥철학이 주는 교훈이다. 나는 노천거리의 무연고 시신 장의사였다.

밥을 벌다

생명을 담보로 살기 위해 이 나이에 먼지 구덩일 헤어날 수 없는 것은 무조건 슬픈 일이다. 숨이 턱에 닿아도 온종일 마스크를 쓴다. 꼭 써야 하며 써야만이 내가 살 수 있다. 병들지 않으려면 어떤 일이 있어도 써야 한다. 이 열악한 환경 속에서 먹고 살겠다고 저마다 입을 막고 분주한 꼬락서니들, 신세타령이 절로다. 오너는 노동자의 불가사의 현실을 이해나 할까?

창 너머 입춘대길

키 큰 도도한 버드나무 한 그루, 이 봄 물 오른 가지가 오뉴월 엿가락 늘어지듯 휘영청 늘어져 바람에 하늘거린다. 수양버들, 능수버들은 사촌 간 수목이다. 알고 하는 소리 같지만 확실치 않다. 황새가 어찌 봉황의 깊은 뜻을 헤아릴까만 계절은 3월이다. 거룩의 땅을 들추고 디뎌 오르며 살아있는 모든 것들이 숨 쉬며 소생하는 잉태의 계절이다. 아름다워지는 계절이다.

이 시대의 인물

거두절미 어떤 연유 우연찮은 인연에 재수있고 운이 좋아 한방에 톱이 된 근애의 꼬붕 순실이를 내가 알았던들 내가 이리 지지하게 살까? 순실이가 흘린 그 콩고물만 챙겼어도 나도 제3의 실세가 되지 않았을까? 이놈에 팔자는 그저 평생 그지로 살 팔자야. 아니 얘가 얘가 대가리는 허예 가지고 뻑허면 순실이 타령야. 이거 보셔. 순실씨도 지금 속죄하는 심정으로 과오를 뉘우치며 죗값을 치러. 세상에 욕심 없고 완벽한 인간 어디 있간. 어떻게 어떻게 하다 보니 전두엽 지시가 잘못돼 거기에 조정당한 것이지, 본연의 심성인들 언니뻘 근애를 능치자 했겠수. 나는 워낙 잔챙이라서 거기에 참석할 꿈도 못 꾸지만, 여우가 돌아보구 신령님이 보우하사 그야말로 따까리라도 됐다면 똑같이 껄떡댔을걸. 아유 마른 몸판에 콩고물이 어디야 그러면서 청렴결백이라는 것도 돈 앞에 무력해지는 게 사람이거든.

유쾌한 가족

쪽쟁이 가족. 주인장도 고령, 개도 고령. 아그들아! 여그 다 모여봐라. 인원 점검 실시. 번호 하낫! 둘! 스이! 느이! 다스! 여스! 일고! 야들! 차렷, 열중 쉬어! 다리 들어 일렬종대! 시방부터 오복 중 하나인 치아 검사를 실시한다. 다 같이 동시에 김치! 고대로 있어라. 핫둘 핫둘 아니! 이빨은 다 빼서 간식으로 먹었냐? 총인원 팔 마리 중 남은 이빨이 총 열여덟 개밖에 없어. 한 마리당

이빨 두 개꼴. 사람 이빨도 보험이 안 돼. 틀니를 해주고프나 돈이 안 돼. 됐고 앞으로 급식은 물렁헌 걸로 교체해 공급한다. 알아먹었냐? 껑껑껑! 일급 훈시 하나 하겠다. 열중 쉬엇! 차렷, 편히 쉬어. 우리는 모두 11식구다. 서로가 서로를 좋아하니 문제될 일은 없지만, 개를 싫어하는 사람들이 있다. 그자들은 우리의 가정사를 절대 이해하지 않는다. 해서 너희들이 껑껑 짖거나 뛰어놀며 난장판을 쳤다간 망친 물건 변상을 해줘야 하거나 더 나아가 가슴 아픈 일을 당할 수도 있으니 각자 조심하도록! 어떤 놈이 우리 가족을 욕을 해요. 이리 데려와. 그냥 콱 깨물어 버릴랑게. 어허 저 소갈머리를 봐라. 제3자가 시비를 걸어올 때는 분명한 이유가 있어. 시비가 되는 것이니까 놀아도 조용하게 놀고 짖어도 스므스허게 아련한 소리로 우아하게 짖어라. 사람들이 이러더라. 무슨 느무 집구석이 벌이도 시원치 않으면서 저 많은 개를 다 먹이고 입히고 돈을 처발러가면서 저게 뭔 청승이냐구? 우리가 내 밥 먹고 내 집에서 살면서 남 눈총의 타깃이 돼서야 되겠냐? 안 되겠냐? 안 됩니다. 그래 안 되는 거야. 그러니까 어떻게 해야 한다구? 첫째도 조심. 둘째도 조심. 셋째도 조심이여. 기대해도 되냐? 네네네.

●

투표

좀이 쑤셨다. 투표하고 싶어서. 이 나라 국민이어서 하나의 주권을 행사하고 싶었다. 내가 지지한 그 사람 이름 위에 동그라미를 그렸다. 내 한 표가 힘이 될 때 당신은 나의 대통령이고, 이 나라 정치사를 이끌어갈 모두의 대통령이 되는 것이다. 당신을 향한 국민의 여망은 당신의 100% 능력과 고른 일자리 창출, 균형적 경제, 서민 물가안정, 국가 안보, 고른 복지 이것이면 족하오. 이 나라 국민은 똑똑하다오. 당신을 향한 국민의 눈은 매의 발톱과도 같소. 부디 국민 모두의 마음속에 남는 대통령으로 거듭나길 유권자의 이름으로 심판하오. 이상 유권자의 이름으로 대통령에게 보내는 파이팅 메시지.

·

러브레터

 난 지금 정신적 술렁임으로 환상을 안고 네 가슴속으로 깊이 들어가기로 했다. 사랑일 듯 아닐 듯 막을 치고도 사리고 앉아 있는 앙큼한 암코양이. 열 번 찍으면 넘어간다는 확신으로 너를 향해 오랜 시간들을 인내하며 사랑의 시위를 당긴다. 기필코 너는 내 마음의 꼬냐.

·

끌림

 세월이 골백인들 사랑 어찌 없을쏘냐? 본능은 어쩔 수 없는 소명 같은 것. 네가 날 그리워하자 인형이 갖고 싶은 어린아이처럼 응석이라도 하지. 그리움이 지나쳐 슬픔으로 어리는 얼굴. 너는 이렇게 분명히 말했다. 처음 본 순간부터 괜히 행복한 마음이었다고. 버선코 뒤집듯 그가 서슴없이 문자를 남겼다. 절박함으로 아픈 시간이다. 가슴에 기쁨으로 와닿는 침묵의 여자.

행복하세요

그 녀석이 보내온 메시지다. 인간은 추억하는 동물이다. 감정의 기복이거나 연륜의 차이로 오밀조밀 따질 일이 아니다. 희망을 꿈으로 엮어내리라. 큰마음으로 기대 부푼 노땅의 어리석음이 눈에 보여서가 아닌, 그 구질구질한 노동에 젊음을 저당 잡혀 기대를 거는 야짓잖은 젊은 네놈 희망 하나가 미워서다. 이기적 추물의 동조적인 하수인으로 이용하려는 얕은 수작 탈출치 못하는 네놈 젊은 기백이 아까워서다. 내 가슴이 온화한 어느 날 넌지시 널 상면할 것이다. 거꾸로 가는 네 인생 젊음이 돌아가길 원하지만 그것은 내 몫이 아니어서 어쩔 수가 없다. 아름다운 저녁노을 일몰 같은 너. 내 너를 피 한 방울 안 섞인 널 천륜처럼 사랑했다. 가슴살 한 점 도려내는 내 아픔이어서다. 그것이 널 기피했던 차일피일의 이유다.

팔자소관

다 내 탓이요. 인정하기엔 참으로 억울한 일. 25세 발랄한 젊은 날, 한 번 결혼에 실패한 여섯 살 연상인 홀아비인 나와 지인의 중매로 만나 일백 년 행복하자 맺은 인연이 일백 년 원수가 된 병조가리 아내, 가망과 희망이 절벽이다. 자그마치 43년 긴 세월을 병원 신세를 지지 않으면 안 되는 중증환자. 남들 한 번 가기도 힘들 결혼 두 번씩 해도 뒤웅박 팔자는 장미처럼 필 수가 없는가. 심산유곡에 쌈짓돈 감추듯 청산에 숨어들어 비린내 나는 세상의 꼴

딱서니 그 아무것도 보지 않았으면 좋을 세상. 내 생이여. 삶이여. 서녘 해거름 닮은 까무룩 황혼 비루한 현실에 안주하려 궁상떠는 늙은이의 초라한 제스쳐. 오 마이 갓. 마지막 공연이 끝난 유랑극단의 허무함 같은.

·

쇠파리 네로

잉 소리와 함께 물 것 한 마리 날아들어 왔다. 쇠파리다. 맛볼 것도 없는 빈방에 거침없이 날아든 왕쇠파리. 네 거룩한 목숨을 부지하고자 출근 시간을 늦추며 다시 날 수 있는 바깥세상으로 네 귀환을 위해 휘이휘이 노력하는 중 때려잡을 수 없는 심약한 미덕이라 하면 괜찮을까?

·

비열한 믿음

교회에 미친 어느 늙은 성직자가 내가 하나님 앞에 가길 근사하게 꼬셔대지만, 마음에도 없는 짓은 안 하는 게 내 성깔나는 믿음이었다. 교회에 나간다고 약속하면 현금 30,000원을 주겠다며 믿음의 강요를 주절주절 외우고 있다. 나는 종교 자체를 신뢰하지 않는다. 그렇다고 배척하지도 않는다. 믿음, 종교의 자유에 대해서는 인정한다. 어떤 신도 나에게는 접근금지다. 어머니, 아버지의 가르침대로 어머니, 아버지를 본받은 대로 타고난 내 심성 그대로 내 가슴을 믿고 내 행실을 믿고 내 생각을 믿으면 살 뿐이다. 은인을 배신으로 돌려받고 긴 세월 내 젊은 날 두 번의 강산이 변하도록 내 정신과 육신을 피폐하게 처절하게 문질러버린, 당하고 또 당한 오욕의 세월.

　보상도 없다. 모가지 우뚝한 머리 검은 인간 은혜를 모른다더니 가면의 탈 인두겁을 뒤집어쓴 야수, 하나같이 이놈들이 하나님 숭배자였다. 상처 난 가슴 아물 수 있는 내 치유의 길, 믿을 것은 오직 교활치 않은 정직한 영리한 짐승을 믿고자 했다. 그 순수함의 매력에 빠져 모든 동물에 헌신적이고 싶은 것이 내 솔직함이다. 내 젊은 날 희망을 부숴버린 악마의 횡포를 오래오래 분노하며 슬퍼할 때 구세주인 양 다가와 준 것이 개였으니, 그렇다. 정말 그렇다. 하나님의 증표인 ✝ 십자가는 개, 고양이의 목에 걸어줘야 정의다.

・

2시 30분 잠꼬대

　내가 부러워하는 것은 돈과 명예, 부가 아닌 자유분방. 원시가 그리운 현대판 변태 왈, 나 파푸뉴기니아에 도망가서 살고 싶어. 왜냐고 물으신다면 빨개 벗고 사니까 거시기만 쇠뿔 대롱으로 씌워 생긴 대로 털렁거리며 사니 을마나 좋아. 빤스 빨 일이 있나. 사타구니 무좀 생길 일이 있나. 무슨 고민이 있을쏘냐. 노상 케쎄라쎄라지. 먹고 자고 활통 하나 둘러메고 사냥이나 하면서 내가 거기 주민이 되면 추장이나 족장 하나 해먹는 건 자신 있걸랑. 그렇게 되면 뚱뚱한 여자, 못생긴 여자, 빼짝 마른 여자 다 내가 틀어쥐고 흔들 텐데 그게 을마나 신나는 일이냐. 아깝다. 못 가서 하이고오, 하나님~ 날 좀 그곳에 제발 좀 데려다주시게. 은헬랑은 나중에 무더기로 갚을랑께. 거 쫌 안 될랑가요? 기별은 전화로 뜨르르~ 삐삐를 쳐도 좋구.

•

꿈 이야기

하루 일당 15만 원짜리 노가다 일을 마치고 귀가 도중 시장기로 출출하기에 참새가 방앗간을 그냥 지나갈 수 있나. 길거리 포장마차에서 목이나 좀 축이고 가야겠다. 나오지도 않는 가래를 카아악 뱉으며 냉큼 들어섰겠다. 엇! 손님이 여럿 계시네. 걸걸한 막걸리 한 사발을 게눈 감추듯 벌떡벌떡 마시고는 콩나물 한 젓가락 입에 물고 우물거리며 옷소매로 주둥이를 쓱 문지르는데 옆자리 녀석 일찌감치 낮술에 반은 한물간 썩은 동태 눈으로 날 발그레미 쳐다보며 싱글거린다. 별 새끼 다 봤네. 그런가 보다 하고 한 잔 더 꺾으며 힐끗 돌아봤더니 여전히 아까 그 자세로 싱글거리며 조소하지 않는가? 술 처먹은 개라니 하다가 순간 내 뿔따구가 발동했겠다. 여보! 당신, 나 알아? 길거리에 돈이 잔뜩 든 지갑을 발견한 듯 놀란 눈을 부라리며 나 아냐구? 지금 나 비웃는 거야? 앙바위덩어리 같은 내 주먹이 술상 바닥을 쥐어지르며 눈알을 부라렸지만 녀석은 꿈쩍도 않은 채 당당한 척 태연하다. 대거리 않고 태연한 그가 더 밉고 화가 났다. 전두엽에 효과 100%인 약발이 머리끝까지 치민 내 앞에 담배를 꼬나문 채 설상가상으로 왼발 하나를 술상에 척 올려 걸치며 헛기침을 한다. 입에 문 담배를 불량스럽게 이리저리 굴리며 으쩔건데 하는 식으로 건방을 있는 대로 떤다. 이죽거리는 쌍통에 더 화가 치민다. 용수철이 튕기듯 벌떡 일어난 나는 대뜸 놈의 멱살을 바싹 움켜쥐고 앞으로 당기면서 소위 평양 박치기로 안면을 받아버렸다. 그리고는 원 펀치로 놈의 명치에 주먹을 꽂았다. 욱 소리와 함께 놈은 눈이 녹아내리듯 힘없이 주저앉는다. 이 새액끼가! 그가 허리를 피며 몸을 일으키려 하자 나는 오른발을 들어 일어나려는 그의 어깨에 힘을 주어 찍어 눌렀다. 어허~ 이러다 사람 죽이겠네. 네가 그렇게 쎄다 이거지? 좋았어. 나도 한 가닥 하는 놈인데 오늘 술이 취했구만. 그러면서 슬그머니 일어나면서 두고 보자며 포장을 들추며 횡하니 나가버린다. 포장마차 아주머니는 술값 계산하고 가라며 쫓아 나가고, 아아~ 아주머니, 저놈 술값이 얼마요? 제가 계산할 테니 내버려두시죠. 여기 안주하고 술이나 더 주시죠. 소란스럽게 해서 죄송합니다. 생시에도 안 먹는 술을 꿈에서 취하도록 마신다. 필시 내 안에 무언가의 불안의 심리가 술로 이어진 꿈이 아니었나 싶다. 놈을 들이받은 내 이마가 얼얼한 듯 욱신거린다.

·

뭘 알아야 면장을 하지

아, 안 되겠어요. 다리 힘없는 늙은이 헛발질 모냥 영 가닥이 안 잡히네요. 집에 가서 누룽지나 먹고 애기나 봐야겠어요. 가만가만 어이쿠 이번엔 제대로 찾네요. 좋아요. 좋아. 아주 좋아. 골인은 뭐 축구에만 있습니까? 이렇게 아는 것들이 없이 백성이 아둔허니 나라가 자국 방어를 위한 무적의 무기 사드 배치에 중국이 방방 뜬다 하여 저기에 신경 쓰느라 망설인다는 건 좀 스포츠 축구 이야기가 아닙니다. 사람과 사람 남자와 여자 이야기입니다.

스토리인즉슨, 한 남자가 우연히 한 여자를 알게 되어 첫눈에 반해 뿅간 사내 환장이라는 사연을 가슴에 안고 식음을 전폐하며 고심을 하건만 머리가 워낙 빠가라 묘책은 없고, 차라리 이런 인생 살아 무엇하랴? 극단적인 생각까지 이르는데 휘발유에 기름을 끼얹는 여자의 업그레이드 생각은 감히 주제에 날 어째 보려고? 나는 당신 노 갓땜입니다요. 냉담에 홀로코스트 이걸 으쩌면 좋우. 떡 줄 사람은 생각도 없는데 김칫국부터 마신 이 사내. 가을 마른 낙엽처럼 속은 까맣게 타고 몰골은 하루가 다르게 피골이 상접해 가는 모냥새. 꺼부정하게 미쳐가는데 한 여자를 그리워하는 한 남자의 애틋한 사랑의 열병에 귀신도 감화를 했던가. 꿈속에 얼굴 없는 달걀귀신이 나타나 총각, 아일 러브 유~ 그대 이 몸은 안 되남? 서른다섯 노처녀인데. 으으으 아아악~ 열병에 휘둘려 끼니마저 소홀해 기마저 소진된 사내 눈앞에 귀신이 어른거리니 놀라 자빠지는 거야 당연지사. 에이~ 그 약골 그렇게 눈을 홀라당 뒤집어 깔 것까지야. 아유 완전히 뻗어버렸네. 병신같은 놈. 야야야 인나! 일어나라구, 퍼뜩 인나야. 겨우 겨드랑 밑을 간지럽혀서 깨워 일으켜 놓고는 야 이 얼간아! 나도 연애질하다가 네 짝 나 한순간에 밥숟가락 놓고 구천을 떠도는 몽달이 될 뻔했지만 그렇게 문디처럼 자빠져 고민만 하면 사랑이 이루어지던? 병신이 따로 없지. 귀신은 뭐허나 몰라. 이런 거 안 잡아가고. 내 말 잘 들어. 여자의 약점, 내가 시키는 대로 할 거야?

　비 갠 오후의 땡볕처럼 정신이 들었겠다. 못 먹을망정 찔러라도 보는 것이 감이거든 속으로는 좋으면서도 내숭 떨며 버텨보는 게 여자야. 그리고 심리전을 펴 인내력과 상대의 됨됨이 즉 인간

성도 시험해보려는 게 있지. 조물주가 암컷과 수컷을 왜 만들어놨게? 잘났던 못났던 암수는 짝을 이루어 자식 난장하며 세상의 풍요를 누리며 살라는 신의 은총인 셈이지. 고로 두드리면 열릴 것이요. 대쉬! 돌격 앞으로 전진! 초전박살! 속전속결! 능청, 똥배짱, 늬글늬글 허풍 등을 고루 갖춰 묵은 여우 꾀듯 낚싯밥을 던지면 바늘에 실 따라오듯 그렇게 여자는 오게끔 되어있느니라. 약한 자여, 그대는 여자이니라. 한 송이 붉은 장미를 여자의 가슴에 안기며 이런저런 지지한 긴 말 말고 그냥 딱 한마디만 해. 사랑해. 죽도록 사랑한다. 영원히 함께하고 싶어. 신을 경배하듯 깍듯한 사내 기질을 보일 때 클라이막스가 온다는 거지. 여자도 사내처럼 수컷만 보면 껄떡거린다. 더 두들겨서 안 되면 깨야지. 똥배짱도 더러는 필요해. 긁적거려서 안 되면 앗싸하게 사내답게 손 털어. 구질구질하게 빌구 붙을 일 없거든. 인연이 아니라서 사내답게 여유를 부리면서 그냥 껄껄 웃고 말어. 발부리에 차이는 돌멩이보다 길거리에 걸리적거리는 여자가 더 많아. 맨 여자야. 짚신도 짝이 있다고 했다. 대장부가 사내 구실 못허겠냐? 보너스로 하나 더 가르쳐주마. 하나 잡으려고 마음먹으면 아무렇게나 생겨 먹었어도 무조건 이쁘다구 그래. 나이보다 꽤 동안이야. 살결도 곱구. 전신이 다 미인 타입이시네. 앗쭈~ 이래가면서 뺑을 업그레이드시켜 디리 추켜세우면 그냥 대번에 홀랑 넘어가. 그 애는 그날 저녁부터 잠도 못 자, 말러 죽는 거지. 그렇다고 얼른 달려들었다가는 뒤로 빠꾸하는 수가 있어. 어때? 내 알약이? 좋아요 얼른 눌러. 이리 하야 꿈속에서 달걀귀신에 혼이 나가 혼절한 장가 못 간 얼간이 철수 아자씨는 가르침을 바로 실행! 효과 백발백중! 아니나 다를까 경사났네! 경사났어! 고민에 말라빠져 뼈다구만 앙상한 철수 소원 풀이에 만면에 웃음이 가득 찢어진 아가리가 더 찢어져 동물의 세계 물속의 왕자 덩치 큰 하마가 되더라. 천고마비 이 가을 어느 날 딩가 화촉을 밝히고 불을 켰대나, 어쨌대나. 첫날 밤이래. 철수는 참 좋겠다.

·

나의 운명

몸 성한 데라고는 한 군데도 없는 인민군에게 따발총 맞아 벌집이 된 여자. 강산이 네 번 변한 긴 세월의 병마. 병원에 입원한 지 벌써 보름이 넘었다. 출근 시간이 되어간다. 새벽 6시다. 냉수에 밥 한 술 말아 작은 아이가 맛있게 묻혀준 새우젓에 얼렁뚱땅 조반을 때운다. 오늘도 또 하루에 운명을 건다. 부득 어제 오늘 일이 아니어서 배꼽 빠진 소리는 아닐지라도 옴 붙은 팔자 소관에 아이고~ 땜을 놓을 수도 없는 처지. 세상에 어느 하늘 아래 나 같은 신세가 또 있으랴. 누구는 일백 년 부부, 누구는 일백 년 웬수! 남은 한 번 가기도 어려운 장가를 두 번씩이나 갔어도 그년이 그년일세. 세속에서 벗어나 속세에 몸을 묻고 은둔해 극락 염불 시주하는 차라리 산사의 땡중이 부러우이.

·

사는 만큼

월급쟁이는 갈급쟁이. 대장간에 식칼이 놀고 무당의 집에는 작두가 있더라. 나는 유한 농군의 자손. 개발의 물결에 농경지가 사라진 이후 소규모 쫄대기 영세공장을 전전하며 밥벌이에 급급했다. 구차하고 비난한 살림살이에 쪼개고 나누다 보면 어디다 썼는가 기억도 가물가물 흔적이 없다. 빈털터리다. 돈을 맡길 은행이 필요치 않았다. 무통장이다. 오늘은 월급날. 쥐구멍에 해가 들었다. 기록을 깨다. 200만 원이 넘었어. 평생에 받아보지 못했던 200만 원이다. 덩실덩실 경사다. 한여름 더위 속에 기를 쓰며 하루 10시간씩 진땀을 흘린 대가다. 한 달 150만 원짜리 공원이었으니 계산이 나온다. 그 연세에 극성이 지나치셨어. 어떡허나. 먹고살자니 눈물로 먹는 빵이 값진 인생 아니겠나.

·

공생

푸른 페인트 방수 옥상에 비둘기 떼 내려앉는다. 콕콕콕 야무지고 부드럽게 생존의 쌀알을 쪼아댄다. 무리 속에 겁 많고 방정맞은 참새도 꼽사리 끼어 그 기세 분주하다. 생명은 고귀한 것이어서 매일매일 나누고 공생하자고 나와 내가 약속하고 매일 새벽 일용할 양식을 흩뿌리는 남자.

·

느림의 미학

이 보시게나, 노가다에 땀을 흘리면 3대가 망하느니 전설적 악담도 모르시는가? 가끔 부랄도 슬슬 긁어가면서 쉬엄쉬엄 허시게. 그러다 병나면 나만 앵이지. 여기 사장이랑 사돈의 8촌이라도 되남? 기를 쓰게. 그렇게 힘이 남아돌면 저녁에 마누라한테나 써.

그러면 아침에 괴기를 얻어먹지. 아마 삼복에 고열로 라면 끓일 일 있냐? 죽어! 이 사람아. 본래 천덕꾸러기는 명이 긴 걸 입쇼.

•

장마

 칠흑같이 어두운 이 밤, 별을 감춘 밤은 먹물을 드리운 듯 검고 탁하다. 이내 굵은 빗낯이 툭툭 소리를 내며 떨어지고 번개와 뇌성이 섬광을 발하며 세상을 뒤엎을 듯 괴성을 지른다. 세상의 흔적을 지우려는 듯 장대같이 쏟아지는 비, 먹먹한 이 가슴을 씻어내려는 듯 아둔한 머릿속을 씻어내려는 듯 그렇게 태질쳐 쏟아지는 요란한 비. 습한 적막강산의 이 밤, 세상을 엮어갈 꿈꾸는 늙은 문학도는 책상머리에 망연자실 넋 나간 신선이 되어 빈 허상을 좇고 있다.

•

예끼이 말버릇허군

 어머! 인왕산 암바위 같애. 뭐가? 할아버지 배때기. 네까진 것들도 한 번 늙어봐라, 이 할애비랑 쌤쌤이지. 얼럭꺼리 우리 할아버지 배때기는 올챙이 배때기래요. 예에끼~ 이놈! 말뽄새허곤! 누가 할아버지더러 그런 소리 허든. 애미 애비가 널 더러 그러라고 허든. 고얀 녀석 자식놈 교육을 어찌 시킨 게야. 그래 이 뱃살기름을 할아버지의 아버지는 이렇게 말했단다. 발기름이 끼었다고. 잘 먹고 잘 산 증거라며 사장감이래. 꺼떡거리며 놀구 처먹는 잡배들을 보고 배때기에 발기름이 껴 야삐다리 친다고 할아버지의 아버지는 그렇게 말씀하셨지. 할아버지의 아버지는 농을 좋아하셨어. 빈정거림의 천재이기도 하셨고 목청이 좋으셔서 창가를 잘 부르셨지. 참 세월이 만든 무지에 인생무상의 볼록렌즈. 이것이 할아버지 아버지의 표상이란다.

대건이 장가가는 날

 2017년 7월 29일 예정된 시간 1시, 내빈은 초만원으로 붐빈다. 틀에 박힌 구닥다리 예식문화는 가라. 3인조 밴드가 웨딩마치를 대신하고 케이팝의 무대가 펼쳐져 턱시도를 입은 신랑이 안무를 펼친다. 친구 둘과 수줍어해야 할 신부가 어깨를 들썩이며 맞장구다. 주례가 없다. 무엄하게도 신랑 아버지가 인사를 대신한다. 신부의 여동생이 계단을 내려오며 축가를 부른다. 마치 공연장 같은 분위기다. 신선하다. 식상치 않은 오늘날 시대에 걸맞은 잘 짜여진 프로그램이다. 진 자리 마른 자리 거두며 기르고 보살핀 정, 그 은혜에 감사하는 마음 깊어 오늘의 주인공 신랑의 눈시울이 붉었다. 대견한 아들이 자랑스러워 천륜인 모성애 제수씨가 마이크 앞에 울먹였다. 기쁨과 감동이 가져다준 행복한 눈물이다.

비감

 살인이라도 하고 싶은 날, 아침부터 소리 지르고 싶은 화요일. 이 더러운 지옥 같은 곳에서 벗어날 수 없단 말인가. 본데없는 패륜놈 새끼에게 치욕을 느끼며 자존심을 절감한다. 왕거미줄에 재수 없이 걸려든 미물처럼 버둥거리며 심판 없는 하루하루를 산다. 참 지지하게도 못난 인생이다. 늙기도 서럽거늘 이런 벌레 같은 놈에게 인권침해를 당하며 울며 겨자를 먹어야 하니 참 더러운 게 목구멍이다. 분노를 생각하면 그런 놈 하나 때려죽일 무기는 얼마든지 있다. 쌓인 게 나무토막이니까 숨은 가쁘고 가슴은 터질 듯하다. 머리는 뽀개질 듯 고열로 어지럽고 사지는 떨고 있다. 살인, 살인, 살인을 생각한다. 진짜 진짜 몽둥이로 머리통을 내리치고 싶어 미칠 지경이다. 그날 내가 내 마음을 다스리지 못했다면 그 놈은 내 손에 황천을 갔을 것이다. 나의 오기가 사라질 수 없는 그 어떤 시간까지도 그놈은 내 분노에서 벗어날 수 없는 찍혀버린 죄악으로 제 놈의 생명은 보장할 수 없는 불행과 저주로 얼룩져 제 명에 못 사는 썩어 문드러진 더러운 오물이 될 것이다.

·

나는 TV를 보지 않는다

아집과 탐욕, 폭력, 질투, 투기, 시기, 인명 경시, 살인, 사기와 도적질, 욕심과 이기가 판치는 세상. 이 꼴이 더럽고 아니꼬워서 TV와 담쌓은 지 오래다. 세월을 거꾸로 돌려놓고 싶다. 가난과 살림살이 허접한 50년 전쯤 뒤안의 그 시절, 배고픈 세상이었을망정 인정과 사랑이 있었다. 객쩍은 오만만 쏟아내는 문명의 이기를 쳐다보느니 차라리 빈 하늘을 올려다보며 추억하거나 생각에 젖어드는 게 나을 성싶었다. 살면서 세상을 보는 유일한 정보가 신문인데 정치로 밥 잡숫는 나라님들의 추태, 분별 없는 행동, 막말, 드잡이로 얼굴 붉히며 밥그릇 싸움, 유치원 아이 두뇌의 발상만도 못한 한심함! 도대체 긍정으로는 볼 수 없는 요즈음 이 사회, 환영받을 수 없는 난제가 국민의 한 사람으로서 안타까울 뿐이다. 능력 없고 자신이 없으면 뒤로 물러설 일이다. 그러지 않으면 암적인 존재일 뿐이다.

•

천둥에 개 뛰어들고

기발난 천둥 번개에 개 뛰어든다. 눈 큰 방울이, 그 큰 눈을 더 크게 뜨고 사초리에 꼬리를 드리밀고 사색이 되어 오뉴월 개 떨듯 떨고 있다. 우르르르릉 뿌지지직 땅! 하이고, 하나님도 인정도 없으시지. 죄 없는 방울이를 왜 떨게 하십니까? 자비는 부처님한테나 있나 보다. 나무관세음보살.

•

내가 살아가는 이유

즐거움이나 화려함, 기쁨이거나 명예도 싫다. 세상이 갑갑하니 내 인생은 두 배, 세 배 더 무아지경에 이른다. 어두운 침묵 속에 겨우 목숨만 붙어 있는 나는 차라리 살아있는 송장이다. 날이 밝으면 움직이는 것은 일상으로 길들어진 사상 같은 것이라 하자. 실패한 인생 주름 깊어지는 세월, 판도라 상자 속 비밀스러움처럼 나 은둔에 산다. 나에 근접한 인간들에게 경계선을 긋고 싶다. 나의 하루하루는 언제나 흐림이다. 어쩌면 제 스스로 생명이라도 초계처럼 버리는 오늘날 흔히 행해지는 20세기 정신적 질환인 우울증과 조현병, 공황장애, 간헐적 심리불안 같은 정신적 질환이 차마 나에게도 온 것일까 싶은 고민에 빠지기도 한다. 생각이 생각을 낳듯이 긍정을 앞세워 모든 걸 내려놓고자 했다. 남은 생을 억지로라도 다잡아 살자고 했다. 이제 시작했을 뿐이고 더 큰 긍정적 생각을 키워가는 중이다. 어느 운명의 신에게 감사의 그늘을 표할까.

•

조국애

　사드는 자국 방어 사수 목적의 무기다. 중국은 자국을 겨냥한 위협적 총구라며 억지를 부리는 반면 그 보복의 하나로 중국에 자리 잡은 우리 기업을 도산시키고 북을 옹호하며 공산주의의 사상을 드러낸다. 허깨비 트럼프는 헛발질에 혈압만 오르고 기고만장, 북의 수괴는 제멋대로 놀아나니 UN은 안절부절, 문제 많은 문제인은 이 난중에 퍼주자고 설쳐대고 어느 것이 반공이고 어느 것이 방어인지 알 수 없는 한심한 한반도.

•

기러기 함께 날다

　찌는 듯한 여름이 가고 긴 장마가 끝나자 성큼 다가선 가을. 그러나 쌈박한 이 가을은 어수선하기만 하다. 소문은 소문을 낳고 그 소문이 낳은 걱정스럽게 각인된 생각은 노이로제로 남는다. 전쟁 운운하는 소문이 무성해서다. 전쟁은 비극이며 인명과 재산이 파괴되고 무질서와 혼란이 가중된다. 모든 것이 마비되고 흐트러지며 국권이 침탈당할 수 있다. 전쟁은 피해야 할 일이고 있어서는 안 될 최악의 불행이 곧 전쟁이다. 분단 70년 남과 북이 아직도 총칼을 앞세워 대립 중인 6.25의 참상을 이미 경험한 우리와 지금 한참 전쟁 중인 러시아와 우크라이나의 참상을 우리는 보고 있다. 반공을 국시의 제1로 삼는 참상의 세월의 끝은 언제가 될 것이며, 남북통일은 이루어질 것인가라는 의문이 해마다 6월이면 다시 떠올라 이산의 그리움으로 가슴 아파한다. 원한의 38선 녹슨 철조망이 가로놓여 사람은 오고 갈 수 없어도 늦가을이면 북에서 남으로 철새 기러기는 날아 자유롭게 남으로 남으로 무리 지어 날건만.

사랑의 예고편

사랑, 그것은 성큼 다가설 수 없는 높은 성벽 같은 것. 마음 졸이고 애가 타는 건 신이 준 섭리의 하나. 기다림의 미학이, 시간의 정착이, 인내의 한계가 끔찍하리만치 절실한 그것이 사랑일 거라는 정의. 보채고 울던 어린 내 유년의 시절 같은 것이라 말하고 싶은 자아 끌림의 혼동. 나 처음 우연히 보게 된 그날부터 왠지 하루가 행복했노라고 고백한 여자. 나 또한 그녀가 좋아져서 사랑한다고 말했다. 너와 나 어쩔 수 없는 신이 빚은 암수, 조물주의 능력으로 하나가 될 수 있을까 싶은 머뭇거리는 시간들. 자꾸 불러보고 싶은 이름, 나는 오늘도 너를 갖고 싶어 전율한다. 심란한 밤을 보낸다.

개똥참외

후미진 뒷골목 수세식 정화조 귀퉁이에 뒤가 급한 나그네가 화다닥 싸부치고 도망간 활개똥에 소화되지 않은 채 묻어나온 참외씨 하나 칠월 복중 발아하여 건강한 넝쿨을 맺어 노랗게 익어간다. 샛노랑에 은빛 줄을 띤 소위 은참외다. 개량종으로 몸통이 크고 달아 시장에 인기 있는 여름 과일이다. 저놈을 따서 먹어 말어? 개똥이 아닌 사람의 똥이라는 개념 하나가 갈등으로 남는다. 그 옛날 개념 없이 따먹던 들판의 개똥참외 그 기억이 새로워지며.

팔월 한가위 추석

추석은 오곡백과 풍성한 이 가을을 찬미하는 의미가 깊다. 즉 추수감사절이다. 예로부터 지켜온 전통으로 우리 고유의 가을 명절이다. 풍요에 감사하는 우리 조상의 슬기다. 이날을 기려 햇곡으로 밥을 짓고 햇과일로 제사상을 차려 친지와 동기간이 모여 조상에 대한 예를 올리는 기쁨이 두 배 되는 행복한 날이다. 이런 행복한 날 아침 지금 내가 있어야 할 곳은 형님 댁이었어야 했다. 이미 망인이 된 어머니, 아버지의 제사상 앞에 무릎 꿇어 예를 올리고 있어야 할 시간이다. 반바지에 부스스한 얼굴로 분꽃이 시들어가는 문간 앞에 망부석이 되어 서 있다. 만감이 교차하는 중이다. 무어라 형언할 수 없는 망상들이 안개처럼 흐려온다. 서글프다. 서글픔은 가슴을 흔들어 실소라도 하고 싶다. 오해가 쌓인 형과의 갈등은 자그마치 7년여 오랜 시간 속에 그나마 마음을 열어 치유돼 가는 지금, 억겁의 시간이 거듭돼도 냉랭한 혈연의 살얼음은 이 가을 추석에도 해빙은 멀었는지.

·

지게

예전에 우리 아버지 잘생긴 소나무 곁가지 베어다가 껍데기를 벗겨 꾸덕꾸덕하게 이틀 한나절을 바람 쐬어 끌과 망치로 구멍을 파서 지게 다리를 맞추어 끼었다. 45° 경사로 지게 두 다리를 세워 형태를 갖춘 다음 등받이 곁대를 문살처럼 너댓 개 가로질러 들어 앉히고 푹신하게 볏짚으로 등태를 엮어 등받이를 댔다. 계집아이 양갈래 머리를 따듯 새끼줄로 양어깨 멜 방울 만들어 비끌어 메고 집 앞 작은 산 빗두리 자생하는 가는 산싸리대로 베어 한 아름 가져다가, 가는 새끼 꼬아 발을 엮어 부챗살 피조개 모양의 지게 바수코리를 새 지게에 넙죽 올리셨다. 지게는 완성됐지만, 아직 제일 중요한 한 가지가 더 남았다. 지게를 세워놓을 수 있는 버팀목 지게 작대기가 필요했다. 당신의 키만 한 Y자형 작대기감을 찾으러 재차 산에 오르신다. 질기고 휘지 않은 올곧은 굴참나무이거나 질긴 아카시아 나무가 작대기로는 제격이다.

아직 수분이 빠지지 않은 새 지게는 투박했고 무거웠다. 날이 가고 달이 가면서 수분이 사라지면 가볍고 단단한 지게로 변신하여 내 등짐의 죽마고우가 될 것이다. 새 지게를 걸머질 촌놈의 기분 그리 나쁘지 않다. 아버지가 하루를 수고하며 나에게 준 선물이어서 나는 전생에 무슨 죄인이었기에, 아버지가 만든 그 지게에 등짐을 지며 곤하게 살았던지 산과 들을 쏘다니며 태산을 짊어지고 날라야 할 내 등짐의 지게.

•

바퀴의 운명

세상의 무엇이건 잉태라는 것은 숭고한 일. 그리고 서로 어울려 사는 공생관계. 그러나 인간에게 피해를 줄 땐 때에 따라서는 가차 없는 것이 인간과 미물 간의 입장 차이. 잔인, 그것은 모든 걸 말살한 끝장의 보고, 그 주인공이 바퀴벌레다. 그래서 바퀴는 계속 죽어야 했다. 약을 뿌리고 잡아 죽이고 밟아 죽인들 다산인 바퀴의 숫자는 여전히 기세등등이다. 누가 이기나 해보자는 듯 꾸역꾸역 바퀴는 승하고, 나는 질 수 없다는 듯 광란의 살인자가 된다.

•

겨울로 가는 길

찬 바람이 불어와 옷깃을 스치면 어느 CF 노래가 생각나는 을씨년스런 아침. 어제까지만 해도 대형 선풍기에 땀을 식혔는데 밤새 초겨울이 성큼 왔다. 누구누구는 긴 소매에 걸음이 빨라지고 반팔 입은 어떤 젊은 놈은 오늘 같은 날 용감해 보이고, 그래도 아직 한낮 태양은 할 일 없는 고양이를 뉘어놓고 야삐다리를 치게 한다.

•

유언장

일요일 아침 창가에 앉아 가곡을 듣다가 문득 유언장을 쓰고 싶은 충동을 느낀다. 무엇이든 읽고 쓰는 데 익숙함이 가져온 순간의 아이디어였을까? 온전히 미치지 않고서야 재수 없이 그 불길한 유언장이라니! 아랑곳없이 가곡은 흐르고 잊고만 살았던 내 나이가 벌써 70이라니 아찔한 허무를 느낀다. 가곡의 파열음에 행복감을 더한 무시해도 좋을 잡념 속 생각의 하나일 거라는 농담 같은 이야기로 치부하자 했다. 부정할 수 없는 광란의 발작 같은 오발탄 감성으로 흐르던 음악은 갑자기 악마의 악다구니인 양 시끄러워졌다. 음악은 꺼지고 잡친 기분에 거울로 늙은 얼굴을 본다. 골 깊은 주름 흰 머리카락 탈모가 시작되는 대머리, 탄력 잃은 초로의 몰골이 보일 뿐이다. 애써 입꼬리를 틀어 빙그레 미소를 지어본다. 천천히 써도 될 유언장이 왜 하필 음악이 있는 기분 좋은 이 아침에 쓰고 싶어졌는지 참 생각이 많은 것도 병적이요. 오지랖이다.

시란 무엇인가? 나는 그 시를 알지 못한다. 다만 시란 이런 생각으로 써야 될 것 같다는 나의 견해는 아래와 같다. 어떤 하나의 사물을 감성을 담아 눈으로 보고 생각으로 담아내는 역발상의 상식이 곧 시가 아닐까 생각한다. 평소의 생각에서 벗어나 형상화하지 못한 것을 형상화해낸 것이 시며, 세밀한 관찰과 생각의 기준에서 벗어나 표현한 것이 곧 '시가 아닐까'라는 프로다운 생각을 각색하는 바다. 이내 생각이 맞으면 다행이고 틀리면 망신이요. 실수라 인정한다. 이렇게 무식한 놈이 시를 알려고 시집을 본다. 신중을 기해 시의 내면을 들여다보면 절묘한 신의 한 구절이다. 사물을 삐딱한 눈으로 보아 묘연의 글로 시를 지어내는 그 글쓰기 기술을 바로 알고 싶다. 시인이 되고 싶음이다. 나의 시 속에 인생무상을 구겨 넣고 싶다.

·

우리 동네

궁핍한 빈민이 모여 사는 장장 지은 지 40여 년. 이놈은 터지고 갈라져 철거가 시급한 동네의 2층짜리 연립주택이다. 나는 여기 몸담아 사는 가좌 1동 9통 6반 주민이다. 모두가 가난한 사람들이다. 날씨는 영하권에 마음도 춥고 가게도 춥고 일상도 추운 이들이 사는 동네다. 다 걱정스러운 사람들이다. 비록 여기저기서 뜨내기로 모여 사는 모산지패 가정들이지만 마음이 따뜻한 사람들이다. 추위에 떨며 들어올 가족을 위해 아내이거나 어머니들 따뜻한 저녁을 위해 보일러를 틀었나 보다. 연통에선 새하얀 가스 연기가 소담스럽게 쏟아져 나와 찬 공기와 섞여 소멸하는 저녁이다.

·

웬수를 홀리는 방법

바퀴 나와라, 오버. 나와서 나랑 노올자. 나왔다. 에에잇! 잡았다, 요놈아! 네까짓 게 빨라봤자 손바닥 안이지. 다리목 쟁이는 모터를 달았는지 드럽게 빨라요. 약기는 쥐방울이고 눈도 귀도 수준급으로 밝은지 휙 하면 안 보여. 별개 다 사람 신육 고되게 난리 벙거지니 이거야 원 늙은이가 성가셔 살겠나. 돈 1,000만 원 딸라 돈 얻어서 큰 무당 불러 살풀이래도 해야 되나 원. 드런 느무 바퀴벌레가 사람 혼을 빼먹으려고 하니, 나 이거야 원.

수염이 석 자래도 먹어야 양반

설설 끓인 누룽밥에 새콤달콤 잘 익은 파김치, 쪼르륵거리는 창자 속에 꾸역꾸역 밀어 넣고 꺼어억 게 트름을 하며 이빨을 쑤신다. 징검다리처럼 잇몸 새가 뜬 이빨 사이에 성가시게 잔뜩 낀 파김치 중국산 이쑤시개로 알뜰살뜰 파낸다. 먹었으니 싸야 한다는 통상관념이 날 화장실로 떠다민다. 변기에 똥칠하는 순간 이걸 젓가락, 숟가락 문화라고 해야 하나? 이어령 선생께 물어야 할 문제.

일진 사나운 날에

그여나 일 년이 끝나는 날에 피를 본다. 다사다난이 다 뭐냐. 우리 집 병적일지는 다음과 같음. 마누라 무릎 재수술 단단한 쇳덩어리도 갈아 끼우고, 칼을 빌어 등째고 척추관 협착수술. 이제 이 정도면 액땜은 한 셈일 테지. 한숨 쉬며 가슴 진정할 때쯤 대퇴골이 부러져 석삼 개월 입원 중. 안 되려니 자빠져도 코가 깨진다고 했다. 자빠지면 뒤통수가 깨져야지 왜 아무 상관 없는 코가 깨질까? 어이가 없다는 말밖에 엎친 데 덮친다는 속담으로 사랑으로 키우던 내 사랑 콩이 죽어 가슴이 미어지고 심란한 마음 울적한 날. 12월의 마지막 금요일 일손이 끝날 무렵 걸려 넘어져서 하마터면 황천길 갈 뻔한 가슴 철렁한 재수 옴 붙은 날 이마, 무릎, 눈과 팔에 피를 본다. 친정 오빠 같아 따르고 싶다는 남남인 고 여사의 큰 눈에서 눈물을 흘리게 한 사건, 참 하루가 추태로 저물었다.

끝의 속삭임

　끝이라는 말은 아주 모진 말, 끝장이라는 말은 결판으로 매듭 짓는 결단성을 떠올리는 근성의 발언. 끝이라는 말은 더러는 홀가분한 말. 삶의 끝장은 죽음을 의미하는 슬프고 하염없는 말. 구차한 이놈의 인생 그 끝은 어디까지일까? 그 말은 아득한 냉소적 자기 능멸의 말. 끝은 경계이고 마지막이고 더는 없는 소름 돋는 차가운 말. 너와 나의 만남은 오늘로 끝이야. 이 말은 아쉽고 서운하고 슬픈 운명의 장난 같은 애닯은 말. 계절의 끝은 아쉽고 허무가 남는 이별 같은 말. 오늘은 이만 끝! 홀가분하면서 희망이 남는 여운. 맨 끝이 어울리는 말은 꼴찌라는 부끄러운 낱말.

빈손

　아이야, 잘난 척 마라. 인간은 세상에 나올 때 두 주먹을 꼭 쥐고 나오지. 그러나 죽을 땐 꼭 쥐었던 손을 쫙 펴고 죽거든. 그 까닭에는 이유가 존재해 그 답은 다음과 같다. 세상에 나올 때는 이 세상 모든 권세, 명예, 부 모든 걸 다 움켜쥐고 싶은 욕망 때문이고 두 손을 펼 때는 살아남은 자들에게 가지고 있던 모든 걸 나눔으로 빈손으로 간다는 자비의 표현. 오~ 주여, 믿습니다. 사악한 인간을 용서하소서. 인간은 이렇게 태어날 때부터 이질적입니다. 변절하고 능글맞습니다. 그 외람된 인류의 본질적 기질이 천성이라면 그 잘못을 잉태한 신의 불찰이고, 전적인 책임은 당신이 져야 할 무거운 짐입니다. 좀 세밀하게 잘 만드실 걸 잘못 빚으셨어요. 그 잘난 빈손은 끝끝내 빈손이어서 가진 것 없소이다. 배운 것 없소이다. 희망도 없소이다. 살아있기에 죽지 못해 살고 있소이다. 이게 가진 것 없는 빈자들의 억울한 한마디가 되겠습니다. 다들 두 주먹을 불끈 쥐고 세상에 나왔건만 운이 없어서 재수가 없어서 세상의 줄을 잘못 서서 복이 없어서 이런저런 이유가 되어 빈손으로 왔다가 빈손으로 가야만 될 슬픈 빈자의 마지막 한탄의 비명입니다. 가진 것 없소이다. 할렐루야.

똥시

뒤꼍에 화들짝 핀 봉선화 꽃밭에 멍멍이가 싸붙인 되직한 똥 한 무더기. 아름다운 쇠파리 드론처럼 윙윙 날며 똥을 핥는다. 우리 개는 인물도 탤런트지만 똥두 당알당알 이쁘게도 눠요. 어머 영락없는 식은 고구마 같애. 워매워매 저 오줌발 좀 보소. 한 사발은 족히 나오네. 전 인류 질병 퇴치에 저 오줌을 약으로 쓸 수는 없을까? 아 아깝다.

방울이의 구속

도깨비, 귀신, 강도, 사자, 호랑이, 세기의 불한당 IS도 무섭지 않음. 정작 내가 무서워하는 것은, 애완견 방울이의 노랑내 나는 오줌발이다. 이 버릇없는 놈이 가끔 주책마저 부리니 고질이다. 함께 기거하면서 풀어놓으면 흠흠 주둥일 질질 끌다가 아무 데나 찍 갈겨대는 통에 학대 아닌 목줄에서 자유로울 수 없음이다. 시간 맞춰 쉬를 하건만 풀어만 났다 하면 뒷다리가 들리는 통에 허우대가 멀쑥한 놈이 뭔 괘방인지 얀마! 이리 오니라. 메리 구리마스~ 이브의 밤 선물이야. 좀 더 가까이 비이이이익 푸슈 뽕! 아나, 방울아. 먹는 것도 부실한데 오랜만에 별식으로 구린 방귀나 먹어라. 들쩍지근 허지. 그게 단 방귀라는 게야. 요즘 다이어트허냐? 밥도 잘 안 먹고 네 엄마가 보구 잡냐? 장가들고 싶어 안달이나 그러냐? 그냥 노총각으로 늙어. 거시기도 다 돼 헐헐하누먼.

•

새해 아침

   2018년 새로운 한 해가 시작되는 1월 1일 아침, 별 택한 건 없드레도 따뜻한 아침상이라도 차려야 할 이 아침에 엊저녁에 먹다 남은 팅팅 불어 터진 만둣국을 나 혼자서 데워 망령처럼 앉아 물컹거리는 만두를 삼키고 있다. 새해 아침이라는 관념이 주는 처연함, 나 자신이 그렇게 초라할 수가 없다. 아찔하게 떠오르는 어떤 자괴감. 마누라, 자식 있는 몸이 이 나이에 더구나 새해 아침에 이게 무슨 꼬락서닌가? 내가 이렇게 미천한 인물인가? 세상에 부끄러운 비전 없는 초라한 아버지의 상, 그러다가도 아픈 마누라는 병원에 있고 밥이라도 차려줄 딸은 시집가 남의 식구가 됐으니 동대문 야간 의류시장 점원인 둘째 딸 귀가는 늦고 아무렇게나 한 끼 때우자고 내 스스로 행한 아침이지만 먹으면서 생각하니 그렇게 처량하고 초라할 수가 없다. 참으로 실망스럽고 비관적 새해 아침이다.

신문

저무는 정유년 대한민국, 지금 우리는 어디로 가고 있는가? 한 해가 마무리되는 이 나라의 결산적 고민이 한 지면을 애써 채우고 있다. 지역구 국회의원 253명과 비례대표 국회의원 47명을 더한 총 300명의 머리를 맞대 화합이 된들 이게 나라냐는 한심한 국민의 원성은 없지 않았을까? 정치는 나 몰라라 하고 밥그릇 챙기기에 급급하고 국민의 혈세인 월급만 챙기는 이런 비양심적인 군더더기 쓸모없는 의원은 스스로 국회를 나가야 한다. 다 싸잡아 비난의 화살을 시위하자 하면 이 나라엔 정치 인재가 없다라고나 할까? 야! 나라가 왜 이러냐? 복장이 터져. 이게 나라냐고! 아리랑 니나노 집이 문전성시래요. 성질나 쇠주들만 디리 마셔대는 통에 술장사가 돈을 갈퀴로 긁는다네. 여기 보셔 나라님들. 서로 못 잡아먹어 앙알대다 또 한 해가 갔어. 새날이 왔는데 이번엔 좀 잘해야지 안 그러우. 나라가 국민에게 신뢰를 잃으면 볼장 다 보구 쪽나는 거 아시지? 정신 차려, 이 사람아.

콩, 하늘나라에 가다

세상에 태어날 때 배꼽에 탯줄을 달고 울어버리고 배가 고파 엄마의 젖을 찾아 보채며 울었다. 아버지, 어머니의 죽음에 울고, 병들어 죽은 친구가 불쌍해 울었다. 16년 정들어버린 내 사랑 강아지의 죽음 때문에 가슴 아파 운다. 다시는 울 일 없길 소망하지만, 피붙이가 여럿이어서 또 울 일이 생길 터다. 일평생 슬프지 않은 날 몇 날이나 될까? 새벽 1시 15분 초롱초롱하던 눈망울이 잠을 자듯 스르르 감겨버린 잔인한 시간, 내 정신은 얼음처럼 차다. 운명의 신이 데려간 널 앞에 두고 산 자는 먹어야 하기에 먹먹한 가슴 누르고 내 입에는 밥이 들어가고 눈물 고인 채 출근을 한다.

마지막이 못내 아쉬워 한 번 더 끌어안고 그동안 너 때문에 많이 행복했었노라고 이별을 대신한다. 깡중거리며 웡한 뒷다리로 뛰어올라 날 반기던 네가 어른거려 일손은 잡을 수 없고 슬픈 마음에 눈물만 자꾸 나고 네가 죽음으로 맛있는 통조림도 사료와 간식도 먹을 수 없는 적막이다. 남겨진 간식을 보노라면 더 가슴은 미어지고 나 사랑하던 주인님의 얼굴과 모습마저 볼 수 없는 적막이다. 하얀 백지 위에 쌓여 사랑으로 염해주신 마지막까지 내 사랑을 지켜준 주인님, 나의 작은 상자 안에 영면의 보금자리에 뉘여 잉글의 불 속에 살과 뼈를 태워 흔적을 지우는 한 줌의 재로 기억하게 될 영혼으로만 남은 당신의 요람 콩이다.

내 두 눈은 촉촉이 눈물로 젖어있지. 그 누군가가 왜 우느냐고 물으면 아니라고 티끌이 들어가 그런다고 둘러댈 참이지. 강산이 한 번 반 변한 16년, 넌 한 번도 내 품에서 떨어져 본 적이 없는, 잠자리마저 한 이불 속에서 꿈을 꾼 그런 세월이었다. 결코, 삶이 길지 않은 너희들의 DNA로는 놀랍게도 오래 장수했지만 이렇게 갑자기 보내고 나니 가슴이 미어져 할 말을 잃었다. 불편한 한쪽 다리로 깡중거리며 퇴근하는 날 반겨주던 너 콩. 이가 다 빠져 옆으로 빼문 빨간 혀로 기꺼이 날 핥아주던 너 콩. 싫다고 간다는데 밉다고 간다는데 울기는 내가 왜 울어. 슬프고 가슴 아프지만, 이제는 널 잊어야 할까봐. 생명의 신이시여, 내게 더 오래 머물도록 천천히 가게 해주시지 무엇이 그리 급해 그리 일찍 데려가십니까?

콩 야무진 이름. 날 슬프게 만든 네 몫까지 내가 기꺼이 마음 아파하며 살아줄게. 사랑해 콩. 정말 사랑해. 네 살과 뼈를 태운 한 줌의 재. 그 재를 버릴 수가 없어서, 묻을 수가 없어서 너무나 가슴이 아파서 잊을 수가 없어서 2022년 아직도 그 재를 간직하고 있어. 네가 낳은 새끼 호두의 재마저도 너와 같이 소중하게 보관 중이야. 2017년 12월 12일 사망 이후 줄곧 나와 같이 있으니까. 사망 주기가 벌써 5년여가 됐네. 아직도 네 모습은 잊혀지지 않았어. 지금 내 눈앞에 있는 듯 보이니까. 이불만 펴면 좋아서 대골대골 구르던 그 환영이.

・

호두 가다

2018년 5월 1일 콩의 아들 호두. 장구한 세월 14년, 제 어미보다 2년을 덜 산 호두. 가족으로 함께하다가 새벽녘 잠든 사이 배 안의 똥을 싸고 내 옆에서 기척도 없이 명줄을 놓아버린 놈. 뻣뻣한 육신은 뼈와 가죽만 남았다. 차가운 몸을 끌어안고 배 안의 오물을 씻어낸다. 비록 불 속에 태워질 몸이지만 정갈하게 해주고 싶었다. 차라리 나는 생각 없는 무생물이었으면 싶은 심정이었다. 어미와 5개월하고도 20여 일 차로 누가 모자지간이 아니랄까봐 제 어미 뒤를 따른 듯하여 마음이 더 아프다. 네 어미와 똑같은 형태의 죽음으로 내 가슴에 큰 멍자국 남기고 홀연히도 갔구나. 너희 모자의 슬픈 기억이 희미해지기까지는 아마 많은 시간들을 필요로 하겠지. 삼남매처럼 살다가 홀로 망부석처럼 남겨진 방울이의 외로움은 어쩌니. 네 두 영혼의 사랑 몫까지 방울이에게 두 배, 세 배 더 잘해줄게. 너의 흔적은 한 줌의 재가 되어 아직 보관 중인 네 어미의 뼛가루와 함께 살아있는 듯 같이 공유하는 듯 보관하고 있어. 호두 사랑해.

•

반

나는 너를 사랑한다. 네 가녀린 얄팍한 쌍거풀 눈을 사랑하고 네 오뚝한 콧날과 앵두같이 물오른 연붉은 입술이 좋다. 수탉의 알을 닮은 듯 갸름한 윤곽이 좋고 오묵한 인중이 마음에 든다. 제비 같은 날씬함이 좋고 긍정적이며 순수한 마음이 날 사로잡더라. 인생 연륜의 증표인 희끗희끗한 새치와 윤태 나는 검은 머리가 적당히 어우러진 그 모습이 좋다. 네가 이런 여자여서 나는 널 볼 때마다 설레임으로 행복했지. 이내 활활 타는 불꽃 심정을 헤아려 줄 때 나는 널 갖기를 소망하지. 네 마음이 절반은 이미 내 마음에 들어와 있어. 언제나 내 마음의 문은 활짝 열려있어. 생각이 머물고 갈등이 사라질 때야 비로소 사랑은 이루어지니까. 사랑이라는 그 두 글자는 함부로 아무에게나 발설할 수 없는 금지된 두 글자이므로.

•

미투

내가 만든 시사토론 미투 뉴우스는 딱딱해서 재미없잖아. 여기에 재미난 유머를 가미해서 뉴스를 만들면 일단은 신이 날 뿐더러 지루하지 않고 오래 기억에 남으리라는 지론. 웅낙끙 웅낙끙 아유 이뻐 이뻐. 야 이 노무시키야. 사과나 따먹지 왜 사람을 따먹어. 그놈의 주전부리가 네 팔자를 죽이잖아. 무릎 까지게 헐떡거릴 땐 참말로 좋았지. 천국이 따로 없었지. 시방은 아녀 아녀. 그게 아녀. 일찍이 내가 말했잖어. 이 세상 살면서 입뿌리, 발뿌리, 담배 빨뿌리 아니 빨뿌리는 빼고 거시기뿌리 세 개만 조심허면 만사가 널리리 아리랑이라고. 하나는 외로워 둘이라더니 그걸 못 참고 대고 진상 주접을 떨드니만 에이그으 화상 짤러버려. 한꺼번에 사과를 여럿 따니까 들키지. 나 모냥 살금살금 잠자리 잡어봐라. 왜 걸리나. 딴 머리는 잘 돌아가면서 그 머리는 어째 짱구냐. 먹구 남은 찌꺼기 처리가 끝내줘야 말썽이 없는데 미흡해. 미흡해. 애나 어른이나 말을 잘 들어야 시집 장가를 잘 가는 법인디 거 무슨 망신살이냐? 이 느무 시키야.

•

청춘의 봄

청춘은 봄이요 봄은 새 나라, 개나리, 진달래 만개하면 뒤질세라 시기하며 목련이 피지. 첫 나비가 훨훨 날 즈음 5월의 아카시아꽃은 흐드러지고 윙윙 벌이 날아들지. 모질게 척박한 길섶. 샐쭉 꽃잎 터트린 키 작은 씀바귀 올망졸망 패랭이꽃. 햇살 부신 눈웃음칠 때 제비꽃 달개비도 여유롭게 요염을 떨지. 태양을 우러러 비취빛 청색 하늘을 올려다 보면 종달새는 그렇게 높이 올라 해를 치며 지리지리 배배 하모니로 이 봄을 노래하지.

·

겉보리 인생

인생무상 허허~ 그건 오늘 날 두고 이른 말. 어느 날 문득 거울을 들여다보니 그새 푹싹 삭은 거 있지. 이게 뭔 일이라니 시방. 엊그제만 해도 두덕두덕허니 피등피등 총각이라 뻥쳐도 속아 넘어갈 나였건만 대번에 늙어버렸으니 이제 이 쌍판떼기로 연애질 허기는 다 글러 먹었네. 천상 지팡이 짚은 손 바들바들 떨고 45°굽은 허리에 고개 흔드는 할망구나 걸리면 모를까? 제기럴 잡아먹을 놈의 세상.

·

기쁜 울림

부엌에서 혹한을 견딘 우리 집 서양란. 아직은 얼어붙은 2월이지만 제철 3월인 양 벌써 여섯 개의 꽃대를 불쑥 밀어 올리고, 안녕하세요 수줍게 인사를 한다. 창포물에 머리 감은 듯 함초롬한 촉매는 이 밤을 새우고 나면 불쑥 더 커 시방 밑을 떠받치고 있겠지. 봄은 이렇게 구석진 부엌에서 시작되고 조금씩 조금씩 조심스럽게 해동의 봄볕을 맞으러 현관을 나서겠지.

찌그러진 양재기

양은냄비가 아닙니다. 양은 양재기입죠. 성은 양 씨요, 이름은 재기라 그래서 양재기. 옛적 별명이 이름으로 별명으로 놀림받던 얼굴 빨개지던 그 양재기가 나이 70을 맞는 설을 며칠 앞두고 간암으로 황천을 갔다. 오죽지 않던 녀석이 거만해지고 독불로 은둔에서 벗어나지 못한 것은 밥장사로 고된 날이어서였지만 가상한 노력으로 돈냥이나 손에 쥐었다고 졸부 과시의 티를 내느라 골프나 치러 다녔지. 제 몸 병든 줄도 모른 천하에 무딘 딱한 친구. 이승일 때 세상은 그렇게 사는 게 아닐세. 그렇게 한번 가면 그만인 것을 잘난 돈만 좇다가 생을 놓쳐버렸으니 소심한 무지를 천상에서나 보상받을까. 첫눈에 봐도 죽음이 드리운 비난한 얼굴로 웬일인가 싶게 수십 년 만에 일하는 공장까지 찾아와 오랜만에 잡아본 그 손이 마지막 인사였으니 떨어져 못 본 그 세월을 살면서 천당 갈 일은 하셨는가. 사람은 말일세. 인과응보라네.

네 운명을 사랑하라

이 몸 이승 떠난 날 가까운 즈음에 늦둥이 태어나듯 그에나 오늘 출세했나 싶다. 혹시나는 역시나 질긴 인내는 그에나 성큼 다가와서 결국 큰 별을 따는구나. 머무르지 않았고 쉬지 않고 뛰었다. 고단함을 잊어버린 승리였다. 노력은 성공의 어머니라 했듯 기대는 기대를 낳는 출산의 배를 가진 어머니 같은 것. 범은 죽어 가죽을 남긴다. 나는 말과 글이 든 내 안의 책을 남긴다. 목마른 대지에 비를 뿌리듯 나는 세상을 향하여 글을 뿌리리라.

・

새의 노래

   아직은 날이 새기는 이른 새벽, 적막을 가르는 날카로운 새소리 하나가 초롱초롱 새벽을 깨운다. 사계가 사라지는 병든 지구의 온난화. 저 새 멀리 태평양을 건너 예까지 왔을 거라는 생각. 사해로 거쳐 수입 짐짝에 실려 예까지 왔을 거라는 고집스런 생각. 어쨌거나 홀로 새가 아니었으면 싶은 심려스러운 생각. 낯선 저 기이한 울음소리 새의 고향. 밀림에서 아침을 찬미하는 지저귐 같은 것. 나의 오늘 하루가 이유 없이 행복할 것만 같은 날.

・

긴 아비의 노래

   가난과 궁색, 그건 결코 부끄러운 것이 아니다. 이건 정의다. 나로서는 평생 찔찔 흐르는 입성 양복 한 벌 변변치 못해도 사는 동안 지장 없었다. 근면과 검소는 내 신조, 가난은 어쩔 수 없다. 욕심 없이 살아가는 방식이 프로가 아니어서다. 이 나이에 얼룩진 환경 속에서 잡소리 아니꼬움을 인내로 견디며 남은 체력을 소진하지만, 부가 부럽거나 돈에 애착은 없다. 팔자거니 운명이거니 마음을 비우니 좋다. 단지 아쉬운 것 하나라면 내 인생은 외로운 속세에 묻혀 은둔으로 도인이었어야 했음을 아쉬워한다. 요즈음 느끼는 다행스러운 건 건강한 유전자를 주신 부모님께 감사하는 일이다. 내 운명의 끝은 언제쯤일까 하는 노망끼 같은 아이러니 물음 하나. 나도 이젠 쇠잔한 꼰대인가 보다. 굳이 소망 같은 것 하나 있다면 꿋꿋한 키 큰 해바라기처럼 살고자 하는 것.

•

화장

호두, 연약한 네 육신이 뜨거운 잉글에 달궈지던 날 하늘도 슬펐나 보다. 온종일 하염없이 비는 내리고 바람은 차가웠지. 모든 걸 내려놓고 한 줌의 재가 되는 운명의 황천길을 간다. 태어나 14년 사랑만 받아오던 생이라 후회는 없겠지. 이승에서의 마지막 모습을 사진 한 장과 영혼만을 남긴 채 되돌아올 수 없는 길을 간다. 한 줌 뿌연 회색빛 가루로 불탄 네 육신은 사랑의 힘으로 다시 집으로 돌아와 '언제까지 함께'라는 사랑으로 안긴다.

•

서방을 고구마로 보는 눈

여보 임자 마누라 자기 그대 꽃이 밥 먹여주냐? 거기에 환장 말고 이 화사한 서방님의 얼굴을 봐야지. 어따가 한눈을 파냐? 됐고 나 몰래 샛서방 주전부리 껄떡대다간 앉아서 9만리 서서 3만리 도합 12만리 내다보는 내 눈에 딱 걸리면 낙양성 십리 화에 에헤라 달공 청산에 뗏짱집 꼴태꼴 알지. 남에 떡이 내 떡보다 맛난 건 사실이지만 잘못 먹으면 꼬르르륵 체하는 거. 똥 싼 바지 춤병거리지 말고 국으로 자빠져 있는 게 신상에 이로우이. 공알 주먹에 눈탱이 밤탱이 싯푸르둥둥 날계란 굴릴 일 만들지 말고 다소곳이 앉질러서 구멍 난 서방 양발 빵꾸나 때워 이년아. 어디서 화장발 찐허게 이겨붙이구 해롱거려 앙! 에그머니나, 왜 소리를 지르고 그러세요? 그러게.

・

잊고 사는 것들

비린 생선 한 토막 목구멍에 넘기면서 그것들의 바다이거나 이 고진 어부의 고통도 잊고 살점을 뜯는다. 세 끼 밥을 떠 넣으면서도 쓸데없는 농담은 할망정 한 톨 쌀 알갱이 생산에 지친 몸 이끌며 혼신을 다한 농부의 고충은 모른다. 참으로 그것들에 대한 배은망덕이다. 잘난 체는 혼자 다 하고 약삭은 빨라도 무디기가 덜 여문 호박 같은 것이 인간이다. 이것들 바보 아냐?

・

후라이드 치킨

꼬꼬야, 너는 으찌 그리 맛이 있니? 담백하고 쫄깃하고 고소하고 야들야들 진정 훨훨 날 수가 없어서 인간의 먹거리고 악연이 되었을 터. 네 몸은 참으로 영양 덩어리로구나. 살찐 네 고기를 너무너무 좋아하는 여편네 때문에 배지에 기름이 끼여 앞뒤가 염치없이 공처럼 튀어나오고 모가지에는 닭기름이 번지르르르. 이거 야단난 거 아니냐. 그러나 마나 뱃구레가 허전하니 옛 임이 그리운 야한 이 밤도 또 한 마리 먹어주자. 나 보구 돈 내놓으래. 누가? 여편네가. 잘 먹고 죽은 귀신은 때깔도 곱다면서. 애 어멈아 여기 쇠주 한 병 내오너라. 네 아버님. 인간의 똥이 되어버린 넋이나마 살과 뼈를 바쳤으니 천당은 갔겠지.

살붙이

　큰 새끼 작은 새끼 처먹다 남긴 밥 대두리 양푼에 쏟아붓고 풋내나는 갓 담은 열무김치 넣고 친정엄마 담가준 찹쌀고추장 서너 숟갈 듬뿍 엥긴 다음 새로 짠 들기름을 찌르르르 붓고 설탕에 날계란 하나 톡, 스리슬쩍 깨소금 뿌린 다음 후춧가루 약간. 에라 모르겠다. 비비자. 외로 비비고 모루 비비고 뒤집고 엎어 썩썩 짓이겨 비벼서 아가리 찢어지게 볼탱이 미어지게 한 입. 워매워매 고소한 거. 둘이 먹다 하나 디져도 참말로 모르겠당게. 아유 고소로움. 요 맛이어요이, 맛나브러. 오늘 나가 새끼 덕에 배꼽에 때 뽑누만. 그나저나 대구 거둬 먹다 봉께 나가 점점 도라무통이 되는디 으째 쓰까이. 허지만서도 나에겐 요것이 큰 행복이어라.

침묵의 벼랑 끝

　애 딸린 홀아비가 스물다섯 처녀를 만나 일백 년 알콩달콩 웬수 되자 했거늘 아닌지고, 아닌지고 인연이 아닌지고. 그 사람 명한 석고요, 망부석이라 기약 없는 깊은 병에 어느 것 하나 부질없는 겉보리 인생이라고, 장구한 세월 43년을 하루같이 약과 병원을 드나든 신화 같은 일들이 그의 시집살이 중 약력의 전부다. 두고두고 부서지지 않을 가슴에 큰 바위 하나 얹은 채 70 인생을 맞으니 다 내 탓이요 팔자거니 하기엔 너무 억울한 일이다. 세상을 모나지 않게 살아온 내 인생에 겨우 안긴 형벌이 그거라면 너무 가혹하지 않은가. 열에 어느 것 하나 준비되지 않은 두 귀를 막아버린 사람, 내 인생극장의 마중물은 차마 덜 여문 조롱박. 강남의 물찬 제비가 물어다 준 흥부네 박 속엔 금은보화가 가득하건만 혹시나 하고 슬근슬근 톱질한 이 내 박은 근심만 가득허이. 인생이 불쌍해 울며 겨자 먹기로 등짐 져 벌어 치다꺼리만 하다 마는 이 놈 팔자 한번 더럽다. 긴 병에 효자 없다 하드라.

·

개 산책시키는 여자

인연 그것은 우연이다. 돌아서면 그만일 모퉁이에서 다시 한번 아쉬움을 드러내 되돌아보며 먼 바래기가 된 여자, 첫사랑이라도 까맣게 지워버릴 전생 같은 만남. 날마다 개를 데리고 산책하는 여자가 사내의 유혹에 쉽게 빠져들었다. 본능이 가져온 애잔의 끄나풀이다. 잉글 같은 탐욕과 감성이기보다는 순탄치 못한 가정사의 속사정이 빌미가 되어 화풀이의 하나로 쉽게 마음을 열었나 보다 생각하니 연민보다는 동정심이 생겨 그들의 안에 뛰어들어 간섭하고 싶은 충동이 인다. 날마다 서로가 대립하며 미운 날을 사는 듯한 그의 외로움에 위로의 손을 얹고 싶다. 아직 난 그녀를 잘 모른다. 베일에 싸인 여자다.

·

생각이 불러낸 아버지의 초상

아버지, 우리 아버지 아름드리 둥근 절구통 뉘어놓고 뜨거운 7월 땡볕에 태질쳐 보리타작하던 아날로그 시절, 냉장고가 어디 있고 선풍기가 어디 있었나? 수박, 참외 열 길 우물물에 첨벙 담가

놓고 대나무 살 부채로 더위를 식힌다. 그때 그 시절엔 누구나 다 그렇게 살았다. 그래도 불편하지 않았다. 사람들은 순했고 인정이 흘러넘쳤다. 거지와 도둑은 있었지만, 살인은 없었다. 부모가 죽으면 3년 상을 기렸고, 무덤 옆에 움막을 짓고 어떤 효자는 3년 시묘살이를 했다. 조석으로 따뜻한 밥을 지어 상식으로 올렸으며, 시묘살이 3년을 긴 머리와 수염을 깎지 않았다. 형색은 상거지에 마냥 남루했지만, 부모 향한 갸륵함은 가히 충성심으로 빛이 났다. 얼룩빼기 황소가 수양버들 그늘에 누워 지그시 눈을 감고 되새김질하던 그 여름날의 고향은 이제 없다. 마음속에 추억으로만 남았을 뿐이다. 그 뜨거운 날 보릿단을 둘러멘 아버지의 모습도 없다.

막내

8월 삼복에 땀으로 얼룩진 막내의 소금기 밴 등짝을 보노라면 왜 그리 안쓰러운지. 어머니 젖을 빨던 육아일 때 내 등에 업혀 쌔근쌔근 잠이 들고 뜨근한 오줌싸개로 내 등짝을 적시던 막내. 이 철없는 오줌싸개가 이젠 환갑이 넘었다. 며느리를 보고 손자를 보았다. 그런 막내가 내 눈엔 아직도 어린아이로만 보이니.

전성기

화려했지만 화려하지 않았던 내 젊은 날의 초상. 꿈을 꾸고 꿈을 엮어 한 알의 붉은 사과를 얻기 위해 동분서주 낯설고 보이지 않는 길을 나섰다. 과녁에 못 미치는 느슨한 화살, 때가 아닌 시대와 그늘. 빽과 돈이면 능사였던 시대. 부족한 인맥 그리고 돈 세상의 한복판에 선 미아였다. 이 세계에서 선호하는 외모와 실력, 돈과 빽 어느 것 하나 충족하지 않았지만, 나는 꿈의 오로라를 찾아 무지개 환상을 좇았다. 공든 탑은 무너지지 않았다. 지성이면 감천이었다. 스타들의 궁전인 극장쇼 무대에서 신념의 기백으로 난 노래를 한다. 실력도 실력이지만 행운이 따른 결과였다. 이렇게 나는 이름 없는 무명가수로 대스타들과 함께 무대에 오르는 영광을, 행운을 얻은 남자였다. 못다 핀 한 송이 꽃이라 했다. 못다 한 꿈, 슬픈 마음의 짐, 이고 진 채 세월에 무뎌진 이 나이 이젠 조용히 책을 읽고 글을 쓴다. 세월에 지쳐가는 현실 앞에서.

·

사람이 되는 이유

내가 보리수 아래 통달한 깨우침이라 하자. 강한 쇠는 부러지는 법. 세상은 사랑으로 살아야 했다. 여유와 절제, 솔선과 인내, 자기혁신, 절대절명 느림의 미학이 있을 때 신은 내 자유와 육신을 행복으로의 길로 날 인도하리라. 아등바등 쩔쩔맸지만, 잘 살아왔다. 더 사람답게 살기 위하여 여기까지 생각이 미쳤다. 그래 사는 데까지 한번 살아보자. 용기 있게 살아보자. 삶은 질기고 험난하다. 고난과 역경은 삶에 있어 최대의 적이다. 그러나 그것은 날과 달과 세월과 시간이 해결해줄 것이다. 그 어떤 딜레마도 나에겐 필요 이상인 것. 산전수전 난공불락 인내하며 산 넘고 물 건너온 인생이 아닌가. 삶에 도가 튼 억겁 속에 진리와 영감을 얻었다. 그것은 내 안의 큰 보물이다. 어물전 망신 꼴뚜기가 시키듯 가진 것 없고 매사 미천하지만 살면서 이율배반의 극단적 처신은 하지 않았다. 이만하면 대장부 인생 나무라거나 침 뱉을 일 없지 않은가. 그렇다. 그 에미, 그 애비의 자식이라는 세간의 비난이 두려운 것이다.

·

모깃불 피워놓고

내 어린 날 동심일 때 본 금잔화 같은 무수한 별들은 지금 어디에 있습니까? 이젠 볼 수 없습니다. 문명의 이기와 인간의 허물이 훔쳐간 증거입니다. 우리가 다음 세대에 물려줄 유산은 돈이 아니라 자연입니다. 다시 그 옛날로 돌아갑니다. 달이 기울고 밤이 깊어갈수록 여치와 찌르래기, 각종 밤벌레의 극성스런 하모니가 절정일 쯤이면 기꺼이 새벽이 가까워져 오는 시각, 휑한 구석 없는 무수한 별들은 찬란한 보석이 되어 흩뿌린 듯 빛을 발합니다. 더 밤이 깊어지면 난데없이 별똥별 하나가 일직선을 그으며 내리꽂히는 섬광은 그야말로 장관이지요. 멍석 깔아 모깃불 피워놓고 밤이 이슥하도록 엄마의 무릎을 베고 잠이 올 듯 말 듯한 아련한 눈으로 올려다본 새벽녘 풍경이지요. 산등성이에서 누군가가 불어대는 밤공기를 뚫는 하모니카 소리는 어떻구요. 그 아름다운 하모니카 소리는 보나 마나 이웃집 형이 애인 순이를 불러내는 신호의 하모니가 아닌가요. 무한한 이야기와 꿈이 있는 고향의 밤이 다시 그립습니다.

진짜 사나이의 조건

　멋진 사내라면 여자를 사랑해줄 줄 알아야 한다. 멋진 사내라면 마음이 푸른 하늘이고 바다여야 한다. 멋진 사내라면 겸손과 인품, 매사 긍정적이며, 옳고 그름을 답할 줄 아는 현명함이 관건이다. 멋진 사내라면 내 이익보다는 남을 배려하고 강하지만 약한 순수의 리더쉽이 우선이다. 멋진 사내라면 정의를 앞세워 불굴의 의지가 돌 같아야 한다. 멋진 사내라면 지조가 으뜸이며, 어떤 달콤한 속삭임이나 유혹에 한 치의 흔들림 없는 자기중심적 독선이 요구된다. 멋진 사내라면 근면 성실은 기본이며, 희생정신과 야망의 큰 뜻은 생명처럼 지켜야 한다. 멋진 사내는 의리를 중요시한다. 잠깐 쐐기꼴 한 말씀 덧붙이자. 너나 잘허세요. 이 말은 빈정을 이유로 한 감정적 폭언이다.

자연을 이야기하다

　땅도 숨을 쉬어야 흙이 삽니다. 물이 스며야 샘이 나구요. 딱딱하고 무거운 시멘트가, 검고 끈적한 골탄이 세상을 눌러 덮고 있다. 신세타령 같은 지구촌의 물 고갈론, 완벽한 문명의 이기가 짓밟은 흔적들. 땅속에 물 스밀 곳이 없다. 쓰레기 산야는 소리 없는 울음으로 통곡하고, 초목은 목이 말라 비비 뒤틀려 죽어간다. 낭만이라 이름하던 비라도 내리면 곳곳 물난리로 가산이 무너지고 삶이 피폐해진다. 산은 산이요 물은 물이로다. 자연의 법칙에는 거스름이란 없다. 생긴 대로 놔두면 무슨 걱정일까? 파헤치고 뒤집고 허물어 길을 내고 집을 짓고 밀어대니 자연인들 왜 분노하지 않겠는가. 돌고 돌아 되돌아오는 그 무서운 폭풍전야. 이기적이고 야만적이다. 다 내 탓이요. 우리 모두의 탓이니 살면서 에덴동산의 안락을 꿈꾼다면 우리 모두는 위대한 자연에 경의를 표하며 심취해야 할 일이다. 굳이 상기할 일이다.

·

18만 원으로의 행복 찾기

넋을 놓고 멍때리기 좋은 관상용 열대어 노니는 모습이 보고파 거금 18만 원짜리 어항을 사고 발품 팔아 사들인 물고기가 자고 나면 몇 마리씩 배를 드러낸 채 죽어있다. 날이 갈수록 어항의 물고기는 줄어들고 붕어 없는 물레방아만 신나게 돈다. 물의 온도 맞춰놓고 산소 기포기 마련하고 자국산 먹이 사료 청결제 살포까지 다 신경 쓰건만 백약이 무효다. 뭔가 내가 알지 못하는 기술적인 어떤 이유 때문일 꺼다. 어학 공부 좀 해야 할 일이다.

·

가슴앓이

내 반복되는 허접한 일상에 넌덜머리가 난다. 사람은 변화에 민감한 생각의 동물이다. 변화는 희망을 주는 에너지이기도 하다. 쳇바퀴는 다람쥐만 돌리는 것이 아니라 인간도 돌리더라. 목구멍이 포도청이라 했다. 생명을 담보하는 먼지, 귀를 찢는 소음, 되먹지 않은 별종의 야유를 견디고 분노를 삭이고 꿀 먹은 벙어리로 냉가슴 앓이를 한다. 갑질 구역질 나는 더러운 위선이다. 밥벌이의 지겨움, 내 살과 피를 말리는 하루의 형설이었다.

·

만추

　새꼽 빠진 소리, 가을 느낌을 도심의 가로수에서 본다. 안방 샌님 창밖의 풍경이다. 비가 내린다. 투박한 소리로 전선을 타고 떨어지는 낙수 바람이 분다. 을씨년스런 종종걸음들, 거리를 메운 빼곡한 사람들의 옷매무새는 가을임을 말해주고 사거리 골목길 찐빵 만두집 푸짐한 김 서림이 미각을 일깨운다. 겨울로 가는 늦가을 저녁해는 빨리도 진다. 구수한 선지국밥집 바글대는 저녁 술손님, 저녁에 지는 붉은 노을처럼 불콰한 얼굴들이다. 푸르름을 엮어 한여름 무던한 그늘을 주던 나무는 제 몫을 다한 듯 잎을 떨궈 앙상함으로 남고 메마른 잎새만 황량히 구른다.

·

입동

　두 계절이 가고 가을인가 싶더니 어느새 동장군을 부르는 입동이다. 입동 추위라도 오려나. 걸맞게 차가운 싸락눈이 나린다. 늦깎이 산천은 가무는 끝난 듯 장막을 거두어 나무는 휑허니 잎새를 떨구고 아침부터 처량한 마음 한기가 온다. 싸락눈과 빗낫이 만들어낸 무수한 물방울 그 동그라미의 파장을 본다. 빛을 쏘듯 말그래미 날 쳐다보는 새끼 고양이의 눈, 그 눈망울이 애처로워 보이는 건 어쩌랴. 언제까지 함께라는 약속은 없듯 이제 수주 후면 다시는 볼 수 없는 이별의 슬픈 사연이 있기 때문일까? 앞일을 꿰

뚫는 어린 고양이의 선견지명이었을까? 그 슬퍼 보이던 눈망울이 찬 비와 물방울, 고양이의 슬픈 눈과 내 마음이 함께 혼용의 소용돌이로 싸락눈 속에 숨어든다.

꿈 이루어지다

이 몸, 이승 떠날 날 가까울 즈음에 늦둥이 태어나듯 오늘 그 꿈 이루어 출세하누나. 오래오래 하늘 올려다보더니 기어이 큰 별을 따는구나. 노력은 성공의 어머니라는 말 맞네. 그 형언이 명언인지고. 2014~2017 나의 역사가 편찬된 날의 부록. '꿈이 있으면 90세 할머니도 소녀.' 아메리칸 미셸 오바마 그녀의 유명한 어록이다.

고양이

석삼 년 지극정성 인연의 고리, 미운 정 고운 정 다 들었다. 한여름 8월 복중에 어두운 창고 안에서 출생한 세 마리 어린 새끼의 겨울나기, 걱정이 벌써 두드러지고 태어난 영역이 송두리째 헐리고 나면 새로운 영역을 찾아 헤맬 막연한 안쓰러움. 그놈들을 향한 나의 정성어린 삼시세끼 깨끗한 물과 사료 간식으로 호의호식하던 풍요에서 느닷없는 배고픔에 비극의 시간들을 맞을지도 모를 참담함 속에 나는 오늘 비로소 하나의 후회를 한다. 처음부터 모르는 채 관심조차 두지 않았던들 오늘 같은 근심 걱정은 없었을 테고, 당하고 직면하며 배고픈 날을 견뎌야 하는 고양이들의 아픈 날들을 오늘을 빌어 후회는 없었으련만. 그러나 한편의 위안이라면 있으면 있는 대로, 없으면 없는 대로 사는 것이 인간이나 동물이나 제 목숨 부지하는 능력은 타고나기에 행여 괜한 걱정은 아닐까. 결국 자력으로 생을 꾸려가야 할 엄청난 시련 앞에 훈련되지 않은 생이 얼마나 힘이 들까마는 경험하지 않은 미물을 삼키고 쥐를 잡아 연명하며 목숨을 부지할 녀석들, 가슴 저리게 만감이 교차한다. 내 과거사를 떠올려 오늘을 반추할 때 칠남매가 세상을 키워간 고향의 집과 땅이 문명의 이기에 헐리고 파헤쳐질 때 나는 그 얼마나 비통해하고 슬펐던가. 다시 재연되는 그날의 비애가 이 겨울에 고양이들에게 오고 있다.

·

북망산천 부모님께 고함

아버지, 당신이 미워하던 서로 앙숙이던 당신의 장자가 2019년 1월 14일 새벽 병사, 저세상 불귀의 객이 되었습니다. 세상살이 78년 열정 없이 살다가 갈대처럼 말라 비난한 몸으로 나비 되어 휘얼휠 번잡한 이승을 떠났습니다. 평생을 불효로 후회를 남긴 채 잉글에 육신을 태워 한 줌의 재로 넓은 바다에 뿌려져 영원한 영면에 들었습니다. 불같은 고약한 성격 탓으로 장자로서의 품위를 잃은 동기간 우애 또한 상서롭지 못해 차라리 남이라는 생각이 들었으니까요. 그나마도 이제는 용서도 말 것도 없는 어쩌다 그리워질 일과 잊혀지다, 잊혀지다 어느 날 망자들 이야기 속에 잠깐 추억할 테지요. 참 허무한 인생입니다. 아버지 어머니.

아버지와 큰아들

　1893년생 호적 본명 허석. 지금은 이북 땅이 된 장단 우근리가 고향인 아버지. 옛적 이름은 백룡이었다. 더러는 상룡으로도 불렸다. 또 하나의 이름은 용식이었다. 네 개의 이름을 가진 아버지 낫 놓고 기역 자도 모르는 문맹자였다. 당신의 두 글자 이름조차 쓸 줄 몰랐다. 총기 즉, 기억력 하나는 지금의 컴퓨터를 뛰어넘을 만큼 밝았다. 살결은 희고 얼굴은 미남형으로 젊어 한때 복잡한 여자관계로 어머니의 애간장을 녹인 과거사가 있다. 남달리 정이 많아 어려운 이들을 보면 동정을 아끼지 않으셨다. 내 지금의 기억에도 거지가 흔했던 그 시절 걸인을 보면 여자나 남자나 데리고 와 따듯한 밥을 지어 따듯한 아랫목에 앉혀 배부르게 먹였다. 감수성이 예민한 아버지였다. 남의 딱한 이야기를 주고받을 때 잘 생긴 아버지의 눈에는 눈물이 글썽거리며 목메셨다. 욱하는 벼락 성깔일 망정 뒷심이 없이 금새 허허거리셨으니 이런 아버지와 형은 늘 불상극으로 언성을 높이며 부자지간에 정이 없이 서로 못마땅해 흐물거렸으니 집안 분위기는 늘 쓸쓸했고 긴장이 감돌았다. 심지어 식사 때도 겸상은 절대 없었다. 자식으로서 아버지를 이해 못하는 형은 자주 집을 나갔다. 여름 내내 나가 있다가 겨울이 되면 슬그머니 들어와 겨울을 나고 봄이면 슬그머니 집을 나갔다. 농토는 많고 일할 사람은 없고, 큰집 잔치에 작은집 돼지만 혼난다고 애꿎은 내가 그 모독을 입었으니 나는 머슴 중 상머슴이었다. 평생 도움이 안 된 사람이 형이다. 아버지의 악담은 형을 깍쟁

이패로 몰아붙였다. 아버지의 이유 있는 항변이었다. 농사철에 일하기 싫으니까 나가서 있다가 추운 겨울이면 슬그머니 들어오는 형의 태도가 몹시 거슬려 깍정놈에 자식 농사지어 쌓아놓으니까 그거 파 처먹으려고 들어왔느냐고, 또 한바탕의 언쟁이 오가지만 형은 못 들은 체 시치미를 떼고 아버지의 역정을 삭이고 있다. 형의 이기가 묘연히 드러나는 순간이다. 이 겨울까지만 인내하겠다는 오기로 버티는 중이다.

1942년생 칠남매 중 장자다. 호적상 지어진 외자 이름이 싫었던가 어느 날 자신이 지은 이름이라며 '운경'이니 그렇게 불러달란다. 허운경이다. 성질 고약한 외할아버지 외탁으로 자기 자신에 많은 흠집을 남긴 사람이다. 아버지와 형은 인연이 되지 말았어야 할 불편한 존재로 물과 기름이었다. 신화로 남은 이별의 향불 아래 형은 그렇게 한 줌 재가 되어 차디찬 해저에 물귀가 되었으니 이제 많이 그리워해야 할 일만이 남았다.

·

계절을 침묵하며

귀 고막이 몸살하는 쇠꼬챙이 같은 날카로운 기계소음. 퉁명스러운 겨울바람은 눈발을 몰고 와 창밖을 매질하며 흩날린다. 피로가 풀리지 않은 고단함에 아침부터 긴 하품을 한다. 얼마나 많은 눈이 오려나, 하늘은 구정물처럼 흐릿하고 탁하다. 일할 수 있는 기분이 아니다. 컨디션이 제로다. 집으로 돌아가 편히 쉬고 싶다. 그러나 그럴 수 없는 것이 직장생활이다. 하수인이라는 상용화된 이름, 기업에 담보된 이름이다.

섬찟한 아침

보이지 않는 담 너머로 들려오는 개의 애갈하는 소리. 누렁인지 백구인지 보이지는 않고 날카로운 울부짖음만이 담을 넘는다. 학대, 어느 놈의 발길질, 짧은 목줄, 아니면 배가 고파서 어디가 아픈가 종잡을 수 없는 이 난무하는 생각들. 향 짙은 모닝커피 한 잔이 체할 것만 같다.

덧니가 빠지던 날

옹아리할 때 연한 잇몸을 뚫고 고사리 햇순처럼 삐쭉 내민 송곳니 하나 나오고 또 나오고, 그리고 억신 등걸이 되어 70년 새금질을 했다. 세상에 영원한 건 아무것도 없지. 거친 채소와 질긴 고기, 맛깔 난 먹거리를 씹고 갈아 내 생명을 이어준 이. 어느 날 갑자기 흔들리고 붓고 피나고 시리고 들솟드니 무가 뽑히듯 제자리를 허전하게 비웠다. 내 영혼 하나가 허망하게 빠져나갔다. 한때 백만 불짜리 내 덧니의 매력에 끌려 애인이 되어준, 그 여자가 사랑했던 덧니. 이제는 흔적만 남긴 추억 속 덧니 되었네.

노심

날이 저물면 빛이 물러서고 시간의 밀도가 엷어지는 노을 진 어스름 초저녁 무렵의 자유가 서늘하다. 시간은 하구의 썰물과 같다. 싸잡아가는 세월과 시간 속에 나는 이렇게 늙어가고 한숨으로 턱을 고이며 무병장수를 기원한다. 죽음 그 절명이 무서워서가 아니다. 아직도 해야 할 일이 태산이어서 가야 할 길. 그 험준한 내 이상의 봉우리를 넘고 문지르기엔 너무나 촉박한 시간을 사는 늙은이라서. 태양아, 서산에 지지 마라. 저무는 이 저녁이 내 인생을 닮았구나.

•

꿈

연륜이 다른 인연과 함께 나 강화 석모도에 오다. 지척이면서 못 가본 섬. 내가 석모도에 온 것은 그 어떤 그리움 때문에, 그 어떤 행복한 마음 때문에 온 것이 아니다. 애매모호한 젊은 녀석의 넉살에 이끌려 소나기처럼 왔을 뿐이다. 햇빛 좋은 섬은 청량했다. 바람은 짭짜름했고 비릿했다. 물컹한 회살을 씹고 쓴 소주를 마시는 행복한 꿈이다.

슬픈 인연

나의 글 한 페이지에 네 족적을 남기기 위하여 먹먹하고 서운한 가슴으로 글을 쓴다. 보살피고 위안하며 석삼 년 정든 인연 유별난 나와의 유대로 내 마음을 홀랑 뺏어간 고양이, 그놈이 제 집을 떠나 벌써 5일째 종적을 감췄다. 어느 놈의 소행인지 짐작은 가지만 보지를 못했으니 할 말을 잃었다. 근심이 하늘처럼 높았다. 장대비를 고스란히 맞으며 망부석이 되었다. 너무 아프다. 시련이고 상처다. 이렇게 가슴 저린 이별로 끝장을 내야 하는지 죽여서 버렸는지 산 채로 멀리 데려가 버렸는지 도대체 알 수 없는 네 행방. 그놈이다. 입에 밥을 떠넣는 더러운 그놈 소행이다. 네 혼령이라도 너를 해한 그놈을 짓밟아라. 물어뜯어 할퀴어라. 갈기갈기 발톱으로 살을 긁어 피바다를 이루어라. 그놈은 사람의 껍데기를 뒤집어쓴 가면의 악마다. 원귀가 되었다면 끝까지 그놈 인생에 뛰어들어 되는 일 없게 앞을 가로막아 네 원수를 갚아라. 그놈의 한평생에 저주를 내려라. (2022년 8월 8일)

한 명

죽음, 그것은 이 세상에서 종적을 감추는 것이다. 죽음엔 차례가 없다. 순번도 없다. 운이고 운명이다. 단잠 이루고 눈을 떠 아침을 맞아야만 살아있음이다. 그놈에 죽음은 한 치의 양보나 봐주기도 없는 냉정한 사자다. 살과 뼈, 물로 빚어진 우주의 영장류 인간, 자연의 법칙에 따라 신이 주신 몸이다. 그러나 영원할 수 없는 것이 있다. 그것은 위와 같이 죽음이다. 누구나 언젠가는 이별이라는 멍울을 남긴 채 바람처럼 사라진다는 것이다. 논리정연한 차별 없는 진리다.

・

막내가 사는 법

사노라면 오 그래. 세월은 유수 아니라 해도 괜찮은 것을 어차피 가는 세월 잡지 못할 바에야 어머니는 늘 분주하고 바빴다. 틈틈이 젖물림이 끝난 막내, 내 등에 업혀 쌔근쌔근 커가는 숨소리 뜨거운 막내의 철없는 소리가 후즐근하게 내 등을 퉁퉁 불린다. 나는 오래오래 막내를 건사하는 보모였다. 죽순처럼 그렇게 세상을 디뎌 올라, 떼쟁이 엄마의 젖이 고픈 유년과 세상이 아름답기만 한 사춘기를 거치며 그 어린 막내가 이제 성인이 되어 결혼을 하고 두 아이의 아비가 됐다. 산다는 것에 대한 의미를 살아야 한다는 본능적 열등이 험난한 세상을 자맥질한다. 가정을 갖고 진정 행복이 무엇인가를 느낄 사이도 없이 세월은 무정하게 달아나 벌써 막내는 검은 머리 희끗희끗 눈꽃을 피웠다. 초췌해진 얼굴, 그 순수의 동안은 없고 고단한 인생살이 붙박이 되어 짧은 생의 끝으로 가고 있다. 참 인생은 더부살이다.

・

제대로 똑바로 해

어느 날 퇴근길에 가로수를 쳐다보고 깜짝 놀랬다. 내 입에서 대번에 욕설이 나왔다. 멍청하고 무식한 놈! 구청에 고용된 어느 정원사의 무식한 은행나무 가지치기. 차라리 다 베어버리지? 화난 나는 즉시 셀카를 찍는다. 구청에 항의할 증거자료 사진이었다. 둥치만 남겨놓고 다 잘라버려 조막손을 만들어 놓았다. 어느 누가 봐도 혀를 찰 일이다. 멍청한 자식, 제주도 돌하르방의 사촌을 만들어 놓았다. 게다가 듬성듬성 독두병에 걸린 머리카락 빠지듯 남겨진 몇 가지는 볼수록 꼴불견이었다. 술을 처먹고 가지치기를 했나 보다. 그러지 않고서야 맨정신으로는 절대 그런 몰골을 만들어낼 수가 없다. 이것도 정원사라고 밥을 먹이고 일당을 쳐줬을 터이니 여하를 막론하고 한심한 일이다. 도시의 미관을 생각해서라도 그따위로 일을 해서는 안 된다. 돌팔이 정원사라 해도 그따위 멍청한 가위질은 하지 않을 것이다. 망할 자식.

•

미련에 아쉬움에

나, 나는 나다. 남다른 꿈이 있어 좋았다. 평범한 것은 싫다. 별난 사람이 되고 싶었다. 오늘의 고뇌는 내일 날의 영광 한 줄기 빛. 휘영청 달빛 밤 수수밭 언덕에서 날이면 날마다 목청을 가다듬던 희망의 트럼펫, 잘 나가는 3등 열차는 극장 무대 위에서 기적을 울리고 덜컹대다가 멈춰버렸다. 못다 이룬 꿈이 슬펐다. 나를 가로막은 세월 무너져버린 가슴. 피멍울이 가시면서 청춘은 달아나고 밥을 위한 틀에 박힌 생활 그게 삶이었으니 청승을 떨며 턱을 괴는 날이 잦아졌다. 역발상의 긍정도 아니라는 뜻. 꿩 대신 닭이라는 통념. 대리만족 그 돌파구의 함정. 연민, 위선, 갑질, 객기였을지도 모를 일. 가다 멈춰선 아득한 그곳. 꼭 갔어야 할 길.

이제 꾸는 꿈은 불가능의 꿈. 어쩌란 말이냐? 그렇게 놓쳐버려 도망간 내 젊은 날 청춘의 꿈. 아직도 그 꿈에서 헤어날 수 없는, 아마도 나는 바보인가봐.

•

가을의 문턱

귀뚜라미 노래에 깼다. 몇 시나 됐을까? 나는 설잠에서 깨어 몽환에 젖어있다. 일제히 듀엣으로 축제가 한창이다. 그 옛날 우리 집 부뚜막 귀뚜라미도 저렇게 요란을 떨며 울었지. 시계를 보려 하지만 잠에 취해 덜 깬 눈은 떠지질 않고 혼이 빠져 멍때리며 청승을 떨며 앉아있다. 아래층 영업을 끝내고 퇴근하는 술집 여자 택시 문 며붙이는 소리 아득히 들릴 때, 요철 올라타 넘는 낡은 고물 트럭의 덜컹 소리에 선잠이 깬다. 3시다. 이제 잠들기는 다 글러 먹었다. 새우처럼 꼬부리고 뒤척이다 아침을 맞은 꼬락서니.

•

아날로그의 행복 큐

배부르고 등 따시면 그것이 잘 먹고 잘 사는 것이지 이외 더 무엇을 바랄까? 이 정도면 족하지 부질은 떨어 뭐허게. 주어진 만큼만 살 일이다. 팔자에 태인 만큼만 살 일이야. 내려놓으면 편한 것을 하나면 됐네. 둘은 욕심이지. 죽어 짊어지고 가는 짐 아니거늘 생전의 가진 것, 이 생명 꺼지기 전에 다 나누고 소진할 일이야. 그것이 아름다운 한평생 잘 살다 간다고 자부할 수 있는 일. 영원히 죽지 않는 일.

혐오의 세상

요즈음 비둘기 모이 주다가 걸리면 벌금이 얼마? 놀구 있네. 왜 언젠가는 평화의 상징이네 하면서 88올림픽 개막식에서도 수백 마리의 비둘기를 날려놓구선 인제는 밥도 주지 마라? 어떤 자식은 차 세워놓으면 차에 똥 싼다고 모이 주지 말래. 이제 와서 비둘기가 왜 천덕꾸러기 새가 되어 푸대접을 받는데? 아니 차에 똥 싼다고 하면 제 놈은 처먹고 똥 안 내질르남. 지구 다 오염시키는 것은 인간이나 동물이나 마찬가지야. 비둘기같이 인간과 친근한 새가 어디 있다고. 비둘기에게 주는 모이는 어디까지나 개인 취향이기도 하고, 동물을 사랑하는 마음이 있기 때문에 관심을 두고 모이를 챙겨주는 것이지. 비둘기가 뭐 어때서 유해 조수라고? 왜 아무거나 주워 먹는 새라서 그렇게 치부하는 거야? 그러는 인간은 깨끗해서 코로나에 독감에 염병에 밥숟갈 놓냐. 세상에 인간같이 아무거나 다 먹을까. 쥐약만 빼놓구는 죄다 먹어. 동물이 인간같이 아무거나 다 먹냐? 지구상에서 제일 더러운 동물이 인간이여. 비둘기 밥 주다 걸리면 벌금? 아니 그게 무서워서 내가 하고 싶은 일을 안 해? 구더기 무서워서 장 못 담근다구? 그런 법은 쫌 어겨도 돼. 배고픈 자에겐 먹이고 입힐 인간적 도리라는 게 있듯 도시의 비둘기가 아스팔트 위에서 인도에서 주워 먹는 게 뭐야. 사람이 흘린 빵 부스러기, 과자 부스러기, 술 처먹고 으왜애액! 잔뜩 토해 놓은 더러운 걸 쪼아 먹어. 배가 고프니까 관심 안 두고 못 주는 제 자신이나 나무래. 어디다 대구 주절거려. 자연보호, 생명윤리 이 행위가 노 갓뗌이 나쁜 거냐? 원 배때기가 부르니까 별난 놈이 다 많어. 벌금이 나오든 깜방을 가든 배고픈 자와 나눠 먹는 건 죄가 아냐. 그건 미덕이고 인간과 동물 간의 교감이야. 걸려봤자 잡아 죽이지는 않을 테니까. 까짓 꺼 벌금 주고 돈은 또 벌면 되니까. 걱정은 나중에 하기로 하고 참으로 웃기는 이 나라 잡법이야. 간통은 폐지하고 추행은 엄벌이라, 이거 어디가 앞이고 어디가 뒤인지. 사람을 수십 명씩 살해한 극형에 처해야 할 사형수들은 국민의 세금으로 입히고 먹이며 살찌우는 이런 개법이. 민주주의 부르짖는 민주주의 종주국인 미국에서도 사형이 있는데 민주주의 신생국가인 우리가 그런 건 왜 그렇게 미국보다 앞서가? 진정한 민주주의 뜻도 잘 모르시나봐. 비둘기 먹이 주는 것도 범죄라고 벌금이니 으쩌니 그러케 민주주의 고수분들이 신사적으로 정치 안 하고 밥그릇 싸움만 합니까? 그게 어디 민주주의 국회입니까? 하루하루 벌어먹는 노가답니다. 이런 노가다도 생명윤리를 알고 올바른 민주주의가 무엇인지 잘 알고 있는데 비둘기는 유해조수니 모이도 주지 마라? 걸리면 벌금 아니 화합된 민주주의가 아니라 따로따로 놀아. 그렇게 비둘기가 더럽고 미우면 남아도는 정부 쌀에 쥐약을 섞어 오늘은 비둘기 잡는 날 70년대 쥐잡기 운동처럼 온 국민이 쥐약 버무린 비둘기 잡는 쌀 뿌리는 날을 제정하시지요. 나도 이 나라 국민이니까 미안해도 어쩌. 같이 나서서 비둘기를 잡아 없애야지. 이러지 말자 우리. 지구가 몸살하는 현실을 보라. 세계적인 가뭄, 물난리, 자연발화, 산불, 지진, 쓰나미, 전쟁, 물부족 이런 자연적 발생의 괴물스런 상황은 우리 인간들이 만들어가는 인재가 아닌가. 현명하다는 인간이 문명의 이기를 앞세워 대기도 오염시키고 죄 없는 동물의 보금자리인 자연을 망가트리고. 이런 인간이 제 잘못은 인정 못하고 순수한 비둘기 하나에 유해니 더러우니 뒤집어씌우는 그 허울이 구역질 나게 아니꼬울 뿐이다. 인간은 자연과 동물에게 감사할 줄 알아야 할 것이다.

•

가을의 향기

잠에서 깨어 창문을 연다. 가을의 향기가 벌거벗은 내 육신을 감싼다. 창 너머 저쪽 줄지어 나는 남으로 가는 철새 기러기. 가을이 성큼 왔습니다. 아침부터 까치가 울면 손님이 온다는데 어느 임이라도 오시려나. 오늘 일진 운수 대통할 수.

•

눈 감으면 코 베어 간다더니

우화에 흥부는 제비 다리 고쳐주고 박씨 하나 얻어 큰 부자가 됐지만 나는 비둘기 왼 다리에 나이롱줄이 둘둘 감겨 잘라지기 일보 직전, 며칠을 별러온 끝에 먹이로 유인해 잡아 살을 파고 들어간 나이롱줄을 전부 풀어주었다. 살을 파고든 줄을 빼내니 피가 많이 흐른다. 피가 안 통해 발은 까맣게 죽어가고 절뚝거림이 심했다. 그놈에게 신경 쓰는 사이 옆에 놓았던 고양이캔 4개와 사료 두 봉지가 순식간에 없어졌다. 흥부랑 나랑 경우가 이렇게 다를 수가. 세 발가락을 파고든 나이롱줄에서 해방된 네 기쁨은 크겠지만 출근길 고약한 이 기분. 비둘기 네놈만은 부디 알아줘야 할 것 같다. 여봐라, 이 도적놈아! 년인지 놈인지 고거 가지고 구차한 살림에 보탬이 되겠느냐. 잘 먹고 잘 살아다오. 죽을 때까지 치사한 년놈아. 너의 그 죄질에 대하여 내가 주문을 외우면 사흘 안에 사자가 데려간다. 너 고양이가 확 할켜버린대. 이소룡이 모냥. 그러면서 이런다네. 끼야호이라고. 등골이 오싹하지. 그러게 그걸 왜 가져가? 도로 다시 갖다 놓으면 용서는 물론이거니와 고양이 더러 절대 할퀴지 말라고 그럴 텐데. 이봐 벼룩의 간이나 빼먹어. 내 씨브렁 구설에 귓구멍 꽤나 가려울 께다. 이 야짖지 않은 좀도둑 놈아.

●

그리고 삶의 방정식

나는 이런 사람이었으면 싶으면서 내가 절단난 이유. 한참 돈 벌 나이에 소득 없는 농사에 매달려 사회생활 제로. 돈을 벌어보지 않음. 불혹의 나이, 늙어 철나 사회생활 시작. 궁핍한 생활 연속. 쥐꼬리 월급. 딸의 예술 뒷바라지. 마누라 40년 병수발 뒷감당에 밑 빠진 독 물붓기. 저축정신 모호. 노후 대책 무. 하급서민 가난하지만 이대로가 좋아. 재물과는 인연이 먼 사람. 있으면 쓰고 없으면 말고 욕심 없어. 고려장 인생, 이 나이에 목구멍이 포도청이라 부당한 대우 받으며 아니꼽구 치사한 이중고에 애간장이 녹아내린다. 가난할수록 비겁하지 않으려 한다. 나에게 정신적 욕구는 금물. 돈의 주요성 상실. 빈하지만 부가 부럽지 않은 작은 영웅심, 나의 자존심. 나보다는 남이 먼저라는 선입감. 아름다운 말 양보라는 그 언어가 매력 있어 좋아. 무반의 용사는 되지 말자. 그릇된 내 개과천선의 길. 꼬깃꼬깃 버려야 할 것이라면 당하고 후회

할 수 있음을 생각하면서도 우선 법보다는 주먹이 먼저라고 들이대는 이유. 공사분별 소신 정의박탁 편애. 내 안에 잠재한 소심은 내 숨 쉴 수 없는 천성적 성격. 이를 갈며 부들부들 떨어야 할 분함도 속으로 삭이고 내색 없으니 날 바보로 알지만, 똥은 더러워서 피하는 것. 타고난 운명이면 가슴으로 마음으로 살고 싶어. 능력은 부족하지만, 세상과 공유하고 절실한 자에게 기부하고 나누고 싶다.

꿈이고 소망이고 바램이면 전부였을 내 거대한 심연의 꿈이라면 큰 족적을 남기는 것. 둥글둥글 무애무덕 시간이 짧은 인생 살면서 이미 세뇌된 성격. 이대로가 좋아. 가슴 시린 찬 비가 내려도 내 삶에 부합되는 일이라면 버티고 참아 이길 수 있어. 인생무상 하나둘 생명 꺼져가는 세월 속 가족 동기간 슬픈 이별의 그날이 온다는 걸 생각하면 차마 쇠꼬챙이가 심장을 찌르는 단발마 비명이라도 지르고 싶어. 끝은 언제나 허무하고 초라하고 쓸쓸한 것. 여기 빼놓을 수 없는 한 소절이 절실하다면 젊은 날 농후한 끼를 발산치 못한 미완의 꿈. 세월을 원망할까? 돈을 원망할까? 행운을 원망할까? 나는 들풀처럼 그렇게 스러져 세월과 함께 늙어 백발이 되었으니.

·

이조 500년 전 허가네 머슴 놈 탄복 소리

케케묵은 아날로그 시절 물동이와 궁뎅이. 머슴의 눈동자, 아낙네 저녁쌀 씻는 옹달샘. 박가네 셋째딸 달덩이 얼굴 곱게 따내린 치렁치렁 양갈래 머리 노을에 물든다. 물 한 동이 똬리 없어 이고 살랑살랑 뺏쭉 빼쭉 궁둥이질, 넋 나간 머슴 망연자실 가슴 설 렌다. 짚신도 짝이 있거늘 나 언제 각시를 맞을거나.

·

저승 신위

　열심히 일해서 남부럽지 않게 살겠노라 그 억척을 떨드니 고것밖에 못 살면서 그 고생을 했구나. 향 타오르는 장례식장, 처연히 내걸린 네 영정사진 하나. 생전의 행복했던 얼굴은 빙그레 웃는 듯하지만, 싸늘히 식은 냉장된 네 육신은 침묵을 지키듯 말이 없고 피어오르는 향내만 자욱하다. 형제 일가친척은 울고불고 통곡으로 슬퍼할 때 산 자의 특권인가? 술과 떡을 욱여넣으며 희희낙락 조문객은 잔치 분위기로 시간을 견딘다. 이승과 저승의 차이가 이런 것인가? 숙연함이 없는 분위기에 또 한 번 슬퍼지니 추운 이 겨울이 더 춥다.

·

심란한 오후

　엊그제만 해도 낡고 칙칙한 연립주택 현관에서 빈 하늘 올려다보면 하늘이 뻥 뚫려 보이더니 새로운 높은 층의 신축 건물이 하늘 높은 줄 모르고 솟구쳐 올라 하늘 한편을 가린다. 가뜩이나 요즘 장마로 하늘이 늘 어두운데 아직 완성되지 않은 시멘트 덩어리의 칙칙한 모습은 하나의 괴물이 서성이는 듯 흉물스럽다. 저 높은 층에서 눈 아래 내려다보이는 낡고 낮은 초라한 연립주택의 모습은 얼마나 초라해 보일까? 못 사는 게 죄는 아니다. 도롯가 내 작은 하우스 독서 삼매경에 이르나 쏟아지는 소나기와 빗물을 철벅이며 달리는 자동차 소음은 짜증을 유발하고 '나는 자연인이다'라는 프로그램의 산중생활 그 사람이 부러운 하루다.

•

커피

나는 커피를 좋아한다. 차라리 사랑한다고 하자. 늘 마시고 음용하는 달달한 커피는 내 애인이다. 늘 마주하는 친숙한 뜨거운 음료다. 커피는 항상 내 곁에 존재하므로 내 외로움의 치료제다. 내 습관의 음용이다. 차분하게 생각에 잠기며 조심스런 아주 느긋하게 천천히 마시는 뜨거운 커피, 그 한 잔의 커피 속에 많은 생각이 담긴다. 찐한 커피의 향과 함께 운무인 양 아스라이 고물거리며 올라오는 김서림, 그윽함의 향기 혼유되어 추억을, 외로움을, 설렘을, 울분을 그리고 용서를 마신다. 그 속에 차곡차곡 깊은 의미들은 내 마음에 숨겨진 큰 바다다.

공허한 밤 외로운 밤

 이렇게 외롭고 허전할 때 무엇으로 심란한 마음을 달랠까. 불꽃 그것은 젊은 가슴에만 피어오름이 아닌 것을 오늘따라 느끼노라. 그가 말한다. 사공이 여럿이면 배가 하늘로 오른다지. 다람쥐 알밤을 물어 날라와 여기저기 숨기고 파묻어 한겨울 일용할 양식을 끌어모으듯 이 사나이 노령의 색정가. 심심풀이 주전부리로 존재적 애마 다섯 부인, 색의 갈증으로 불러보고 싶은 이름들 유자, 탱자, 말자, 기분이 순 하나같이 톡 쏘는 콜라래나 뭐래나. 차가운 냉동실 제주산 삼다수 두 병을 마신들 허전함 가실 줄 모르고 오줌만 마렵드라. 까이, 향한 일편단심 짠한 가슴 가실 줄 있으랴. 푸른 실록이 우거지는 5월의 밤은 깊어가고 봄은 할 일 없이 허공을 올려다 보누나. 미련한 정신 나간 아이처럼 하던 일을 멈추고 재미없는 세상 사는 게 왜 이러느냐며 푸념이라도 하는가. 동공은 허공을 뚫고 생각은 생각대로 수많은 지략을 뛰어넘는다며 주름진 얼굴 두 볼을 타고 흘러내리는 눈물을 닦는다. 아니 왜 그러느냐? 돈을 안 주니까 다 달아난 모양이로군.

우리 집 바퀴야! 네 이노옴!

 잡고, 잡고 또 잡고 잡아도 개갈 안 나는 바퀴. 거짓말 보태서 구워 먹어도 될 그야말로 작두콩만 한 살찐 바퀴. 까고, 까고 또 까고 맨날 빠구리 합방만 허냐. 정력도 좋아. 바퀴야 이리 온, 죽여줄게. 에에이잇 치익 치이익~ 아고, 살충제 어머 이 맛이야. 누가 검정 서리태 콩을 이렇게 뿌렸어. 그게 콩이냐? 콩이 아니면 전우에 시체를 넘고 넘어 쓰러져 골로 간 바퀴, 바퀴야. 또 와, 자꾸 와, 무더기로 와, 떼거지로 와, 칵 내가 죽여줄게.

•

억울하다는 것

오래되어 녹난 쇠도 갈고 닦으니 빛이 나건만 한번 거꾸러진 이놈의 신세일랑 빛이 날 줄 모르네. 흐르는 유속 달음질치듯 세월은 가고 하루 해가 열흘이요, 고된 신욕 마음만 분주하다. 생전에 죄지은 일 없건만 어깃장으로 되는 일은 없고 이 기구함, 팔자라 하기엔 너무 가혹하고 분한 마음. 그야말로 풀 수 없게 옴촘메진 실타래 뒤엉킨 철조망. 풀어헤치기 까다로운 운명 앞에 기립한 나. 내 주어진 오늘이 숙명이요, 존재의 가치라면 나 기꺼이 주저없이 허하리.

•

인생은 속절없고

먹고, 싸고, 자고, 일하고, 지지고, 볶고, 울고불고, 억척, 기벽, 악다구니, 시기, 오해, 불신, 사기, 오만, 편견, 증오, 물욕, 이기, 아부, 폭력, 독선, 사악, 경종, 질타, 살인, 부정, 추악. 일백 년도 못 살면서 쯧쯧쯧. 곰곰이 생각하면 이 세상 살맛 하나도 안 나. 그래도 사노라니 늘 부산한 인생사, 가시밭에서도 장미는 피는 법이어서 삶이 고단할망정 이렇게 사나 보다. 이 얼마나 다행이냐 싶게 사람들은 그렇게 그렇게 살아간다. 미워도 한세상 좋아도 한 세상이다. 어리석은 중생은 오늘도 내일은 좀 낫겠지, 혹시나 하는 투명한 희망 하나로 이후의 영화를 기다리니 참으로 바보 같은 인생이다. 심각한 인생사도 날과 달이 가면 잊히는 바람에 시인은 이렇게 노래했다. '사노라면 언젠가는 잊을 날이 있겠지'라고. 그렇다. 속는 줄 알면서도 사는 게 인생이다.

·

노년의 운명풀이

 백발 성성한 이 나이에 밥벌이의 노예가 되어 힘겨운 노동에 안주하니 이내 신세 어찌하면 좋을꼬. 동녘에 해 뜨기는 한참 이른 새벽 물 말아 한 술 뜨고 새벽길 나서면 한기에 부르르 몸을 떠는 늙은이. 근력 부치는 지겨운 하루하루 이러지도 저러지도 못하니 아, 말년의 인생사에 이 몸, 회의만 남는구나.

·

좋구요

 먼동이 트네요. 어둠이 걷히고 있어요. 아침이 훤하게 밝아요. 창가 은행나무 참새가 날아 앉아 지저귀니 좋구요. 이 가지 저 가지로 옮겨 나는 푸드득 날갯짓 소리가 좋습니다. 그런데 나는 참새처럼 명랑하지가 않습니다. 불안한 마음으로 이를 닦습니다. 행여 출근 시간이 늦을까봐. 있으나 마나 한 마누라, 내 신욕이 조석으로 번잡스럽습니다. 고양이 세수로 물 몇 방울 찍어 바르고 부리나케 밥 한 술 물에 말아 들어붓듯 마시고 이쑤시개 하나를 입에 문 채 급하게 신발을 신는 둥 마는 둥 질질 끌다 온종일 혼자

있을 개 생각에 한 번 안아주고 잘 놀아 온몸을 벅벅 쓰다듬어 주고는 후당탕 철문을 닫고 황급히 열두 계단을 내려선다. 미처 옷깃을 여미지 못하고 풀어헤친 앞가슴에 이른 봄 새벽 한기가 찾아든다. 허전하게 두려 빠진 탈모, 대머리가 서늘하다. 바람까지 분다. 머리카락이 맞바람에 곤두서 고슴도치가 되는 출근길 아침부터 부딪치면 시비가 될 사람들을 비켜가며 언제까지 호드득거리며 살아가야 하는 거야. 크게 한숨 쉬며 잰걸음을 걷는다. 출근차는 이미 도착해 늦은 나를 기다리고 있을 터.

•

형

형, 자애롭고 정이 있는 존경스런 호칭이고, 부르기 좋은 익숙한 이름이다. 그러나 형에게 이런 대접은 거북스러웠다. 올바른 세상을 삐뚜로 역겨운 세상을 살았다. 적어도 가문의 장자라기엔 이기와 자신의 안위만을 추구하며 살았다. 부모, 형제 외면하고 본분을 망각, 늘 안주머니에 칼을 품고 여차하면 끝장을 본다는 협박으로 가족을 떨게 했으니. 그런 패륜의 장자도 세상의 이치에는 오기마저 버려야 했던지, 세월 앞에 무릎을 꿇어 늙고 병드니 이승을 떠나야 했다. 그 서슬 퍼런 독기와 맹렬하던 포효도 이젠 한낮 과거사이니 위선과 양의 탈을 번갈아 쓴 집안의 폭군으로 장을 치며 어머니, 아버지의 심장에 대못을 박고 나를 떨게 한 장본인. 내 기억에서 지워질 수 없는 형의 영상, 그 못난 형이 그 죗값을 씻기라도 하듯 수혼이 되어 차가운 월미도 앞바다에 영혼이나마 수장돼 있다. 행패와 그 악으로 그럭저럭 살다 간 인생, 불량기로 세상을 산 형의 인생. 그렇게 산 건 형만의 철학이 아니었을까.

•

집구석 거덜나는 부르스

아버지는 나귀 타고 장에 가시고 마누라는 택시 타고 병원 가신다. 40년을 한결같이 오늘도 마나님은 돈 까잡시러 단골 대학병원에 가시므로 텅 빈 집구석 늙은 개 두 녀석 코 고는 소리만 요란하다. 때는 바야흐로 꽃피고 새 우짖는 춘삼월. 망할 놈의 코로나가 발길을 잡네. 허허 올봄 무드는 개털이야.

•

꼭 닮고 싶은 사람

술이라면 사족을 못 쓰는 사람. 비싼 술은 아예 거두절미 그저 서민주인 막걸리 소주가 입에 맞았다. 과음으로 제 몸 하나 못 가눌 정도가 돼도 흐트러지거나 쓸데없이 주정하지 않았다. 취하면 늘어지게 아무 데서나 쓰러져 잠을 자고 깨면 또 마셨다. 그는 정의로운 서민이었다. 부조리와 도덕이 무너질 때마다 이 사회가 왜 이러느냐며 지탄하고 성토하며 분통을 터뜨렸다. 나 태어난 고향이 어딘지 모른다. 부모님은 누구일까? 그리고 지금의 내 나이와 이름은? 제주도 고아원에서 너무나 배가 고파 풀뿌리라는 뿌리는 닥치는 대로 캐먹고 그래도 울지는 않았다는 눈물 머금은 자랑. 어느 날 술잔을 놓고 배고팠던 유년의 시절을 안주 삼아 푸념한다. 이 풍진 세상이 아니었어도 자칫 모나고 난잡한 환경과 세파에 경망스런 야인이 될 소지 십상이건만, 출신성분과는 별개로 한 점 부끄러움 없이 세상을 디뎌 올라 참 인간으로 성장했으니 그 장한 복으로 가족을 이루고 행복하지 않은가. 더 이상일 수 없는 오로지 술과 일밖에 모르는 욕심 없는 사람, 고아원에서 얻은 이름 김수일.

우리 엄마

연잎 새순 같은 나이에 꽃길따라 가마 타고 연지곤지 찍고 시집오시어 어제도 오늘도 수줍던 어머니. 아들딸 칠남매 종살이 만고풍상 해어진 삼베적삼. 막대기 손 마디마디 그 곱던 윤태는 어디 갔나. 아주까리 동백기름 검은 머리 곱게 빗고 은비녀 쪽진 머리. 내 어머니 발끝 채는 비단 치마 사뿐히 오시련만 서녘에 해 져도 오실 둥 말 둥이네. 아, 청산에 뗏짱집 지으시고 영원히 영면한 다시 오실 리 없는 울 엄마.

아버지의 초상

칠남매 자식 난장 가문에 우뚝 서시어 한평생 뼈 깎으시며 가장으로 돌보시니 그 가슴 천만 번 무너진 억장이려니 어이 한이 아니 되리오. 오 장하셔라. 자식 사랑 부정 않고 버선등 터지도록 궂은일 힘겨워라. 지게 다리 휘도록 걸머진 짐 한 터미지. 그 짐 내려 이리 주오. 이마에 골주름 땀방울 걸리고 후줄근한 잠뱅이 베적삼 구멍 나 초라한 당신, 오 내 아버지의 소산이여.

사랑의 이름으로

   오뉴월 소나기 맞은 개 비린내. 그리고 개 특유의 누린내. 그 누린내와 비린내 감성과 혼을 다 바쳐 사랑하는 이유도 난 그 비린내와 누린내가 좋다. 평생의 짝보다도 애인보다도 절친보다도 더 좋은 것이 개다. 개는 내 평생의 절친이다. 천대로 버려져 길거리를 떠도는 말 못하는 불쌍한 생명. 나는 그놈들의 대부가 되어 그놈들의 행복을 보장해주고 싶다. 세상에 더는 없는 충성심과 복종, 사랑은 개로부터 배워야 할 사안이다.

빛을 향하여

   나는 아마추어 신인 작가입니다. 고단할망정 이 나이에도 꿈이 있어 행복합니다. 당신이 꾸는 그 꿈이 무어냐구요? 굳이 물으신다면 아쉬운 마음으로 절필할 때까지 글 쓰는 일이요. 출세하지 않아도, 유명해지지 않아도 그게 뭔 상관이외까. 나 좋아하는 일 원없이 행하니 그것이 행복이요, 나로선 최대의 즐거움이니 이에 더 무엇을 원하리까? 없소이다. 세상에 두드러지게 나서지 않고 가슴에 숨어 쓰는 은둔, 그 필연의 주인공이 나요. 돈을 안 쓰면 세상에서 가려지는 것이 이 시대의 자화상, 세상에 어느 것 하나 자신만만하건만 용기는 이내 좌절에 끌려 허무를 유발하고, 요만큼의 인생사는 알고 죽는 해소병이니 어느 누가 개천의 용을 알아보겠오. 잉태하듯 심장이 뛰는 한 나는 읽고 쓰고, 쓰고 또 쓸 것이요. 내 생에 단 한 번 그 무엇으로 자신을 표현할 것인가. 누군가에게는 그림이고 누군가는 음악이며 누군가는 글이며 누군가는 신앙일 터. 누군가는 숫자일 것이다라는 귀언. 먼 나 자신을 표현할 수 있는 그 무엇을 찾아야 내 인생에서 방황을 멈추리라. 덧없이 물처럼 흘러가는 인생이면 아니 되기에 누구나 스스로 걸어야 할 때가 온다. 가장 나다운 원하는 모습으로 구태여 외로운 길을 가려는 내 처연한 모습. 노령에 지쳐가는 현실 앞에서 난 오늘도 내일도 읽고 쓴다. 죽음 이후의 나에 역사를 만들기 위해서.

마음을 열지 않는 여자

나는 오늘도 널 생각해. 많은 시간이 흘렀지만, 언제까지 사랑 고백만 할까? 마음의 빗장은 늘 열려있어. 언제든지 내 마음의 문으로 들어와. 오랜 기다림의 기쁨이 배가 되도록 사뿐히 들어와. 설레임으로 울렁이던 긴장된 가슴을 따뜻한 손길로 쓰다듬을 수 있도록. 그리하여 한 편의 영화 같은 시간을 만들자.

마지막 경고

오늘은 내가 목숨을 걸고 네놈들을 싹쓸이하려 이렇게 나섰느니라. 걸리는 족족 밟아 잡고 눌러 잡고 때려 잡고 패대기쳐 잡고 뜨거운 물 부어 잡고 수단과 방법을 가리지 않는다. 오늘 잡다 내뺀 놈은 내일 잡을 것이요, 내일 놓친 놈은 모레 잡고, 그렇게 잡다 보면 씨종자 멸할 날이 있으리라. 바퀴야, 생목숨 프러쎈트하지 말고 우리 집에서 싹 다 떠나라. 안 그러면 전멸이다. 나가는 자는 살 것이요, 버티는 자 죽을 것이니. 아 참, 이번에 바퀴와 함께 쓸어내야 할 온누리 겨레 중에 금뺏찌 번쩍이며 거들먹대는 좀 덜된 분들도 라이트 레프트로 아작을 내 사람으로 환생을 시켜야 할 텐데. 바퀴와 함께 쓰레기는 골라 재활용이나 하지. 사람 칠칠치 못한 건 아무짝에도 쓸모가 없어요. 도움은 안 되고 밥만 죽여.

•

물 좋은 고등어 한 토막

　냄비 속 고등어 한 토막이 어찌나 굵고 큰지 다 먹기가 그래서 깨지락거리다가 먹긴 다 먹었는데 어째 속이 그득허니 기분이 영 판이라. 내 강아지 방울이는 비린내에 속절없이 취해 구미가 동허는가? 미친개처럼 왔다 갔다 안달 지랄이고, 고등어는 노릇노릇 구워야 제맛인데 지진 생선은 별로. 고등어가 나이 먹고 늙었나 왜 그리 맛대가리가 없고 살이 퍽퍽허냐? 끄르륵 게 트름에 고등어 비린내가 올라오고 고등어는 안동 간고등어가 먹을 만하지 암만. 패랭이 쓰고 배 가른 고등어에 소금 뿌리는 간잡이 영감의 정확한 소금 한 주먹이 맛을 내는 비결.

•

얽매여 살다

　스마트폰 알람이 운다. 새벽 5시 10분이다. 곤한 잠자리에서 놀란 듯 일어나야 하는 운명 같은 시간이다. 5분만 더, 10분만 더 고단한 늙은 몸이 원하지만 그럴 수 없는 약속의 시간 5시 10분. 이 지겨운 시간을 모면하고 싶다. 내 열망을 잡아먹는 아침, 목구명이 포도청이라는 핑계는 싫다. 일찌감치 오늘 같은 현실을 직시했더라면 이런 치졸한 자아로 귀찮고 싫은 아침은 맞이하지 않았으련만 내가 이 모냥이다. 한 치 앞을 못 내다보는 것이 사람이라더니.

·

나의 자아

딸래미, 딸래미, 우리 딸래미. 우리 집은 아들이 없는 집안이니까 제가 아들 노릇 하겠단다. 그러나 그 호언장담 손끝에 장을 지지더니 나는 안 가, 시집은 안 간다구. 설레이는 청춘 40년을 버티던 둘째 딸이 연지곤지가 찍고 싶었나? 시집을 간다네. 아무런 준비가 안 된 아비는 간 떨어지게 놀라고 평생을 끼고 살 줄로만 알고 있다가 결국은 곁에서 떠나는구나 생각하니 몸이 저릿저릿 전율이 온다. 아버지로서 기쁨이어야 할 이 순간이 근심 걱정으로 얼떨떨. 나의 자아 사랑한다. 본능을 거역할 수 없는 순리에 이르니 나의 아이야, 아비로서 너의 행복을 공정한다.

·

세상이 아름다워지는 길

이래도 흥, 저래도 흥. 노냥 싱글벙글, 김치~ 치즈~ 실없는 사람 모냥 그러는 이유가 무어냐구요? 그래 뭔 이유가 되겠소만 모나지 않게 물욕 없이 그냥 주어진 세상의 흐름에 따라 모든 걸 내려놓으니 세상만사가 편하니까 거기에 재미가 붙어서 괜히 즐거웁디다. 그게 웃고 사는 내 인생의 답이올씨다. 이 냥반, 인생 참

쉽게 사시누만. 모르는 소리! 자네도 한번 날 닮아보시지. 그러시는가. 남에 입에 요놈 조놈 못 잡놈 소리 듣지 말고서. 제가요? 에이 저는 막 사는 데 이골이 나서 고상하고는 거리가 멉니다. 그거 아무나 헙니까? 나 이렇게야 원, 해보지두 않구 뻗치기부터 해. 아저씨, 이놈은요 인생을 그냥저냥 그럭저럭 생긴 대로 살다 세상 끝내자고 작심 마음 굳혔습니다. 음 그렇구나. 그것도 네 인생이구, 네 뜻이 그러하다면 그렇게 살아야지. 그게 네가 살아가는 법일 테니까. 어느 누가 말린들 쇠귀에 경읽기일 터이니 세상에 독불은 없으니 어울려 사는 법을 연습해보시게. 생각과 행동이 달라지는 개과천선 말일세. 어때, 해보실 텐가? 에이~ 난 그냥. 알았네. 요강으로 꽈리를 불던, 전봇대로 이빨을 쑤시던 지켜만 볼라네. 늙어 후회 말고 생각을 바꾸시게. 그럼 이 몸은 이만. 어라, 똑소리 나는 영감이네.

·

선배 지인을 보내면서

　변변치 못한 세상을 살다가 그나마도 싫었던가 삶의 짐 벗어놓고 잘난 이승 떠나는 머나먼 길 부디 잘 가시오. 한세상 사느라 고생 많았소. 한도 많고 탈도 많은 이제 이승은 잊구려. 마음 통하는 구원의 선배였는데 악연으로 만난 무식한 마누라 마음 편한 날 없이 다투고 싸우다 이렇게 허망하게 가니 얼마나 원통하오. 객지벗 10년 나이에 짝을 잃은 듯 이 마음 황망하오. 부디 고약스런 이승의 삶 잊고 겟세만 이브의 동산에서 못다 누린 행복한 세상을 사시오. 그러길 바라오.

내 삶의 끝자락 노동의 끈

안달복달 살아가야 할 의무. 선천적 자부심의 DNA. 내 자신을 고단한 길로 몰아간 내 자아의 기벽. 그런 것들이 이제 조급지 않아도 될 내 지겨운 밥벌이, 노동의 일탈에서 벗어난 난 갑자기 내 처연한 행동이 미워지면서 갑작스레 내린 결단이다. 있으면 있는 대로, 없으면 없는 대로 그렇게 살아온 인생이었음을 폭로하면서 더는 미련과 후회 없음을 간과한다. 도둑질만 빼고는 세상에 안 해본 일없이 극터듦은 삶이었지만 결국 남길 것도 남은 것도 없는 빈손, 그렇게 몸은 늙었다. 밥벌일 위해 곤한 새벽잠을 깨워 달려온 인생. 육신은 지쳐 거덜나고, 그 번잡스런 일탈이 이젠 한 시절 과거로 돌아갈 즈음이다. 고통의 끈, 긴 내 노동의 끈이 매듭지어졌다. 칠십 해를 숨차게 무조건 달려온 인생 열차. 단내 나는 긴 한숨 토하며 나 이제 우두커니 정거장에 섰음이다.

뷰티풀 썬데이

오늘은 술안주로 얼큰하게 낙지 두루치기나 해서 줘야겠다. 올 때가 됐는데 안 오네. 기다리는 마음으로 책을 읽는데 전화벨이 울린다. 영감을 주는 직신의 신호벨이었을까? 나는 깜짝 놀라며 폰을 들었다. 일요일이면 어김없이 술병을 들고 심한 관절염 어줍은 팔자걸음으로 오던 그가 펏기 없는 하얀 주검으로 반듯이 누워있다. 그의 뺨을 때리며 일어나기를 오열하지만 죽은 자는 말이 없다. 아, 우리의 인연이 여기서 이렇게 끝나는구나. 전쟁고아로 부모가 누군지조차 모르고 이곳저곳 고아원을 전전하며 비근하게 살아온 파란의 인생, 저 높은 하늘나라 그곳엔 네 어머니와 아버지가 계실 거야. 찾아뵙고 큰절 올려. 기쁨으로 울먹여도 돼. 이제 장막은 거치고 무도회는 끝났다. 주인공 없는 텅 빈 무대는 현란한 조명마저 꺼지고 냉랭히 밤공기만 차다. 친구, 살면서 좋은 친구가 돼줘서 정말 고마웠어. 먹먹한 가슴으로 사랑해.

・

1949년부터 2022년 8월 8일

   강산이 일곱 번 변했다. 여기에 석삼 년을 더한 연륜. 오늘 밥벌이 노동의 끝은 여기까지다. 그렇다. 육신의 고통은 끝이 났지만, 정신적 고통이 남았음이다. 고단함을 자초하며 남이 가지 않는 외로운 길을 가려는 내 처연함. 작가라는 이름으로 세상을 백지 위에 각색하기로 했다. 시간이 촉박한 늙은 작가는 홀연히 내일로 간다.

・

나는 작가입니다

   글쓰기는 혼자 떠나는 나만의 외롭고 고독한 긴 여행. 작가는 탄생하는 것이 아니라 만들어지는 것이다. 그러기 위해서는 부단한 노력과 정신적 고통을 감내하며 내 것으로 받아들여야 한다. 많이 읽고 쓰며 풍부한 지식을 축적해야 하고, 사물을 예의주시 꿰뚫고 느끼며 눈과 귀를 열어 글의 뼈대를 만들고 인내를 한계로 궁둥이가 무거워야 한다. 고로 절치부심의 결정체가 나를 작가로

탄생시키는 것이다. 이것이 작가가 되고자 하는 내 개똥철학의 근본이다.

2022년 3월 친구를 애도하며

슬픈 울먹임, 그것은 견딜 수 없는 나의 고통. 세상의 인연이 이렇게 끝이 나는구나. 다시 태어난들 또 한 번 내 친구가 될 네가 그렇게 가면 내 고통은 어쩌라고. 하늘의 징벌일까? 지축의 노함일까? 그 아무것도 해당 없는 순박한 널 운명의 신은 그렇게 데려가고 홀로 남겨진 나, 차가운 밤하늘 외로운 반달이 되었네.

갑질과 핀잔

사회 곳곳에서의 갑질도 생명을 담보하고 죽음을 불사하는 비극이 벌어진다. 자존심과 억울함이 나를 넘어서는 극단적 선택 말이다. 그것은 남의 일이 아니다. 누구라도 경험했고 할 수 있는 오늘날 현대인의 깊은 스트레스다. 아니다, 그러지 말자. 내가 참자. 여러 해를 인내로 견딘다. 먹고살기 위함이니 군자가 되자. 인내가 한계에 닿노라면 다 때려 엎고 그곳을 벗어나면 그만이다. 하지만 허세를 부릴 만한 처지도 아니다 보니 울며 겨자 먹기로 분통을 인내로 견딜 수밖에. 한계를 못 이긴 자존심에 노기 띤 한마디 "더 이상은 오늘이 끝이어도 좋아." 옹졸은 야멸차지만 자고 나면 아이스크림처럼 녹아버린 마음은 또 용서가 되고 그러기를 어언 수년. 참 못난 인생이다. 이제는 아니다. 그 호기 어린 야멸, 그

빙산의 일각이 초읽기다. 무안과 무시, 편견, 불합리한 시간들은 내 자유로움으로 치유될 것이다. 그 치욕스런 그날들을 하나하나 담아두었던 불신의 가슴에서 스멀스멀 해무가 인다. 얼굴이 달아오른다. 한 번 더 분개하는 중이다.

•

세상이 왜 이래

얼룩진 세월, 그리고 세상 다 내 탓이요. 자숙할 인간 저마다의 몫이다. 연일 산야의 초목은 불타 숯검댕이가 되고, 천지는 온통 오물로 뒤범벅이다. 자연을 거스르고 서로가 서로를 믿지 못하며 시기하고 혐오하기에 스스로가 만든 재앙이다. 21세기 괴질에 핍박받는 잘난 인간들, 그 대가가 참담함이다. 생명을 다해 스러지는 가을의 들풀처럼 남녀노소 없이 절명하고 공포에 떨며 수단과 방법을 강구하지만 눈앞이 절벽이다. 세계인 수천만이 괴질 바이러스 코로나에 생명을 잃었다. 용케도 살아남은 자들은 복 받은 자요, 운이 좋은 자라고 호평하자. 산 자들이여, 이러지 말자. 섭리가 준 그대로의 순수함으로 살자. 차마 100년도 못 사는 인생인 것을 온통 가슴 칠 일이다. 러시아 수장 푸틴은 동족을 죽이는 만행 전쟁을 하고 있다. 죽이고 파괴하고 불태워 기상변화에 일조하는 또 하나의 범법자가 되어 어느 누구의 총탄에 쓰러질지 모르는 죽음의 곡예를 예행연습 중이다. 일찍이 3천 년 전 예언한 성경 말씀에 21세기는 불기둥으로 망하리라 예언했다. 오늘날을 짚어 말함이다. 오 주여, 죄 많은 인간 용서가 필요합니다. 단죄치 마시옵고 주님의 이름으로 사하여 주시옵고 세상의 평화를 주시옵소서. 오묘한 자연에 한 줄기 빛을 주시어 사악함 없는, 모두가 새로운 잉태의 세상을 열어주시옵기를 주님의 이름으로 간절히 바라옵나이다. 아멘.

•

거꾸로 가는 21세기 조롱법

법이 왜 이래? 간통은 폐지하고 추행죄는 기가 살아 어린아이 예뻐서 쓰다듬고 어루만지기가 겁이 나니 이런 엉터리 법은 이조 500년 시대에도 없었거늘. 이래노니 사랑과 인정이 메마를 수밖에. 법에 질문합니다. 시아버지가 손녀딸 이뻐하는 것도 추행죄에 해당됩니까? 아, 그거는 며느리가 고발하지만 않는다면 무방하다구요? 참 다행이군. 한 건 더 묻습니다. 앞서가던 젊은 유부녀가 갑자기 쓰러져 심정지 상태에 불가피하게 인공호흡이 필요해 튼실한 앞가슴을 풀어헤치고 누르고 압박하며 입을 맞춰 공기를 불어 넣기를 여러 차례, 그렇게 해서 살려냈는데 그것도 강제추행에 해당됩니까? 법은 만들면 법이고 귀에 걸면 귀걸이 코에 걸면 코걸이로 현장에 목격자가 있었느냐 없었느냐에 따라 형벌 변동이 추가되거나 무혐의가 될 수 있으며, 하나의 생명을 살려야겠다는 위급상황에서 진정으로 신뢰적이고 양심적인 구조상황이었나 하는 도덕적 차이에 따라 법의 심판이 있을 것이로되 판검사의 기분과 자질에 따라 양상이 달라질 수도 있는 애매모호한 법 집행이 그런 경우라고여. 더러는 이런 상황에서 이게 뭔 횡재야? 엉큼한 생각에 괜히 여기저기 만지작대고 물고 빠는 웬 못된 경향이 여러 건의 고발로 곤욕을 치른 사례가 있어설랑에. 알았시다. 죽거나 말거나 내 일 아니면 그냥 피 웃고 지나가는 게 무사태평이겠구만 그랴. 에이 그건 아니죠. 그런 상황에 인명을 구해야지요. 닥쳐! 봉사허고 콩밥 먹으러 갈 일 있냐? 이거 어느 장단에 춤을 추어야 하는지, 뭔 이런 개법이 다 있어? 이보셔, 김 판관, 이런 법은 아주 법령에서 삭제 빼버립시다. 많은 사람들이 좋아요를 많이 눌러줄 꺼 같은데 세상이 요지경이다 보니 법도 어지러운가 보네. 참 난리 부르스다.

괴질 코로나 조선

요즘 마스크 안 쓴 사람, 죽기를 각오한 사람. 방심하면 한방에 가요. 남 쓸 때 같이 씁시다. 나만 괜찮으면 괜찮은 게 아닙니다. 걸려서 후회 말고 조심만이 내가 사는 길. 인정도 사정도 없는 21세기 괴질 코로나. 기왕에 태어난 몸, 주어진 팔자대로는 살아야지 잘난 척하다 병마에 죽으면 혼령인들 왜 아니 섧겠소. 매우 조심할 일이야. 까딱하다가는.

목마른 가지에 물이 오르면

삼시세끼 끼니가 어려웠던 빈자가 운이 좋아서 하늘이 도와서 갑자기 졸부가 됐을 때 행복하다고 말할지언정 과연 행복이라 말할 수 있을까? 글쎄다. 행복이라 말할 수 없는 것이 꿈에서조차 현몽치 못한 자신에게 느닷없이 온 행운에 일시적 자아도취와 흥분에서 얻어지는 심적 포만에 지나지 않는 우연의 소산으로 행복으로 오해하기에 십상인 것이, 자칫 타고난 태초의 심성마저 변심이 와 내가 아닌 타인으로 삶의 재앙이 될 수도 있는 여지에 기뻐하고 행복하다 함부로 말할 수 없다. 수시로 변심하고 간사한 것이 머리 검은 짐승 인간이다. 우주의 만물 중 가장 현명한 영장류라는 오명을 가진 인간. 하나밖에 없는 씻을 수 없는 실수라는 티켓을 소유한 덕분이다. 완벽한 것 같지만 완벽하지 못한 것이 잘난 척하는 우리네 인간이다. 어찌 보면 인간은 사리분별 취약한 무능한 철부지 어린아이와도 같은 것이라 하자. 이처럼 빈자가 부를 만나면 십중팔구 개구리 올챙이 적 생각은 까맣게 잊는다. 거만과 거들먹, 더 갖고 싶은 물욕으로 내가 나를 스스로 제어할 수 없는 심연에 빠져 가다 못 가 아니 감만 못한 비근한 한평생이 될 수도 있다라는 못 배운 자의 경고 한마디.

•

추모의 글

우연한 인연으로 만나서 정 쌓으며 살아온 수십 년. 서로가 서로를 알고 지낸 가족이라 해도 충분한 세월. 끈끈히 맺어진 정, 영원하리라 했건만 운명의 장난이었을까 신의 시샘이었을까 비명횡사에 유명을 달리하니 슬픈 마음 감출 길 없다. 혼자 된 외로움은 하늘에 걸리고 적막강산 어둠이 따로 없다. 일요일이면 약속이나 한 듯 쓰디쓴 술병을 들고 다리를 절며 계면쩍은 너털웃음으로 반기던 친구, 그 썰렁한 인상은 이제 꿈속에서나 볼 수 있으니 참으로 슬픈 비극이다. 오늘 일요일 올 사람은 아니 오고 괜한 바람만이 빈 문을 흔드네.

인생 뭐 있습니까

있으면 있는 대로 없으면 없는 대로 내 몫만큼만 살 일이야. 바람 불면 흔들리고 비가 오면 젖은 채로 그럭저럭 사는 게 인생이라오. 내 삶에 절치부심은 절대적이되 가난을 핑계로 욕심은 금물이요. 잘 살고 못 사는 건 팔자요, 운명이니 빈자여, 부자를 부러워 말자. 세상은 균형이 필요한 법. 인생이 다 똑같으면 그 무슨 재미. 부자도 밥 세 끼, 유치원 놀이터 시이소 같은 우리네 삶.

돌

오르고 또 오른다. 햇살 좋은 산행이다. 무심코 발뿌리에 채인 돌멩이 하나. 내 엄지발가락 상처를 주고 도망치듯 태연히 굴러간다. 죽어 혈이 없는 억만 년 우주의 한 덩어리였을 무생물이다. 돌, 그 단단함의 기개. 그 돌 차인 발가락은 쑴벙쑴벙 눈에선 별이 튀고 엄지 선혈이 낭자하다. 상처만 얻은 재수 없는 오후 산행이다. 오늘 일진 개점휴업.

코로나의 두 얼굴

억세고 강인한 체력의 인간이 유행인 괴질 코로나에 맥없이 들풀처럼 쓰러진다. 사람으로 넘실대던 거리는 참혹하리만치 한산하고 도시는 비어있다. 수은등 가로등만이 외로이 졸고 있다. 소통 없는 단절로 빗장을 걸고, 오고 가던 이웃이 모르쇠 말이 없다.

참으로 잔인한 시간이다. 생명을 담보할 수 없는 이 시련은 언제가 끝일까? 죽음의 공포조차 잊을 만큼의 긴긴 바이러스 끈질긴 잠행. 전 세계 인류의 시련이 불행으로 참담해져 가고 있다.

•
행복이라는 것

 행복, 그 단출한 두 글자 생각조차 못하고 살다가, 어느 날 아침 행복 그 두 단어가 문득 떠오른다. 참 새삼스러운 생각이다. 모처럼의 불거진 일, 행복이라는 그 진위를 알고 넘어가야 할 일이다. 나는 평생 못 먹어 배가 고파본 적은 없다. 부모님의 그늘이다. 그러나 가진 것은 하나도 없다. 여유로 넘쳐나는 예금통장 하나 없이 늙은 인생이니 평생을 서민으로 살았다. 그러므로 서민의 애환을 누구보다도 더 헤아릴 줄 아는 사람이다. 욕심 없이 서민으로 사니 일생이 서민일 수밖에. 이것이 내 인생이거니 하면서 불평불만 없이 모든 걸 내려놓고 살았으니 이것이 나의 행복이 아니었을까. 등 따시고 배부르면 그만이라는 거 참 나로서는 복잡하고 어려운 시험 문제다. 그래도 행복이라는 것에 지혜를 짜다 보니 이런저런 엉터리 답이 나오더라. 행복은 먼 곳에 있는 것이 아닌 내 가슴속에 가까이 있는 것과 마음먹기에 달렸다는 것을 깨닫는다. 짧은 순간에 참 도를 닦은 기분이다. 대중의 행복을 논하자고 하면 저마다 누리고자 하는 행복의 기준과 선호 조건은 가지각색일 터. 나에게 묻되 또 하나의 행복이 무어냐고 묻는다면 내가 하고 싶은 일, 내가 좋아하는 일을 노력으로 극복하여 표적으로 남기는 일일 꺼라고. 여기에 추심 하나. 추심, 내 생애에 큰 변화가 있어 부를 누릴 기회가 온다면 나는 기꺼이 극빈으로 찌든 삶에 빛을 잃고 격리된 채 소외된 이들에게 한 줄기 빛이 될 치유의 복지기금으로 주저 없이 환원될 터이다. 이 얼마나 홀가분한 행복일까? 날마다 즐거울 수는 없어도 날마다 웃을 수는 있다. 이것이 진정한 행복이다.

·

약속된 미래

세대차를 초월한 우연한 지기. 언제까지라고 약속은 없었지만, 마음속을 사랑으로 밥처럼 채웠다. 열악한 환경에서 가용돈을 벌기 위해 짜증을 낙으로, 그렇게 이제 그리워해야 할 시간이 어둠처럼 다가오면서 십자가를 짊어진 목자인 양 도도한 발걸음으로 너는 네 아름다운 날을 위하여 학원으로 간다. 그러하므로 내일날의 희망을 약속하면서 12월의 끝날을 이별의 날로 정했나 보다. 부디 이강민을 위한 서운의 詩(시).

·

또 한 번 모습을 기리며

아픈 관절 수술칼이 무서워, 흐르는 죄가 두려워 째진 살이 아플까봐 생전의 수술을 벼르기만 하다가 절뚝 다리 수술 못하고 그냥저냥 견디며 버티고 고생고생하다가 춘삼월 어느 일요일 갑자기 길에서 쓰러져 객사한 친구. 허무하기가 이를 데 없다. 겨우 요만큼밖에 못 살고 갈 걸 그 억척을 떨었구나. 흙으로 돌아가지 못하고 뜨거운 잉글에 살과 뼈를 태워 한 줌의 재로 수많은 원귀가 모인 납골에 혼백만 남긴 채 평생에 술은 너에겐 삼시세끼의 밥과 같은 것. 끔찍이도 즐기던 술, 혼절이 오도록 먹어도 흐트러지지 않는 품행 1등 술꾼임을 인정한다. 절주를 모르고 지나친 술 욕심에 화가 날 정도로 흠이었던 친구, 그 맛있는 술을 두고 어찌 눈을 감았을까? 세상에 아무도 없는 고아도 세상을 디뎌 올라 세 자식 마누라 두고 말년이 길할진데 운명이 여기까지니 땅을 치고 하늘 우러러 원망한들 통곡이 무슨 소용이랴. 참으로 인생이 티검불 같구나.

어느 중국인 부부

장대비가 쏟아지는 삼복 8월의 우중 일요일, 내가 뭘 잘못했는데? 쩐따이짱와. 그게 잘못이 아니면 뭐가 잘못인데. 남의 나라에 돈 벌러 와서까지 중국에서 하던 버릇 그대로 살 거야? 사람이 좀 듬직허니 변하는 게 있어야 살지. 이건 붙박이 꿔다놓은 보릿자루이니 이거 갑갑해 살 수가 있나. 시비의 조건이 무엇인지 알 수는 없지만 다툼은 점점 수위가 오르고 잠잠할 기세는 아니다. 각지고 날선 공방 속에 왈그렁 절그렁 살림살이가 공중부양, 마누라 열불 토하는 서방에게 한방 스트레이트를 날리는 여편네의 앙칼진 쇠주먹. 턱을 감싸 쥔 서방놈. 아구구구 애갈을 한다. 여기 이사 온 지 얼마나 됐다고 낯선 이웃에 제 꼴 남 뵈기로 쌩쑈를 벌인다. 정말 꼴불견이 아닐 수 없다. 보지 않아도 보이는 부부지만 별다른 애정없이 돈 버는 데만 치중하는 애물단지 부부라는 인상이 풍긴다. 고향을 떠나 낯설고 물선 타국에 몸담아 일하면서 서로 고단한 부부일망정 내외간 정이라도 따듯했으면 충고하고 다독이고 싶은 마음이다.

·

모든 걸 다 포기하고 싶은 날

이 내 심사 누가 알까? 나는 혼자다. 외로운 나그네다. 주기만 하는 반토막 인생, 가장도 아니고 두 딸의 아버지도 아니다. 모든 것이 참담하고 암울하다. 아무런 희망도 없다. 생을 놓고 싶다. 내 생에 오늘같이 치욕스런 날이 또 있었을까? 세상이 밉고 사람이 밉고 내 자신이 밉다. 어찌할꼬?

·

나는 왜 개였을까

땀 흘리는 삼복엔 개가 좋단다. 전혀 근거 없는 낭설인 것을. 얻어 키운 누렁이 엊그제 황천 갔다. 몸값 45,000원짜리 넋이 되어 비명에 불가마 속 이별하고 되돌아올 수 없는 길을 갔다. 겨우 여섯 달 반을 살다가 펄펄 끓는 된장국에 빠져 아저씨 정력제로 몸 바쳐 헌신한 먹성 좋던 누렁이. 그 누렁이의 모습이 지금도 눈에 선하다. 질질 끌려가며 뒤를 자꾸 돌아다보던 누렁이. 강산이 두 번도 더 변한 오래된 이야기지만 지금도 그 생각을 하면 가슴이 미어지는 느낌이다. 보신 문화가 팽배하던 그 시절 삼복이면 개와 닭이 인간의 보신용으로 수난을 당했다. 나무에 매달고 몽둥이로 패서 잡는 모습은 인간으로서 감히 행할 수 없는 살상을 한다. 그 순간 몽둥이질하는 놈에게 벼락이라도 때렸으면 하는 내 안타까움은 오금을 저리게 했다. 이 세상에 가장 멍청하고 무지막지한 것이 인간이라는 사실을 난 이미 어린 날에 느끼고 지금도 잊지 않고 기억하고 있다. 개를 좋아하는 내가 지금 그런 광경을 목격한다면 나는 주저 없이 죽어야 할 개 대신 개를 도살하는 그놈을 달려들어 죽일런지도 모른다. 혐오스럽고 더러운 게 인간이다. 세상에 널린 게 먹거린데 하필 그 사랑스런 개를 처먹다니.

실직

놀고 먹으니 좋다. 구속된 시간 속에서 자유로워졌기 때문이다. 잠만 자고 싶다. 이 증상은 실직자의 기본 행동거지인 것 같다. 오늘은 오늘이구, 내일은 내일 생각키로 하고 낮잠이나 자자. 꿈속에서나마 돈 좀 벌어보자. 깊은 생각이 끝났다. 내일도 해는 뜨니까 늘 이리 살지 않는가. 한 아름 마음 바꿔 시린 마음 이겨보자. 깊은 늪, 생의 늪에 빠진 자여, 제 힘에 겨워 주저앉은 자여, 일어나라. 고개 들어 위를 보라.

경서동 버스 안에서

진실 반 허구 반 이러면 아니 되는 삶. 궁핍이 위선으로 광기도 부리고 공평을 거부한 사회 속의 못난이. 늘 지쳐 뒤에서 꼴찌의 대열에 난 정말 고달프다. 나는 지금 무엇인가 늘 안타까워하면서 허송의 무지한 나날 철천의 한을 못 이루고 인생 막바지에 이르는데, 능력은 한계에 와 있고 어쩌란 말이냐? 어쩌란 말이냐?

개탄

사람들아, 너 모가지가 우뚝하여 사람이더냐. 인두겁을 썼기에 사람이라더냐. 도덕과 윤리는 더러운 똥 속에 묻히고 천인공노할 한심한 세상. 나이 지긋한 늙은 놈이 사람 팔아 배때기 채우는 인신매매 앞잡이라니 세월값 못한 더러운 흉물. 제 새끼면 그렇게 할까? 날벼락을 맞아 죽을 더러운 버러지. 자식 잃은 부모, 오그라든 가슴 놀라서 기함하고 땅을 칠 일. 분해서 어찌할까? 평생을 철창에서 속죄하다 죽어라. 귀신은 나이롱 뻥치고 있나? 저런 거 안 잡아가고.

인생무상

총각 소리 듣던 때가 엊그제 건만 이젠 아저씨가 내 이름이다. 세월의 무게는 얼굴부터 오는가? 이마의 골주름, 칙칙한 피부, 하얀 수염. 흰머리가 싫어서 염색을 한다. 어디 한 군데 내세워 자랑할 만한 곳 없어, 예라이 어차피 피할 수 없을 바에야 중후함으로 늙는 비결은 뭘까 고민할 일이다.

빈손이로소이다

텅 빈 머리 붉은 빈손, 아무것도 가진 것 없소다. 살아가는 방법이 서툴러서 욕심이 없어서 그럴 수도 있고 아닐 수도 있습니다. 언제나 열심히 고단한 삶이었지만 깨진 독에 물붓기, 인생은 별짓을 다 해도 그 독에 물을 가득 채울 수가 없었으니 인면수심이요. 팔자에 가난이 복이었나 되는 일은 없고 늘 빈손만 허우적.

·

능안고개의 추억

고향, 그 고향의 이름은 아늑한 그리움이다. 고단하고 멀미난 가슴 잠시 쉬려 살며시 눈감으면 옛 고향의 정겨운 모습이 구름처럼 인다. 대문을 열면 바로 보이는 바다, 시원한 해풍과 하얀 파도는 날마다 어린 나에게 알 수 없는 희망과 행복감을 주었다. 능안고개에 오르면 한눈에 탁 트이는 바다, 푸른 바다와 흰 파도는 나에게 꿈을 주었다. 젊은 어머니와 아버지가 있어서 좋았고, 꿈이 있어 좋았던 바닷가의 고향. 저 푸른 하늘의 흰 구름은 어쩌고, 푸른 보리밭 종달새는 높이 날아 울었는데.

·

중화 쉐프

먹고 살려니 군자가 되랴. 중화요리 간판은 서라벌이다. 신라의 옛 사비성 서라벌. 중식당 간판치고는 전혀 어울리지 않는 상호다. 옛 신라의 화랑도 정신이 좋았고, 삼국을 통일한 신라인의 기개가 좋아 만인이 볼 간판을 내 중심으로 상호를 정한 것이다. 나는 한식 요리사 면허를 가지고 있다. 한식 가든에서 일은 했지만 한식 경력은 그리 길지 않다. 그러나 중식 주방장 경력은 13년이다. 내 손수 수타로 면을 빼고 칼질과 함께 1인 4역을 해낸, 배달까지 전천후 만능 요리사였다. 젊은 우리 내외 온종일 어서 오세요. 안녕히 가세요. 앵무새 되어 손님을 맞이하고 보내면서 자장면을 판다. 한바탕 부산한 시간이 지난 한가한 오후, 지쳐 늘어진 마누라는 애 끼고 꿈나라에 가고, 주방장인 나는 이런저런 생각으로 모래성을 쌓았다가 허물고 또 쌓고 허문다.

•

왕초보 운전

키다리 구 척 장신 수문장처럼 서 있는 교통순경이 왜 이리 커 보일까? 아무 잘못도 없는데 가슴이 덜컹한다. 도로 위에 처음 차를 몰고 나와 처음 대하는 교통순경이다. 오한이 나고 오줌을 지릴 일이다. 교통순경이 마치 저승사자 같았으니 말해 뭐허냐. 아이고 그때를 생각하면 지금도 오금이 저린다. 아주 침착해지자. 무사히 교통순경을 지나치고서야 한숨을 쉰다. 뒤에서 호루라기 소리라도 나면 또 한 번 놀라고 설마 난 아니겠지? 도망치듯 가속 페달을 밟는다. 걸음아 날 살려라, 꽁지가 빠지게 한마디로 왕초보 때의 다큐멘터리다. 고양이 앞의 쥐처럼 긴장과 열등으로 떨리는 가슴 진정하며 왕초보 딱지를 떼고 차를 몰은 세월도 20여 년이 훌쩍 넘었으니 그 기간 동안 얼마나 여러 번 그 사자 같던 교통경찰을 마주했을까? 범칙금도 많이 물었고, 면허증에 5,000원 짜리 접어 끼워가지고 다녔으니, 수고하십니다. 면허증 좀 보여주시죠. 상투적인 말 들으나 마나지만, 돈만 쏙 빼고 통과. 면허증에서 5,000원을 계면쩍은 얼굴로 빼내는 자신도 속으로는 상당히 미안해할 거다. 거리의 질서를 책임지는 국가 공무원으로서 할 짓이 아니라는 죄책감은 있을 게 아닌가. 이들의 이런 허물에 화가

난 노상강도라는 조소 섞인 유행어까지 나돌던 그때 그 시절, 월급보다 그렇게 뜯어낸 돈의 액수가 월급보다 많았다는 후문도 있거니와 백차 싸이드카 타는 고참 경찰은 수입이 더 좋았다니 빈약한 월급에 그들에게 운전자는 부수입의 봉이었으니.

·

4월이 가면

진녹색 푸른 잔디 위에 죽마고우와 하늘 올려다보며 벌렁 누웠다. 손에 잡힐 듯 나지막한 하늘은 푸르기만 하다. 팔베개로 행복한 마음이었어야 할 지금, 둘은 서로 말이 없이 침묵만 흐를 뿐이다. 마음이 어수선한 건 무슨 까닭일까? 사춘기를 겨우 넘긴 이제 성인으로 디뎌 올라 주어질 삶의 무게에 두려움부터 앞서 나보다 이 녀석은 아마도 서울로 도망간 의리 없는 친구 생각으로 분주한 모냥새다.

·

가출

1996년 2월 19일 금이야 옥이야 이게 웬 넋두리야? 잘난 척도 한 번, 속임수도 한 번이지 개짐승도 아닐진대 미워하는 척 속박하는 척 애미 애비 진실이 아니거늘. 철이 없다 한들 어찌 그럴 수가. 장검에 막걸리를 뿜으며 죄인을 돌며 춤을 추고 단칼에 목을 베는 망나니는 차라리 착하기나 하지. 날마다 콩조림이 되는 심장. 낳았으니 큰 그릇 만들 터. 뒷바라지에 허리 휘건만 그 은혜를 배신으로 인생을 초라하게 하니 이것이 차마 내 새끼일까 싶은 인두겁을 뒤집어쓴 밥벌레 새끼가 아니고 원수요, 흉물이었다. 잘될 나무는 떡잎부터 다르다더라. 사랑도 은혜도 모르는 그 울분에 가슴에 비수라도 꽂고 싶은 심정인 것을. 차라리 죽기를 기다리던 마음이었으니 그 애마름이 어느 정도였는지 상상조차 싫다. 무자식 상팔자라는 말 그 말이 명언이다.

·

울화통

잘나고도 사람이 아니면 지지리 못난 놈만 하랴. 사람다운 사람이 아니면 어찌 사람이라 이르랴. 백로야, 까마귀 탓 마라. 겉 희고 속 검으면, 겉 까만 까마귀만 하랴. 사람이면 인과 덕을 갖추고 도와 예를 지킬 것이며, 처신은 바르게 하되 정의로움에 공명정대하라. 뭐 이런 뜻이 아닐까? 글쓴이 작가 왈.

·

새 이름표

애비 없는 호로자식이 본데없이 이따위 소릴 하지 아마. 꼰대 지공 할배 영감, 노땅, 노털, 틀딱, 꺼부정. 기다려 요놈 시키야. 네놈두 늙어. 요즘 젊은 놈들이 어르신에게 달아주는 새 이름표다. 화무는 십일홍 매양 청춘이라더냐. 세월이 지나 보면 자연히 알게 될 터. 새파란 젊은 놈이 노인더러 담뱃불 좀 붙이잖다. 천둥 번개가 콩을 볶을 놈! 저런 거 내질른 애미, 미역국이 아깝지. 새끼 잘못 퍼질르면 애미 애비가 욕 먹는 거 알고 있남. 모처럼 엄마와 마주한 겸상이다. 밥을 씹으며 시대 이야기서부터 오늘 이야기까지

짬뽕 담화로 밥상을 물린다. 엄마 미안해요. 자식 된 도리를 다 못해서 마음뿐이니 어쩝니까? 지금 이게 내가 열심히 사는 건지 아닌지 분간이 안 돼요. 세상살이 참 어렵군요. 나만 이렇게 사는지 그저 엄마에게 죄인이고 미안할 뿐입니다. 무슨 수를 내야지 큰소리치며 엄마의 마음을 진정시킵니다. 1989년 5월 21일 엄마와의 대화로 지금은 2022년 9월이니 강산이 두 번 이상 변한 그야말로 옛날이야기 같은 이야기. 지금 생각하니 가물가물한 기억이지만 그때가 다리 밑에서 뻥튀기 장사할 때가 아닌가로 기억한다. 어머니에게 나는 늘 걱정스럽고 안쓰러운 자식이었다. 실직하고 할 일이 없어 쉴 때 그거라도 해보자는 심정으로 다리 밑에서 노점으로 청승을 떨 때 기억이 맞을 듯싶다.

교황님이 오시던 날

재위 266대 교황님 성 프란체스카 감복. 이 나라 백성과 성도의 죄를 사하려 그가 오셨네. 17만의 성자들이 오늘 광화문 교황 앞에 운집했네. 성도들이 다 꽃으로 보이네. 조선왕조 봉건사상 천주교 일백 년 박해 핍박과 죄, 숭고한 땀. 이 땅에 하나님의 사제로 살다가 거룩한 죽음으로 생명을 다한 124위 순교 영혼 시복 감사미사. 오오, 거룩한 성배에 포도주를 따르던 날 그대들 사제여, 내 찬미에 복 받으리라. 당신 하나님을 믿지 않는 비종교자로서 나 오늘 내내 세 번쯤 그렁대던 눈물의 의미는 감복에 겨워 끼워 넣기 내 흐른 세월의 역한 반추의 눈물이었을까? 살아있는 영혼들이 운집한 광화문 미사 광장에 석남동 천주교구 열성 성도 아우 허윤도 사제로서 은총을 받겠지. 2014년 8월 16일 토요일 오전 9시 40분 시복식 감사의 기도로 그를 맞네. 아멘.

한여름밤의 추억

나 어릴 적 한밤중 야경 소리, 이따금 들리는 개 짖는 소리, 밤새 찌르래기, 귀뚜라미, 지렁이가 울어대고 늦은 새벽녘이면 밤이슬에 젖던 여름밤. 구름 한 점 비켜가며 금빛 가루 뿌리는 별똥의 행진, 은하수를 찾고 네 별 내 별 헤던 밤 꺼질 듯 가물가물 실빛 석유 등잔 밑에 늦은 밤까지 바느질하던 어머니. 이젠 생각으로만 남은 추억 속 고향이 벌써 40년이 되었네.

절규

많은 생각을 하면서도 살아가는 내 인생관에 대해서는 게으르고 무지했나 보다. 다만 생긴 대로 주어진 대로 욕심 없이 정직하게만 살았다. 그러나 자신의 승부욕 하나는 있었던가. 늘 큰사람이 되고 싶었다. 이루어야 할 나의 꿈, 그것 하나에 인생을 걸고 신념으로 인내하고 버텼다. 가는 세월하고는 무관하게 내 집념은 한결같았다. 안 되는 줄 알면서도 희망이 절벽이라는 궁색함도 알면서도 그 이상 더는 나의 자존심의 선을 넘고 싶지는 않았다. 꿈마저 버리면 내 삶의 모든 걸 스스로 살인하는 느낌이어서 도저히 그럴 수는 없다. 이 몸 죽어 넋이 되는 한, 못다 한 꿈의 희망마저 놓을 수는 없음을 솔직히 구연한다. 나는 살아야 한다라는 자부심이다.

흔들리는 마음 다스리기

당신의 가슴에 근심 걱정이 파도처럼 밀려올 때 저 깊고 푸른 망망대해 가슴이 탁 트이는 출렁이는 바다를 보라. 그대 고뇌하던 근심 걱정 상큼하게 씻기리라. 이런 생각, 저런 생각 별의별 일들로 머리가 복잡할 땐 밤하늘 우러러 금가루를 뿌린 듯 아기 눈처럼 맑은 반짝이는 밤하늘의 은하수를 보세요. 그대 스트레스로 몸살을 앓거든 마음이 포근해지는 저 높은 하늘의 흰 구름을 보라. 오래도록 헤어져 못 본 그리운 친구가 생각나면 둘이서 행복했던 과거를 떠올려 빛바랜 흑백 사진을 보라.

어항 속 열대어

너희들 고향은 먼 남쪽 나라 열대야라지. 돈벌이 수단에 팔려 바다 건너 여기까지 왔구나. 너희들의 아름다운 유희를 저 넓은 강가에서 보아야 했는데 비좁고 탁한 물에 가녀린 몸을 흔들어대니 참 애석한 마음이다. 일곱 마리 친구 중 하나가 용왕님 곁으로 가고 또 한 놈이 이별을 준비하니 남은 우리들 다섯 운명도 날 받아놓은 사형수 다름없네.

40 고개

을씨년스런 초겨울 떨어진 낙엽을 보다가 문득 내 나이를 생각해보니 어느새 40 고개. 인생의 절반을 살았다고 생각하니, 그때

서야 허무라는 한 단어를 실감해본다. 세월이 가는지 나이를 먹는지 관심 없이 살다 보니 어느 날 이렇게 낙엽으로 인한 오늘의 나를 돌아보는 것이다. 그야말로 무심하게 잊고 산 나이였다.

·

아역배우

슬프지 않아도 울어야 할 장면이면 울어야 합니다. 기쁘지 않아도 웃으라면 웃어야 합니다. 이것이 배우가 해야 할 일입니다. 나는 어린 광대입니다. 만인의 우상인 스타가 되기 위해서 아역배우도 지금 영화 찍으러 엄마와 서울 갑니다. 내 둘째 딸의 쭝뿔난 이야기입니다. 시위는 죽은 듯이 조용합니다. 재깍거리는 시계의 초침 소리조차 귀가 따갑게 조용하므로 명상이 제격인 오늘 나를 되돌아보는 시간을 가져야 했습니다.

·

나는 누구인가 누구일까

삶에 지친 나는, 나그네 방랑시인 김삿갓이 따로 없네. 빈손에 시 한 수 지어주고 술 한 잔에 맞바꾸며 팔도강산 돌고 돌아 민심을 시로 노래하니 삿갓이 신선이듯 내 인생도 그와 못지않으니 난 세상을 잘못 살았네. 나는 누구인가 누구일까? 어느 것 무엇하나 제대로 한 것 없으니 세상 헛산 인생이지. 그나마 자신을 뒤돌아보기라도 했으니 여생이나마 잘하고 살 테지. 진달래 만개한 연분홍빛 산하 벚꽃은 팝콘처럼 터지고, 나비는 날개를 팔랑이며 이 꽃 저 꽃 꿀을 찾는다. 저 언덕배기 아물아물 아지랑이 강남 간 제비 부른다. 앙상하던 숲은 새순을 틔워 푸르름으로 우거져 가고, 봄을 일구는 드넓은 들녘은 농부의 손길이 부산하다.

•

새끼

열 달 배 아파 낳아 기른 자식 효자둥이 아니래도 어미 속 안 썩이면 그것이 효자요, 효도인 걸. 무자식 상팔자 그 말이 명언일 세. 갈수록 태산이니 네 어찌 어미 속을 이다지도 모르느냐? 자식 이 아니라 원수로다. 아이야, 아이야. 하늘 우러러 한 점 부끄러움 을 일깨워라.

•

남쪽으로 가세요

겨울이 지루하거들랑 햇살따라 서둘러 남쪽으로 가세요. 그곳 에 가면 땅 기운 피어오르는 아지랑이 속, 수줍어 얼굴 가린 새 생 명의 잉태가 있습니다. 마음 시린 겨울이 지루하거들랑 남쪽으로 가세요. 거기엔 당신을 안아줄 따듯한 바다가 있고, 지친 당신을 편안케 할 마법의 술이 있습니다. 나는 여기에 와 있습니다. 태양 아래.

•

날이 새면

새벽이 열리고 있다. 동녘은 잘 익은 사과처럼 핑크빛으로 붉 어지고 이제 해오름은 서서히 창공을 들어 올리며 어둡던 세상을 밝힐 것이다. 밤새 내린 이슬은 수천수만 개의 물방울 보석을 빚어 대지 위에 흩뿌려 놓았다. 오, 그러나 가무가 끝이 나듯 이제 해가 오르면 찬란한 보석도 스러져 자취를 감추어야 한다. 언제 비취빛 물방울이 있었던가 싶어, 거짓말처럼.

·

시달림

어떤 것이 행복입니까? 어떤 것이 불행인지요? 어떻게 사는 게 삶의 기본입니까? 당당히 나는 살고 싶습니다. 그러나 너무 어렵습니다. 힘이 들어요. 내가 잡고 싶은 희망의 빛은 그 어디에 가야 찾을 수 있을까요? 내 절망의 구원의 힘, 나는 살아야 합니다. 아니 이 순간만이라도 벗어나고 싶어요. 내 손을 잡아줄 그 누군가 필요합니다.

·

말세로 가는 세상

차라리 눈을 감자. 두 눈 떠 하늘밖에 볼 것이 없는 세상. 양 손바닥 얼굴 가려 손가락 틈새로 세상을 보지만, 그 무엇도 보이지 않네. 자연이 죽어가고 인정이 메말라간다. 저마다 잘났으니 이기적이요 욕하고 헐뜯고 사기에 도적질 폭력이 난무한다. 모두 하나같이 지쳐가는 인생이다. 남을 앞서고 뛰어넘어 내가 먼저라는 안일함에 주먹이 날고 피를 부른다. 얼마를 더 살아야 이 꼴을 안 볼까? 참으로 개탄스러운 일이다. 밤새 눈이라도 내려라. 그리하여 온 세상을 차라리 하얀 무채색으로 덮어 부끄러움을 감추어라. 이런 세상은 정말 싫다. 격한 감정의 나로서는.

・

그녀, 내 마음의 연인

짧은 시간에 너무나 쉽게 빨리 정들어버린 두 사람. 그러나 인연이 아니었던지 그리움만 남긴 채 가버린 그녀. 가슴이 졸아든 만큼 애가 탑니다. 나 어찌합니까? 그대 향한 마음. 그대, 차가운 바람처럼 그냥 스쳐 지나가는 바람처럼 그래도 되는 겁니까? 이내 가슴에 연분홍빛 물들여 놓고 그대 그냥 가시깁니까? 사랑의 이름으로 내 마음 다 주려 했는데 그대 지금 없음에 다시는 얼굴조차 볼 수 없는 겁니까? 야속한 사람, 미운 사람. 오, 사랑이여.

・

울 밑에 핀 봉선화

마당 끝 사립문 돌담장 아래 흐드러진 봉선화. 산자락 휘돌아 옹기종기 정다운 고향마을 동구 밖 아름드리 느티나무 고목에 매미가 울면 봉선화 꽃잎은 떨어지고 가시내 손톱에 남은 마지막 봉선화 핏자국.

・

고난의 벽

내 고통의 시작은 언제부터였을까? 그 방황의 끝은 어디까지일까? 추락의 늪 낭떠러지 정말 내 삶이 싫다. 아무도 날 보아주지 않는다. 시린 마음을 어루만져 주지 않는다. 바보스럽게도 나의 삶에 남이 어쩌지 못한다는 걸 알면서도 내가 왜 이러는지 몰라.

•

꿈의 오로라

　내 가슴속에는 언제나 일곱 빛깔 무지개만 있었다. 현란만을 찾아 꿈꾸며 살아온 인생, 그러나 영광의 시발점에 낙마하고 방황하던 세월 몇몇 해던가? 이제는 하나같이 늦어버린 시간, 다시는 오지 않을 꿈 많던 날들 두고두고 오랜 세월 안타까워만 하다가 이제 세월은 꿈마저 앗아갔으니.

•

여수 강변

　여수 강변 자갈밭에 철퍼덕 앉아 이름 모를 들꽃 몇 송이 꺾어든다. 모래와 자갈뿐인 이 척박한 환경에서도 들꽃은 아름다움을 피워내는구나 생각하니 경이롭기까지 하다. 4월 봄볕 따스한 여수 강변 내를 이루어 흐르는 강물은 햇볕에 반짝이며 흐르고 물이 닿지 않는 자갈밭에는 아지랑이 가물댄다. 납작돌 하나 집어던져 물수제비를 친다. 인천에서 먼 길 달려가 겨우 강에 돌 하나 넣기 위해 먼 길 여수에 온 건 아니지만, 사업상이라 하자. 산을 깎아 층계묘지 조성사업을 의뢰하는 일이 생겨 현장답사차 여수에 온 것이다. 현장은 이미 누군가 진행하다 멈춘 것이었고, 온통 돌산이어서 불가능 지역인 곳에 초대된 오늘이다. 이 발단의 계기로 사위는 친구로부터 4~5천이라는 거금을 사기당하고 둘 사이에 어떤 밀약이 있었기에 믿는 도끼에 발등을 찍혔으니 세상에 못 믿을 게 인간이다. 도저히 그럴 수 없는 처지거늘 돈에 환장하지 않고서야 벼룩의 간을 빼먹은 천하에 사기꾼! 그놈에 이름을 대문짝만 하게 여기에 쓰고 싶건만.

·

보도를 보고

세상이 미쳐 돌아가나 보다. 목숨을 초개로 제 마누라 자식을 해하는 반인륜적 행위. 사람이면 하지 말아야 할 짓을 하고 있다. 골이 텅 빈 미친 가장, 어찌 제 마누라를, 어찌 제 자식을. 미친 환각. 현대판 망나니. 30 평생을 그렇게 미쳐서 부모 복장에 대못 박은 패륜 살인자라는 씻을 수 없는 오명을 십자가처럼 등에 짊어지고 마지막 가는 길을 자원한 더러운 인생도 있구나.

·

3월의 목련

희고 탐스런 아름다움을 피워내는 목련, 그 싱싱함 열흘 자태 홀리듯 너울대다 안간힘으로 꽃잎 떨군다. 가을이 오면 잎새마저 떨구고 앙상한 가지로 남아 찬 겨울을 외로이 서서 인내하며 새봄을 기다릴 목련.

·

아카시아 꽃내음

5월의 아카시아 화려한 외출로 만개했다. 벌, 나비 모여들어 꿀을 딴다. 눈송이를 뒤집어쓴 듯이 온통 백색 향 날리며 나의 시선을 끈다. 오늘 같은 날 아카시아 그늘에 아카시아 향기 맡으며 아카시아 숲에서 고운 님과 함께 사랑이라도 나눴으면.

·

도시의 비둘기

 수많은 인파가 출근길을 서두르는 이른 아침이다. 바쁜 사람들의 발길을 요리조리 피하면서 많은 무리의 비둘기가 몸싸움을 벌이며 치열하게 뭔가를 열심히 쪼아먹고 있다. 도시 비둘기들의 흔한 일상이다. 목마른 비둘기, 도롯가 고인 산성비 흙탕물을 마시며 날개를 털고 있다. 저 가엾은 새들, 그래도 마냥 행복해 보이니, 그래, 어쩌면 이 여유로움이 도시 비둘기의 삶이자 본능적 생로병사인지도 모를 일이다. 이렇게 생각하고 이해하니 내 마음도 여유로워진다.

·

빛바랜 약국

 어느 초라한 약국 앞에 차가 멈춰 섰다. 빗물 흐르는 차창 너머로 희뿌옇게 보이는 약국 진열장. 약사는 늙고 가꾸지 않은 머리가 백발인 할머니 약사였다. 온갖 약으로 가득 채워졌어야 할 약장이 개점휴업인 양 텅텅 비어 이 시대의 약국이라고는 할 수 없는 마치 50~60년대 시골 면 소재지에서나 볼법한 간판마저 없는, 이 시대에 동네약국 오랜 세월을 그렇게 유지해 온 약국이란다. 행여 유통기한이 지난 약은 아닐까 하는 의구심에 살펴본다. 단골이 아니면 망설여지는 약국이다.

위대한 자연

태양은 붉은색으로 떠오르고, 바람은 무색으로 밝은 눈으로도 볼 수 없는 영혼 같은 것. 풍경은 사람을 부른다. 녹색 빛으로 손짓한다. 흐르는 물은 흰빛으로 푸른빛으로 황톳 빛깔로 도도히 흐른다. 갇힌 물은, 고인 물은 썩고 탁한 검푸른 색이다. 물은 출렁인다. 도도하다. 물은 칠색조다. 자연의 극치이며 마술사다. 햇빛 쏟아지는 행복한 오후, 비췻빛 하늘, 오월의 날갯짓 흰 구름은 두둥실 애드벌룬 느낌으로 부르고 가슴으로 부르는 내 자연의 노래.

고향 가는 길

구불구불 논밭길 돌아서 서둘러 가는 고향길 길모퉁이 목이 긴 들국화 한 송이 발길에 채이고, 바람에 휘둘리어 꽃잎은 떨어지고 볼품없는 모습으로 실바람에 하늘거린다. 재 너머 실개천 건너면 이제 뵐 어머니. 햅쌀로 빚은 어머니의 맛깔난 송편은 그 얼마나 맛이 있을까.

모깃불 피워놓고

한여름의 절기가 꺾이고, 선들바람이 일던 10월도 하순이다. 초가지붕 위에는 여기저기 잘 여문 박들이 수확을 재촉하고 있다. 입과 넝쿨은 모두 말라 비비 꼬였다. 박 수확의 절기다. 지붕 위에 오른 아버지 조심스럽게 박을 따 내리셨다. 박이 들어앉았던

지붕은 움푹하니 허름했다. 제비가 물어다준 박 씨 하나 심어 키워 이 가을에 슬근슬근 톱질하니 그 속에 금은보화가 가득해 놀부 형보다 더 부자가 된 흥부의 우화를 생각하며 아버지가 톱으로 박을 타신다. 쩍 벌어진 박 속은 눈이 부시게 희다. 놀라운 흰색이다. 어머니는 쪽마루에 걸터앉아 다 닳아빠진 놋숟가락으로 북북 박 속을 긁어 파내신다. 다 파낸 박은 가마솥 걸그랭이 위에 앉혀져 장작불에 흠씬 쪄내, 익은 박 속을 완전하게 긁어낸 다음 물에 씻어 장독 위에 엎어 말린다. 가을 땡볕에 이삼 일 잘 마르고 나면 돌덩이같이 단단한 노란 색깔의 바가지가 완성된다.

농촌에서는 없어서는 안 될 1년 쓸 물바가지이거나 곡식을 다루는 요긴한 바가지로 1년 농사 중 하나였던 박 이야기다. 익히지 않은 날박 속은 고추장 양념에 고루고루 버무려 강낭콩 넣어 지은 보리밥, 온 식구 둘러앉아 사기 대접에 쓱쓱 비벼 달게 먹는다. 1년에 한 번 가을이면 별미로 특별히 먹어보는 박나물, 어머니의 그 손맛이 그리운 계절이다. 기억에 달아두지 않았던 어린 시절을 어느 날 갑자기 생각에 이르게 하기는 참으로 어려운 일이다. 감성과 무한에 젖어 반추하기에는 시간이 촉박한 세상을 사는 현대인으로서는 어려운 수학 문제만큼이나 난제다. 봄비라도 부슬부슬 내리는 날 밤, 불도 켜지 않은 채 두 눈을 떠 어둠 속을 응시하며 곰곰이 생각에 젖는다면 가능할 수도. 휘영청 달이 밝은 밤이다. 멍석 위에 누워 엄마의 옛날이야기를 듣는다. 모기 쫓는 엄마의 부채 바람에 나도 모르게 잠이 들어간다. 여치, 귀뚜라미 연가는 이 밤을 새려나? 열창열창 끝이 없다. 밤은 깊어가고 새벽이슬 내리는 저기 우목배미 춤추는 반딧불.

갈등의 시간 속에

　서울 공연을 끝내고 지방 공연차 대전에 왔다. 대전에서는 제일 알아주는 대전극장으로 극장 규모도 컸다. 웅장한 사운드 음향시설과 큰 무대가 마음에 들었다. 대도시답게 극장 안은 관객으로 붐볐다. 요즈음 들어 말 못할 고민이 생겼다. 전국을 전전하며 내가 가야 할 길이긴 하지만 이름 없는 무명가수로 극장쇼 무대나 전전하는 나의 현실에 권태를 느끼기 시작한 것이다. 나의 목적은 극장이나 전전하며 무명가수로의 삶은 당분간이라는 생각으로 임한 것뿐이지, 실제는 방송을 타고 내 이름 두 자를 팬에게 각인시켜 추앙받는 정식 가수가 되는 게 목표였다. 아직까지는 극장쇼 무대가 관객들의 관심 속에 흥행하지만, 이 사업도 결국은 오래 못 간다는 선입감이 나를 지배하고부터 마음이 술렁이고 있던 것이다.

　TV가 자꾸 가정마다 보급되면서부터 쇼의 흥행이 적자로 가면서 쇼 단체가 하나둘 해산에 들어가기 시작한다. 이름 있는 스타들이야 오늘 당장 쇼가 없어진다 해도 개척해 놓은 다른 길을 또 가면 되지만 무명인들은 당장 그만두게 되면 그나마 무명의 설움에서조차 외면당해 꿈을 접어야 하는 긴박함이 생길 우려가 거의 70~80%. 연예계는 인맥과 돈이 없으면 영원히 낙오자가 되기 때문이다. 이런 현상이 지금의 나를 불안하게 하는 것이다. 불안이 선택의 길을 말 없이 느낌으로 알려줄 때 나는 이곳, 이 생활을 벗어나야만이 내가 원하는 꿈으로의 행진이 가능함을 신중하게 생각해본다.

장마

　매스컴, 브라운관에서는 온통 태풍 나비의 위력에 대한 연일 보도와 함께 하늘은 검게 흐리고 바람이 일기 시작합니다. 해마다 겪는 월례행사 같은, 천지조화의 가을 이벤트 같은 태풍은 많은 재산과 인명피해, 산과 들을 폐허로 지형을 바꾸듯 온통 헤집어 놓아 전쟁의 포화에 잿더미가 된 처참한 현장과도 같습니다. 인간은 그저 어쩔 수가 없음에 최소한의 미래에 대한 최선의 대비만이 전부이고, 제발이라는 간곡한 염원 하나만이 무사하기만을 기원할 뿐입니다. 세상을 깨는 듯한 뇌성과 번개를 동반한 장대비가 쏟아집니다. 길을 걷던 사람들이 비를 피하려 저마다 빗속을 뜁니다. 우산이 뒤집히고, 거리 상가의 입간판이 종잇장처럼 찢어져 제멋대로 날아갑니다. 도로 곳곳은 물바다로 바다가 되어 멈춘 차들이 물에 잠깁니다. 오만 잡쓰레기들이 흘러 떠다닙니다. 그여나, 여기저기에서 인명 손실이 보도되고, 댐 수위도 수문을 열어 담수를 방출합니다. 이 수난의 비극이 몇 날 며칠이나 지속할는지 걱정이 큽니다.

봄이 오는 숫자, 3월

　빙하의 언 땅속에서 사시나무 떨듯 겨울을 인내하며 애써 기다리는 봄, 그 봄은 3월이라는 숫자를 앞세워 처연히 왔다. 농부는 신이 나 밭을 갈고 씨를 뿌려 또 한 해의 일용할 양식을 파종한다. 양지의 온화한 햇살은 냇가의 버들강아지와 들의 쑥잎부터 피

웠고 다투어 노란 생명들이 꿈틀거리며 뾰죽뾰죽 올라옵니다. 농부가 밭을 갈고 씨를 뿌리듯 온갖 푸르름이 또 한 해를 살기 위해 얼고 굳은 땅을 비집는 중입니다. 자연은 참 오묘합니다.

·

나의 사고

　정갈한 마음으로 심장을 닦고 나는 적어도 이렇게 살리라는 마음의 정화에 빠져든다. 일백 년도 못 사는 인생 다 내려놓으면 편한 것을, 나는 인간이요 청정 하늘만큼이야 하겠냐만 본연의 타고난 순수로 울림이 있는 인생이면 더 무엇이 필요할까? 하늘의 뜻을 따르고 싶다. 세상을 정으로 살고 사랑으로 살 일이며 믿음으로 살되 우정으로 살 일이다. 참 행복한 세상이다. 당신의 행복은 어떤 것입니까?

·

詩人, 이재무

　마음이 끌리는 이, 이 가을 나는 새 사람을 알게 되었다. 이름만 알 뿐 얼굴은 본 적도 없다. 신문에서 그의 사진으로만 봤을 뿐. 그런데 웬일일까? 애인처럼 만나고 싶고 술도 한 잔 나누고 싶은 마음은 왜일까? 그냥 그가 바보처럼 내 마음에 끌립니다. 언젠가는 한 번 김포 사람이라니 찾아보고 싶다. 글쓰기를 시작한, 아니 문학에 뜻을 가진 나로서는 그를 통해 알고 싶은 것이 많으므로 결국은 내 안위를 위한 내 전략적 계략에서의 무모한 행동의 소치일 수도 있음을 자인하는 일인지도 모를 일이다. 어쩌면 그의 시집을 본 후에 생각한 일이니 애써 변명할 이유는 없다. 그의 시를 읽은 독자로서 그 시를 쓴 작가를 만나자 함에는 당연한 생각이 아닐까. 작가와 독자의 인연이라는 주제로 그의 작 중 내 기억에 남는 딱 두 글자 시, 물, 돌만이 기억에 있다. 강화에 거주하며 시를 쓰는 갯벌을 사랑하는 시인 함민복도 있다. 말랑말랑 그의 시에 한 구절이 다 사람 좋고 술 좋아한다는 그 사람. 내 수첩에 적힌 그의 전화번호와 신문에 실린 사진 한 장을 나는 오래도록 들여다봅니다. 행복한 침묵입니다.

·

낯선 타인

동아일보를 수년 구독하다가 엊그제 바꾼 중앙일보. 그 신문에는 세상을 이야기하는 시가 있는 아침이 있다. 그리고 세상을 노래하는 시인 이재무가 있다. 그의 시 한 구절이 내 마음에 브레이크를 걸었다. 닫힌 내 마음을 열어준 낯선 타인. 신선함으로 다가온 내 마음의 시인 이재무.

·

매부의 초상

언제 내가 흰 국화 송이에 묻혀 살았던가. 슬픈 흰 국화 내 영정사진을 소중히 감쌌네. 나는 떠나네. 멀리 떠나네. 이런저런 이승의 온갖 천지풍파 다 겪어보고 더는 이승이 재미없어 신선이 노니는 저승으로 이사 가네. 이별의 꽃다발 하얀 국화 계단은 이승을 이별하는 자만이 오르는 무대 주연배우가 되었건만 우뢰와 같은 박수는 없네. 야유의 휘파람도 없네. 그저 사람들은 내 영정사진 앞에 죄인처럼 무릎 꿇고 절하며 침묵하네. 굴건, 삼베, 두루마기, 흰 치마저고리, 아들, 딸 허수아비 같은 모습으로 그들이 내 연극에 감동하여 우네. 이 세상의 끝날, 나 처음 호강하고 행복하네.

- 2006년 5월 14일 인천의료원 영안실에서
매부를 보내는 처남이

•

망자의 혼을 부르는 의식

훠워이 훠워이 새처럼 허공에 나는 망자의 옷 한 벌. 그의 혼을 부르는 의식은 마당보다 높은 지붕 위에서 치룬다. 흰 쌀밥 한 그릇, 검정 구두 한 켤레, 망자의 옷 한 벌, 정한수 한 그릇이 가즈런히 대문 앞에 놓였다. 대문 양쪽에 망자의 죽음을 알리는 근조등이 걸린다. 근조등 불빛마저 가물가물 조는 밤, 첫 상습을 올리는 곡소리 매부 홍 서방의 죽음을 슬퍼한다. 아이고, 아이고 허무이 그렇게 가느냐고 흐느끼는 누이 애달아 운다. 마르고 차가운 육신 마지막 옷매무새 겸허히 여미고 칠성판에 뉘어 마지막 이승을 돌아본 후 어둡고 답답한 목관 속에 모습조차 감추고 영구차에 싸늘한 몸 실려 활활 타는 잉글에 몸마저 태우네.

•

푸른 보리밭

많은 시인들은 봄을 노래한다. 봄은 만물이 소생하는 잉태의 계절로 모든 푸르름의 모태이기 때문에 찬 겨울을 인내한 위대한 계절의 봄을 찬미하는 의미가 크다. 나 또한 생동하는 봄이 좋아 자주 봄을 이야기하고 싶어진다. 오랜 세월 농사꾼으로 손수 보리 농사를 지은 나로서 청보리에 대한 남다른 감성의 애착과 바람 좋은 5월의 풋보리의 일렁임이 예술이어서 정이 가는 보리밭이다. 보리는 늦가을에 심어져 싹을 틔우고 길고 추운 겨울을 인내하는 독하고 질긴 한해살이 곡식이다. 5월을 기점으로 알알이 영글어 6월경이면 수확하는, 흔히 보릿고개라는 슬픈 전설을 남긴 일용할 양식으로 소득이 적었던 농사방법과 배고픈 시대에 알맹이가 영글기도 전인 풋보리를 베어 가마솥에 볶아 허기를 면한 아픈 지난날의 역사를 말해주었던 전설의 우리의 밥 문화가 보리다. 보리밭 겨울을 인내한 질긴 목숨 부지해 푸른 일렁임의 바다를 이룬다. 동해 바다, 서해 바다도 아니다. 육지 땅 위에 싹을 틔워 푸르름으로 커 5월의 바람에 춤추듯 일렁이는 푸른 보리 모가지의 일사분란히 바람따라 흔들리는 그들만의 춤사위다. 초록빛 바다 5월 풋보리 긴 수염이 덩싱덩실 춤을 춘다.

　푸른 보리밭과 종달새는 일백 년 인연 사이다. 종달새는 보리 이랑에 둥지를 틀어 알을 까고 새끼를 기른다. 이건 철칙이다. 하늘 높이 종달이 날아올라 푸른 보리밭을 내려다보며 지리지리 배배 영롱한 목소리로 노래한다. 눈부신 5월의 햇살은 보리밭에 가득하고 보리 알갱이는 하루가 다르게 알알이 오동통 땡볕에 여물어간다. 그리하여 수확기가 되면 황금밭을 이루어 일용할 양식이 되며 주린 배를 살찌우는 것이 보리이다. 가난한 자의 주식이었던 보리가 이젠 큰 부자나 먹던 쌀보다 더 값이 후하다. 이 시대의 보리쌀은 어쩌다 먹는 별미가 됐고, 귀한 대접을 받는 상등미가 됐다. 유행이란 돌고 돌듯이 천덕꾸러기 보리가 건강미로 별미로 그 명성이 높은 위상이니 시대의 변천사란 수수께끼다.

•

오랜 시간을 두고

어찌할꼬, 돈이 웬수지. 기회만 보다가 걱정만 하다가 애만 태우다가 야무진 꿈만 꾸다가 벌써 이렇게 세월이 갔네. 포기란 있을 수 없는 일, 실력도 없는 개나 소나 가수라고 떠벌리는 세상에 개천에 묻힌 진주가 안타까워만 하고 있으니 이젠 그마저도 다 글러 먹은 꼰대 어쩌란 말이냐. 네 나이가 금년 몇이더냐. 꿈과 희망으로 가득 찬 방년 낙랑 18세 겨우 사춘기 갓 지난 햇병아리 옳습니다요. 음 그렇구나. 앞길이 구만리거늘 무슨 넋두리냐, 청승맞게스리. 아닙니다. 절대 그렇지 않습니다. 마음만 18세지요. 익을 대로 무르익은 중년입니다요. 예끼! 이 바보가 따로 없구나. 과거는 잊고 버리는 것, 현실에 안주하는 것이 똑똑한 아이라는 거. 그것도 모르고 세상을 살았더냐. 아이구 죄송합니다. 때려죽일 불난 집에 휘발유를 붓고 자빠졌구만. 너나 잘허시지 그러셔.

•

불출세

돈 없고 빽 없고 운 없고 모두가 빈자요. 세상의 줄 잘못 서서 이 핑계 저 핑계가 조롱하듯 선택한 운명이 날아갔다. 훨훨 희롱하며 날아갔다. 무엇으로 마음 다독이며 위로하고 살까? 억울한 이 세월을 동백꽃은 한겨울에도 피건만 이놈의 화사한 출세의 꽃은 언제 봄을 맞이하려나. 야속한 세월은, 때를 기다려주지 않고 질주하듯 가는데.

•

나눔의 미학

달고 사분사분한 카스테라 빵 하나 손에 들고 부스럭거리며 봉지를 뜯는데 다섯 마리의 강아지 눈. 2×5=10개의 눈동자가 일제히 스타를 바라보듯 날 주시하며 혀를 날름거리며 주춤주춤 내 곁으로 모여든다. 앞으로 나란히, 한 입 거리씩 뜯어. 아~ 해! 먹어. 좋았쓰 다음. 먹어 너도 한 볼탱이. 야, 깨지락 뭉치 먹어봐. 둘이 먹다 하나가 되져도 모르게 맛난 빵이야. 자, 어허 또 깨지락댄다. 이따위니까 빼빼 마르지. 빵 덩어리가 축구공이냐. 주댕이로 이리 굴리고 저리 굴리게. 아 나 개종자 망한 거야. 먹쇠 저 깨지락꺼 뺏어. 너나 먹어 아르르르릉. 아따 승깔은 있어가지고 못 먹어도 고! 내 꺼니까 저리 못 비키냐 이거지. 저런 놈은 배때기에서 우르릉 꽝 꽈리 부는 소리가 나야 혀. 너나 한 덩어리 더 먹어. 간에 기별도 안 가지. 이빨 새에 끼고 목구멍에 들러붙고 뭐 넘어간 게 있냐구. 적긴 해도 으쩌냐. 어머나 이놈 저놈 떼어주다 봉께 나는 구린 입도 떼지 못했네. 새끼가 많으면 본래 애미는 입맛도 못 다시는겨. 아 말이 있잖여, 보리 흉년에 새끼는 배 터져 죽고 어미는 등 터져 죽는다고. 내 배고픈 것보다는 새끼 배곯일 수는 없다는 모성애를 일컬은 옛말. 여기들 봐라. 우리 개종자들 빵맛 죽여주지? 웡웡. 아따 빵 쪼깨 얻어 처먹드만 기운 나나 비네. 목소리가 아주 절간에 범종 소리만큼이나 우렁차싸야. 더 먹고잡냐? 웡

웡. 에헤 고만 먹어 설사해. 더 먹고 싶다 할 때 숟가락 딱 놓는 게 건강의 비결이야. 더 먹으면 똥구멍에서 욕은 물론 씩씩거리잖여. 미련허게 옆집 봉식이 아저씰 봐. 그저 먹는 거라면 아귀처럼 쥐약만 빼놓구는 다 걷어 먹고 찌느니 살만 쪄, 배가 으찌나 나왔는지 지가 오줌 싸고 지 꼬추도 구경 못헌대. 앞에 거울이나 디리대야 겨우 구경한데니. 아 그뿐이냐? 저저 걸음걸이 봐라. 뒤뚱거리고 양팔떼기만 내저었지 앞으로 가야 말이지. 한여름엔 사타구니가 다 짓물러 용천수가 흔대나 또랑물이 흔대나. 아주 죽갔대. 그러면서도 무슨 웬수로 못 일어날 때까지 먹겠대. 살이 얼마나 더 찌는지 먹어서 남 주냐는 데야 뭐 할 말이 뭐라. 봤지? 봉식이 아저씨의 아름다움을. 소식이 장수한다는 거. 자, 외치자 우리는 행복한 가족! 적게 먹고 가늘게 싸자!

·

구구구구

한때는 평화의 상징이라는 명분 아래 대형 행사장이거나 축하의 자리에는 비둘기와 오색 테이프를 함께 날리는 이벤트가 있었다. 그렇게 대접받던 비둘기가 이제는 버려진 비둘기로 혐오의 대상이 됐다. 이유라면 아무거나 주위 먹는 질병의 매개체라는 것과 수많은 차량에 분비물을 싸놓는다는 이유다. 그렇게 따지면 문명의 발달로 도시화된 자연훼손과 기하급수적으로 늘어난 차량들. 마음대로 날고 행복해야 할 그 비둘기들의 낙원을 침해한 건 인간인데 도대체 원망의 대상이 꼭 비둘기여야 한다니 이건 인간의 위선적 갑질이 아니면 뭐냐.

사람에겐 누구나 태어나고 자란 고향이 있듯 비둘기도 제가 알에서 깨어나 자란 출생지가 고향이고 보금자리가 되듯이 쉽사리 제 살던 구역은 떠날 수 없는 것이 비둘기의 습성인 것을 사람들은 한 번쯤 이해해본 사람이 몇이나 될까? 비둘기도 인간과 더불어 살아갈 수 있는 권리 정도는 이해할 줄 알아야 문명인의 지혜가 아닐까? 제 안일만 생각하는 인간의 허물을 나무라는 건 한이 없지만 헤아림과 겸손, 베풂이라는 걸 한 번쯤 느껴본다면 두 번 다시 비둘기는 혐오의 새가 아니라는 걸 알게 될 터. 시골의 비둘기는 온갖 벌레를 먹고 살지만 먹을 것이 없는 도회지에 둥지를 튼 비둘기들이 먹고 사는 방법은 쓰레기통을 뒤져 먹고 사는 길고양이처럼 비둘기는 사람들이 흘린 이물질이나 인간이 게워낸 더러운 토사물이 더러는 하루의 일용할 양식이 되는 가엾은 비련을 아시는가. 그래서 나는 배고픈 비둘기를 위해 출근길에 쌀을 뿌려 아침마다 그놈들의 허기진 배를 다소나마 채워주는 것이다. 그러기를 수년 욕도 먹고 핀잔도 듣고 감정도 많이 상했다. 그럴 때마다 그들이 죽이고 싶도록 미웠다.

　인도 위 비둘기 떼 서로 몸 부비며 치열하게 뭔가를 쪼아댄다. 누군가 술이 취해 역겨워 토해낸 더러운 토사물을 죽기 살기로 걸터듬으며 쪼아대는 중이다. 길거리에는 유리조각과 플라스틱 과자부스러기가 이놈들의 죽음의 먹거리가 된다. 작금을 살기 위한 내일을 경계치 않는 만찬의 시간은 치열할망정 행복했을 이 아침.

　한쪽 다리가 잘린 비둘기는 강종거리며 모이를 찾고 로드킬 당한 도로 위의 비둘기 잔해는 짓이겨진 채 표본이 되어 차량이 지나갈 때마다 짓이겨진 깃털이 팔랑인다. 금실 좋기로 소문난 새,

비둘기. 제비 다음으로 인간과 가까웠던 새. 언제까지 우리는 자연을 외면한 채 죄 없는 비둘기를 미워해야만 할까? 가슴에 손을 얹고 생각해봐야 할 일이다. 인간의 심성은 매사에 관대하니까 내가 피해자면 비둘기도 피해자다. 결정적 피해를 준 건 사람이다. 자신의 허물은 덮어둔 채 타의 허물만 탓하는 건 영리한 인간으로서 행할 도리는 결코 아니라고 본다.

•
문명

몸을 싣고 차문이 닫히자마자 질주하는 자동차. 첨단으로 가는 세상. 눈 깜빡할 사이에 우린 벌써 목적지에 왔다. 빨리빨리 병이 유행한 이 사회의 중환자들. 목숨 따윈 아예 잊었는가. 천당은 지금 만원이라네. 인간들은 이런저런 이유의 과거사가 만들어지고 빛바랜 사진처럼 기억 속에 앨범을 남긴다. 사람들의 것들이 굳이 역사가 되고 유물이 된다. 지구는 돌고 세상도 따라 돌고 물레방아도 돈다. 엄청난 문명에 이골난 너와 우리 그리고 사람들.

•
오래전 이야기

내 꼴 남 뵈기다. 이 설움 저 설움 해도 집 없는 설움이 제일 크더라. 멀미 나는 머리통 이삿짐을 싼다. 갑질하는 주인과 다툼을 하고 울분을 삼키며 여편네 눈에서 쏟아지는 뜨거운 눈물. 서러워 울고 아쉬워 울고 제 설움에 운다. 왈그렁 절그렁 그여 접시는 깨지고 가슴은 왕소금을 뿌린 듯 저리고 쓰리다. 능력 없는 부족한 서방 놈은 뒤통수만 긁적이고.

•

사노라면

　머리 위 하늘 한 번 올려다볼 새 없이 긴박한 하루하루를 산다. 삶은 곧 총성 없는 전쟁이다. 숨 가쁘게 산다. 가끔 주책맞게 어떤 날 물욕이 잉태하건만 어떻게 세상에 생긴 모든 것 다 소유하고 족하랴. 자식 농사 잘 지어 말년이나 길허면 그걸로 됐지 더 뭘 바라랴. 참 소박한 생각이다. 죽고 말면 허망한 게 인생이니 그깟 욕심부려 뭐하랴. 운명대로 살 일이다. 뻘떡 뻘떡 막걸리 한 사발 들어 마시고 옷소매 잡아 입 한 번 쓱 닦는 거로 됐지. 안주는 무슨. 사람 참 우유부단하기는. 이것 보시게, 대국 천하를 호령하던 진시황도 욕심과 야망에 눈먼 나머지 결국은 미쳐버려 자살로 생을 놓지 않았는가. 그러하듯 다 내려놓으면 홀가분하니 편한 걸세.

•

속상한 날에

　심장에 불꽃이 인다. 그 단단한 해골의 뚜껑이 뽀개질 판이다. 민들레 홀씨 되어 사정없이 어디론가 날아가 버리고 싶다. 차라리 바보 멍청이 쑥맥이었으면 싶다. 차라리 대골대골 굴러도 아픈 줄 모르는 돌멩이였으면 좋겠다. 얼음처럼 녹아 없어지는 물이었으면 좋겠다. 한 줌 재가 되어 산야에 흩어졌으면 좋겠다. 미처 날뛰는 광마의 등에 올라타 채찍으로 바람을 가르고 싶다. 내 생의 최악의 날이다.

나의 농경 시절

　내 젊은 날, 나는 억척 농사꾼이었다. 머슴이라도 두어야 할 만큼 넓은 전답을 나는 손수 혼자의 힘으로 전답과 넓은 산까지 관리를 하며 농사를 지었다. 아버지는 들러리였고 형은 일하고는 담을 쌓은 이방인이었다. 소 마차를 부리고 새새 남의 논밭도 갈러 다녔다. 그래도 힘이 드는 줄 모르고 지극정성이었으니 아마도 타고난 팔자였나 보다. 일하다 지치면 잠시 쉴 참엔 연필을 꺼내 메모지 위에 즉석에서 느끼는 나의 생각을 끄적거렸다. 그 습관이 평생 일기를 썼고 지금의 글을 쓰는 원천이 되지 않았나 한다. 나는 지독한 메모광이다. 잠을 잘 때도 내 머리맡에는 메모지와 연필이 준비되어 놓여진 후 불을 끈다. 뒤척이며 잠 못 들다가도 번개 같은 아이디어가 나오면 어둠 속에서 메모를 한다. 그 메모는 글의 뼈대가 되고 나의 역사로 페이지를 남겨 옮겨가는 것이다. 밥은 굶고 때를 놓칠망정 내 포켓 속의 볼펜과 메모지는 놓치는 법이 없다. 평생의 습관이 나를 고달프게 한다. 그래도 나는 좋다. 뭔가를 끊임없이 해야 한다는 내 안의 사명감을 준 습관화에 감사할 뿐이다. 어쩌면 어머니 아버지가 주신 능력, 신이 내린 은총일 수도 있다.

　늘 감사하는 마음이다. 물것 달겨들던 길고 습한 여름날이 간다. 가을 박꽃 꼭지도 지고 제 둥근 몸통을 만드는 박넝쿨 무서리가 내리면 고구마도 캐야 하고 메주콩도 거둬야지. 그리고는 곧바로 소를 몰아 내년 봄 5월의 보리를 심어야지. 내일 지구가 멸망한다 해도 나는 오늘 한 그루의 사과나무를 심으리라 말했던 16

세기 네덜란드 종교개혁을 일으킨 철학자 마루틴 루터의 명언처럼 내일이야 어찌 되던 간에 오늘 할 일은 오늘로 끝내야 한다는 사명적 기벽이 밤늦도록 나를 지치게 하기도 했다. 당연한 일이었고 내가 풀어야 할 매일매일의 숙제였으며, 이것이 농군의 기본이자 근본임을 신념으로 여겼으니.

·

해피 버스데이 투유

친구의 생일을 축하한다며 새벽까지 마신 술이 목구멍까지 찼다. 모두 다 대한민국 만세를 부르며 널브러져 코를 곤다. 그래도 여섯 친구 중 술발이 제일 쎈 놈 괜찮아, ㄲ떡없어 호기를 부리며 일어서지만 웬걸 흔들리는 다리 모퉁이 전봇대에 반쯤 기대어 수캐가 되어 뜨거운 오줌을 갈긴다. 지독한 술내와 연일 터지는 하품, 비척이며 집으로 간다. 성난 마누라의 된통 바가지를 생각하며 한바탕 아닌 밤중에 코피 터질 일이 남았다.

·

하얀 민들레 홀씨 되어

살랑거리는 하얀 솜사탕 민들레 홀씨가 건들바람에 후두두 일제히 공중부양합니다. 오순도순 정든 송이에서 이제 이별하는 순간입니다. 별이 흐르듯 흩어져 제 갈 길로 둥실둥실 어디론가 갑니다. 이제 어디로 가느냐고 물으면 내가 갈 길은 바람이 말해주지요. 험난한 여정입니다. 더러는 거미줄에 매달려 대롱거리기도 하고, 어느 풀 섶에 떨어져 파르르 떨기도 한답니다. 산비탈도 가야 하고, 밭두렁 논두렁에도 날아가 안 옵니다. 울퉁불퉁 돌각담에도 내려앉는 떠돌이 운명의 씨앗이랍니다. 꽃피고 새 우는 봄 뿌리만 내릴 수 있는 곳이라면 그 어떤 척박한 곳일지라도 행복해 하는 우리들 이름은 민들레 홀씨. 홀로 훨훨 외로운 나그네 씨앗 악조건의 틈새라도 살아남는 질긴 생명의 풀, 나는 하얀 민들레.

·

쉰아홉 인생

지금 내 나이 쉰하고도 아홉, 60이 내일모레인 초로의 노인이다. 그간 그 잘난 나이조차 까맣게 잊고 산 나다. 마음은 늘 스무살 청년이었으니 그야말로 숫자에 불과한 나이였다. 억척으로 남들처럼 살아도 가난의 티는 벗어날 길이 없으니 무엇이 잘못된 것인지 뻔히 들여다보면서도 물음표를 달고 부인하고 싶어진다. 강산이 한번 변하는 10년을 남의 빚 갚는 재미로 산다고 하자. 그 빚이 끝나는 그날이 언제쯤일까 하는 요행을 바라듯 세월을 꼽는다. 15평 연립주택 하나가 새처럼 날아가고 늘 아픈 마누라와 딸 하나가 날 이리 힘들게 한다. 참 비정한 나날이다. 건조하고 메말라 갈라 터진 가슴속 위로라면 세 마리의 개 말티즈가 내 유일한 희망이요 낙이다. 이놈들과 눈을 마주치고 침묵을 지키노라면 가슴의 응어리가 눈 녹듯 사르르르 가슴이 뻥 뚫리기도 한다. 저기 저 산에 아직 잔설이 남았는데 등 굽은 할미꽃은 벌써 피었구나. 실개천 잡돌 냇가에 솜털 버들도 이맘쯤이면 숭글숭글 솜꽃 피워 요염한 봄의 자태를 뽐내는데 저 산비탈 양지의 진달래 동그란 꽃망울을 만들어내는 중. 개나리 필 때쯤 기다려주는 여유도 있구

나. 돌담장 울타리 모퉁이길 언덕배기에 겨우 물올라 봉우리를 터트릴 준비가 완연하다. 우리 애인 화장발 잘 받는 이 봄 3월에 개나리 만발하거든 개나리꽃 속에 묻혀 백 년을 보아도 싫지 않을 사진이나 한방 찍어볼까. 개나리 꽃잎 닮은 내 고운 임.

•

회사가 부도나던 날

눈뜨면 새벽밥 먹고 한 시간 달려가 또 하루를 시작하는 내 삶의 터전에 아침부터 정적이 감돈다. 일할 시간이 돼도, 기계는 돌지 않고 사무실 간부들도 눈에 띄지 않는다. 의도적, 계획적 부도인 셈이다. 소문이 소문을 낳던가. 사방에서 낯선 사람들이 모여들고 시끄럽고 부산하다. 밤새 창고에 여유로 있던 자재는 텅텅 비었다. 밤새 어디론가 빼돌린 것이다. 허탈했다. 걱정스러웠다. 이 나이에 그나마도 거미줄에 걸린 부나비처럼 간당간당 붙어 있던 이 직장마저 이젠 끝이로구나. 순간 사지의 힘이 맥없이 풀려 버렸다. 충격이 주는 낙심의 결과다. 신변의 위기에 처해졌다. 그러나 변신의 기회가 될 수도 있다. 양다리 생각으로 카멜레온이 되어 본다. 근심이 구름처럼 몰려온다.

머릿속이 하얘지는 순간이다. 개똥밭에 굴러도 이승이 좋다 한들 힘들고 지겹고 저임금에 대우까지 엉망이어도 막상 떠나야 한다는 생각을 하니 만감이 교차한다. 월급도 몇 달 치 밀린 상태다. 받는다는 보장도 없다. 법을 빌리지 않으면 도저히 해결할 수 없는 못난 사장 놈에게서 밀린 월급을 받아낸다는 거는 불가능한 일이다. 월급을 달라 하면 월급 잘 주는 데로 가라고 오히려 핀잔을 준다. 못 주면 미안하다는 소리는 못할망정 오히려 큰소리다. 즉시 법원으로 가 돈 천만 원이 넘는 월급을 회수하기 위해 소송을 냈다. 사람 밑에 사람 없고 법 앞에 해결 있다는 신념을 앞세워 뜨거운 맛을 보여주겠다는 내 분노가 안면몰수까지 간 것이다. 결국, 기계마다 붉은 딱지를 붙이고 법의 행사에 두 손을 들었는지 순순히 밀린 월급을 받았다. 여러 명 중 유일하게 나만 내 월급을 수령했다. 법원의 소송비용 또한 만만치 않아 200이 넘는 비용이 소요됐고, 부천을 오고 간 택시비만도 당찼으며, 정부로부터 월급을 받는 국선변호사의 수고로 어려운 문제를 해결해준 그들의 노고에 감사한다. 돈 없고 빽 없는 어려운 서민의 발이 되어 도움을 주는 국선변호사, 친절하고 매우 호의적이며 편안하다.

법 앞에 무력하고 가진 것 없는 서민에게 그들은 우상적 존재다. 부도의 충격 속에 나는 한동안 새로운 직장을 물색하는 공백기가 길었었다. 몇 개월의 실업급여를 신청했고, 그 덕분에 편한 마음으로 심신의 안정도 찾았다. 참으로 갑자기 급하게 쏟아진 소나기를 맞은 꼴이었다. 이런 걸 두고 삶의 굴곡이라 했던가.

·

헛도는 나사

오늘도 내일도 한 달 내내, 일 년 내내 네 놈 살아 꿈틀댈 때까지 한평생 영원히 아주 네 놈 가문 대대손손 나쁜 놈 나쁜 놈 나쁜 놈. 삼국지에 조조가 주댕이질로 망했단다. 안면몰수, 넉살, 이간질, 탐색, 음흉, 안하무인, 네 놈 위에 사람 없지. 그 잘난 척이란 개살구가 왜 신지 아냐? 시금 털털 개살구는 바로 네 놈 왕따가 되어 빙빙 겉도는 얼씨구 나사 빠진 녀석. 잘난 마누라 자랑 입이 마르고 십만 원어치 껌을 사서 몇 날 며칠 아무나 옜다, 옜소, 매일 껌 서비스로 무엇을 바라는지 저 껌 속에 또 어떤 여우가 도습을 부리려는지 머리가 돌지 않구서는 멀쩡한 놈이 저럴 수는 없지. 이거는 모두의 빈정거림이었다. 찔떡찔떡 여러 공장을 전전했지만 참 별의별 놈을 다 본다. 그래서 세상은 요지경이라 했나 보다. 사팔뜨기 배우 신신애의 여기도 짜가 저기도 짜가 가짜 인생이 의외로 많다. 허물없이 살기를 소원하는 나에게도 누군가의 눈에는 쪼다로 보일 수도 있지 않을까?

・

짝퉁

팔자냐, 재수냐, 운명이냐 모래알처럼 많고 많은 사람 중에 하필이면 왜 나에게 이런 애물이 일백 년 해로할 부부라니, 인연이 아니었어야 했다. 어느 것 하나 마음에 들지 않았는데 어쩌다 인연이 되어 그 업을 내가 감당해야 하는지 진짜 내 인생이 걱정스럽고 운이 꽝이다. 꽝꽝꽝. 차라리 쉰밥이면 버리기라도 하지, 차라리 싫증난 노리개면 미련 없이 집어던지기라도 하지. 인간이 불쌍해서 못 버리고, 자식 생각해서 못 버리고, 이젠 늙고 병든 인생이 불쌍하고 죄 받을까 두려워 못 버린다. 내 가슴이 새까맣게 탄다. 아무리 못 배우고 가정교육이 안 돼 있다 한들 어쩔 수 없다 해도 출가외인으로서 한 남자의 아내로서 기본적 품위 하나 찾아볼 수 없는 무지의 소취. 모르면 이르는 대로 두 번째나 갔으면 좋으련만 자존심은 있어 그것도 저것도 아닌 상전으로 군림하려 하니 기가 막힐 노릇이다. 무슨 억하심정으로 희망 없는 지병까지. 이런 망부석과 같은 여자와 한평생 고락이라니 내가 성인군자도 아니고 뉘라서 이 심정을 헤아릴꼬. 밖에서 기분이 좋다가도 집에 들어오면 함구, 무언이다. 분위기는 냉랭하고 정적이 흐른다. 여기에 마누라라고 언급하기조차 어색하고 겸연쩍다. 그는 TV에 미쳐있고 난 책을 읽고 글을 쓴다. 어떤 것이 가정인지 그 가정의 진면을 경험해보지 않아 행복한 가정의 깊이를 모른다. 여기까지가 내가 살아가는 지금의 모습이다.

1992년 우리 엄마

세월이 많이도 갔다. 이제 허심탄회할 때도 됐다. 감추면 비밀이고 실토해 드러내면 과거가 오늘이 되는 것이다. 세상에 허물 없고 흉 없는 사람 있으면 나와 보라구 그래. 잘못된 남의 사생활과 과거사에 사람들은 흥미를 느끼거든. 그런 부류의 사람들을 위해서 내 낯에 침을 뱉고 까는 데까지 까보자 이거지. 네 엄마 열일곱 순이 그 계집아이가 그땐 나보구 오빠라구 불렀다. 어느 날 둘이는 미쳐버려 넘으로 가면을 썼다. 곧 너를 잉태하고 거룩한 엄마 아빠가 되었다. 쉬 더운 구들방이 빨리 식는다고 이 여자 어떤 놈팽이에 홀려 거짓말만 하고 다녔다. 싱겁고 불손한 여자, 괘씸한 여자. 이별 연습을 하면서 눈물을 만들어냈다. 가슴에 멍자국 남기고 야반도주 종적을 감춘 여자. 양치기 소년 같은 여자였다. 인간의 심연은 얼마나 깊은 것일까? 얌전한 고양이 먼저 부뚜막에 오르는 이유, 네 엄마는 그렇게 떠난 사람. 뒤늦게 후회를 하더

라. 일사불퇴 귀를 닫고 생각을 접고 마음의 문을 닫아 빗장을 걸었다. 아무것도 할 수 없었고 비관에 탄식도 했다. 배신이라는 능욕에 사지가 떨렸다. 겨우 젖 떨어진 널 두고 무지한 짐승보다 못한 만행을 서슴없이 저지른 천벌의 위선자, 그게 네 엄마였어. 이제는 다 지나간 옛이야기, 상처도 아픔도 어느 것 하나 남지 않은 만화 같은 지난날이었어.

·

아들 장가 못 드려 안달 난 전라도 아지매

　하이고오, 시상이 아 으찌 이리 요상허다요. 날매다 푸파 거리고 남생이 모냥 폴짝폴짝 뛰어싸도 살기가 팍팍허니, 아 참말로 환장하겠당게요. 아, 이놈 시상 은제나 쨍허니 해 뜬다냐? 하이고오 엄니. 아 뭣 땀시로 시상 그렁 걸 꿍시렁 꿍시렁 해쌋쏘? 그만하고 밥 묵쏘. 밥인지 떡인지 인자 입맛도 읍따. 먹어 배시때기가 불러야 고민도 헝개 냉큼 달라붙어 밥 잡수쇼이. 썩을 놈의 시상 워쩐다냐? 아 그렇게 으쩌란 말이시? 엄니. 그러들 마르으. 난 참 존네. 음마 느구자구 읍는 것 좀 보소. 뭐가 존냐? 앗따 좋키도 허겄다. 장개도 못 가는 놈이 좋은 게 뭐여? 총각 귀신으로 되져야 시상 앙그냐. 엄니, 그만 허쇼이. 이늠 짜슥 진짜!

·

훈계

　오 나의 분신, 내 딸들아. 너희들은 인생을 이렇게 살아라. 어버이 말씀에 순종하고 효도하며 정의를 앞세워 부끄럽게 살지 마

라. 네 천성 본연의 착한 마음으로 목적 분명한 세상을 살아라. 실상 행하지 못한 아버지의 유언 같은 것. 너희들은 이 아비의 여식으로 뭇사람들의 입에 오르내리는 부질없는 사람은 되지 마라. 자기 행동주의에 정의를 앞세워 갑질과 기만은 불멸로 알고 주어진 DNA 천성을 소신으로 열어 가문의 명예에 먹칠은 금물이다. 심사숙고하는 인생, 나는 내가 아닌 남이 알아주는 것임을 생의 숙제로 알아라. 부디 이 아비의 당부다. 사랑한다, 우리 딸.

·

무의 무덕

잡히지 않는 행복일랑 억지로 잡으려 말 것이다. 욕심이 순수함을 상처 낼까 무섭다. 바람이 비껴가듯 어루만짐이 없더라도 나는 기꺼이 미소로 대신할 거야. 요행과 행운은 누구나 바라는 선망의 대상인 것. 복불복. 그래, 행운도 복도 모두는 자의에 의해 만들어지는 것이지 우연이라는 것조차 그리 믿을 만한 것이 아니라는 거다. 나지막하게 허물없이 꾸밈없이 생긴 대로 살 일이다.

·

가을 찔레꽃

한밤의 뻐꾸기 울음소리, 간간이 소쩍새도 울어대고 귀뚜라미, 여치의 화음이 장르로 흐른다. 어여쁜 눈썹달은 구름 뒤에 숨었다. 무서리를 맞은 듯 흐드러지게 만개한 흰 찔레꽃 밤이슬에 젖는다. 꺼져가는 모깃불 가을이 깊어간다. 별 헤다 어느덧 새벽녘에 이르러 늦은 잠자리 곤한 숙면에 아득히 귀는 멀어지고.

전신마비 장애를 보고

나는 당신의 감정을 이렇게 쓰고 싶네요. 아마도 그럴 거라는 내 짐작이 맞을 겁니다. 당신은 타인의 도움이 절실한 사람이니까. 당신은 나에게 이렇게 말합니다. 눈물만 나네요. 창밖으로 보이는 저 하늘만이 내 유일한 친구, 따듯해지고 싶어요. 걷고 싶어요. 뛰고 싶다구요. 나를 일으켜 주세요. 절규, 애절한 절규. 나는 할 수가 없어요. 일어설 수가 없다구요. 도와줘요, 도와줘요. 당신의 도움이 필요합니다.

삼겹살

붉은 옻칠 소반 위에 지글지글 노릇노릇 맛있게 구워진 돼지 삼겹살. 으~ 냄새 좋고. 잎 넓은 치마상추에 붉은 찹쌀고추장 풋고추 마늘 올려 한 쌈 꾸역꾸역 입에 넣는다. 터질 듯한 양 볼때기 참 맛있는 저녁 밥상이 자린고비 마누라가 미쳤나, 계를 탔나 안 하던 버르장머릴 다 하고 정신적 개과천선이라도 했나? 왜 이런다니? 삼겹살에 감동하여, 와~ 배꼽이 놀랄 노자야. 오늘따라 왜 이리 이쁘다냐. 삼겹살이 그냥 삼겹살이 아니네. 이런 감흥도 불러오니.

아담과 이브의 러브 수수께끼

♡ + ♡ = ☆☆☆☆☆

이브야, 이리 와봐. 나랑 수수께끼하고 노올자아. 그러지 뭐. 선악과만 따먹을 게 아니라, 자 그럼 나간다 큐. 첫사랑 색깔은 무슨 색이게? 그야 연분홍이지롱. 그럼 사랑하다 실패하면 무슨 색이게? 싸가지가 노라니까 노랑색. 그럼 터질 듯 사랑이 무르익으면 그건 무슨 색이게? 새빨간 장미이지롱. 장미는 어째서 빨갈까요? 활활 앗! 뜨거! 불이 나 울긋불긋 화들짝 놀래서 홍당무 중국집 짬뽕 색깔! 아담, 날 좀 안아줘. 장미가 되고파.

·

키가 큰 집, 아파트

벌집처럼 촘촘한 콘크리트 빌딩 숲. 나는 이런 아파트가 싫다. 답답하고 멀미 나는 집 아파트. 이웃과 이웃이 서로를 모르고 단절로 문을 처닫으면 외딴집이 되는 아파트. 창밖 보이는 하늘은 점점 좁아지고 하늘 높다고 오르다 오르다 빌딩은 달나라 계수나무에 닿겠네. 간신히 빌딩 모서리에 대롱대롱 매달린 어여쁜 눈썹달, 우주의 어느 곳으로 추락하는 별똥 빛 하나. 하늘의 별들이 다 아파트 창가로 모였다.

·

아버님 전에

1988년 6월 아버지, 아버지의 소중함을 이제야 알았습니다. 불효자에 죄인입니다. 불쌍한 우리 아버지. 이제 북망산천에 터 잡으시고 새집 지어 천년만년 잠드시니 편하시겠소. 가족으로서의 행복했던 즐거움이 이젠 슬픔이 되었습니다. 이 아들에게 아픈 고통을 주시고 가셨습니다. 보고 싶어도 볼 수 없는 아버지. 불러봐도 대답 없는 아버지. 대답은 누가 합니까? 이젠 빛바랜 사진으로만 뵐 수 있는 아버지. 꿈속에서만이 뵐 수 있는 아버지. 아버지 이승보다 저승이 더 좋던가요? 뭐가 그리 급해서 그리도 빨리 가셨습니까?

•

낙서

 1988년 3월 28일 별빛과 달빛이 숨어드는 창호지 바른 문지방 높은 건넌방. 전기가 들어오지 않는 우리 집. 하늘거리는 석유 등잔불 아래 책상 대신 사과 궤짝 엎어놓고 그냥 잠들기 허전해서 꺼적꺼적 낙서를 한다. 맨 먼저 쓴 사랑이란 두 글자. 나는 또 이렇게 썼다. 정말이라고 이 낙서를 받아줄 이방인 여친도 없는데 이렇게 오래오래 나의 의미 있는 낙서는 밤을 샐 모양이다. 부뚜막 귀뚜라미 우렁차게 우는 새벽녘까지 나는 이성적 외로운 남자가 되어 청승을 떤다.

•

나는 쉐프다

 나는 중국요리를 만드는 요리사. 한식을 전문으로 하는 가든 주방 경력도 있고, 가지고 있는 조리사 자격증도 한식 면허다. 많은 노동자들이 돈을 벌기 위해 열사의 땅 중동 취업이 한창일 때 나 또한 같은 목적을 가지고 면허를 취득했다. 계획과는 달리 중동행은 무산됐지만, 더도 덜도 아닌 딱 13년을 내 손수 중국 음식을 요리했다. 일명 자장면 기술자다. 내 손끝에서 나오는 수타의 면발에 구경하는 이들의 시선은 믿을 수 없다는 듯한 신기함으로 넋을 잃었다. 내 손에서의 면발이 나오기까지는 장장 4개월여의 시간이 필요했다. 이전엔 기계의 힘을 빌렸다. 아직은 한기로 몸이 떨리는 2월 홀 한복판에 설치된 연탄난로를 끼고 앉아 손님을 기다린다.

오늘따라 열 손가락을 꼽을 만큼의 뜸한 손님, 멍하니 아내는 넋 나간 여자처럼 창밖을 내다본다. 얼굴은 굳은 채 껌 씹는 소리만 요란하다. 이웃 식당은 왈그렁 절그렁 바쁘기만 한데 아내는 불안한지 쓸데없이 주방을 드나든다. 그때 미닫이를 밀고 들어선 손님은 바랑을 걸머지고 목탁을 든 땡중이었다. 알 수 없는 주문을 외우며 나무관세음을 끝으로 목탁을 두드리며 합장한다. 짊어진 바랑에 손이 부끄러운 5천 원짜리 하나 넣어준다. 나무관세음보살 말없이 돌아서 나가는 땡중의 바랑은 허둥했다.

·

당신은 누구십니까

설레임으로 만난 인연. 어느새 강산이 두 번 변하고 또 일곱 해. 그 세월 속에 얻은 여식 하나. 내 새끼 클레오파트라보다 양귀비보다 마돈나보다도 더 예쁜 내 새끼. 생명의 꽃을 낳아준 네 어미더러 정감 넘치게 애틋하게 여보라고 한번 불러본 적 없고 당신 소리도 못해본, 그냥 어이, 야! 아이를 부르듯 네 이름으로 부부가 부부를 부르는 소리를 대신한다. 백발이 성성해도 난 아마 여보라고 당신이라고 불러보지 못하고 말 것이다. 낯선 한마디 그 처음이 이렇게 어려울 줄이야. 그 어색함이 종내는 내 말문을 닫아버렸다. 무의식중에 한두 번 자기야~ 그것도 누군가 있을 때 상대의 체면을 생각해서 불러본 부름이다. 해놓고 보니 아무것도 아닌 것을 왜 여보, 당신 소리가 그리 나에겐 어려웠던 건지. 그래서 그럴까 젊으나 젊은 것들이 여보 당신 하는 걸 보면 아니꼬와 보이는 건 무슨 심술인지.

·

비에 젖은 비둘기

푸드드득 요란한 날갯짓으로 외톨이 비둘기 한 놈 육교를 날아넘어 사뿐히 내 눈앞에 착지한다. 얻어먹는 데 이골이 난 놈 중 한 놈이다. 쌀 한 주먹 쥐고 구구구구 녀석을 불러 쌀을 흩뿌려 준다. 목을 끼룩거리며 신이 난 듯 쪼아댄다. 썰물처럼 바닷물이 졸아들 듯 쌀 알갱이는 금방내 바닥을 내고 혼자의 포식으로 모이주머니가 그득하다. 저 걸진 호식으로 소화불량이라도 오면 어쩌나? 먹거릴 주고도 뒷일까지 걱정이니 집착이냐 관심이냐?

·

충남 서산에 가다

뻐끔거리며 수초에 물 마시고 있던 바다 우럭을 죽이고 왔다. 낙지 두 마리도 뜨거운 물에 튀겨 죽였다. 메롱메롱 놀리듯 혀를 빼문 조개도 칼국수 국물에 빠트려 죽였다. 사람을 이리했다면 재판은 허나마나 사형감이다. 우럭도 낙지도 조개도 생명이거늘 이런 걸 별미로 먹어야 하는 잔인함. 이것을 뱃속에 넣고 포만감에 행복해하는 인간 본연의 감성에 회의가 인다. 즉석에서 난도질당해 아직 신경이 살아있는 하얀 우럭의 살점 상추와 고소한 깻잎을 곁들여 마늘 고추를 쌈뽕해서 한 입 가득 입에 넣고 우물거린다. 면죄부도 잊었다. 미안함도 잊었다. 오직 맛에 이끌려 안하무인이다. 소주 한 병을 둘이서 금방내 비우고 살점 저민 뼈따구까지 부글부글 끓여주는 뭔가 심사가 언짢은가. 뿌루퉁한 낯판떼기의 횟집 아줌마. 그 국물에 콩밥을 말아 허기를 채운다. 오늘은 일요일 서산의 바닷가 줄지어 늘어선 횟집들은 한가했다. 굳이 날생선을 회로 먹는 곳으로 위생을 생각하면 환경이 너무나 지저분하다. 그런 불결한 곳을 방치하고 영업하게 하는 서산시의 위생행정에 이의 제기가 필요했다. 내일 큰아이 서산으로 이사하는 새집을 둘러보구 오는 길이다.

도덕과 질서

한가한 도로 빨간등이 켜지고 횡단보도 앞에 홀로 선 차, 고속으로 달려오는 자동차 하나 신호를 비웃고 미친 듯 달아난다. 다들 바쁜 세상 우물에서 숭눙 찾고 빨리빨리 병이 깊은 대한민국 사람들. 있으나 마나 한 법 앞에 또 한 번 씁쓸한 마음. 누구는 가고 누구는 기다리고 도덕적 평행선이 무너졌다. 이건 내가 만든 표어다. '교통도덕 준수하여 문명사회 모범되자' 고새를 못 참고 쌩하고 도망간 미꾸라지 같은 그놈을 잡아 앙 가슴팍에 이 표어를 철썩 붙여줄 수만 있다면. 그 빨리빨리 병이 든 그 녀석, 지금도 살아있을까? 운명을 재촉하는 모냥새든데.

한

　난 오늘도 노래한다. 아무도 없고 누가 들어주지 않아도 나는 열창한다. 내 답답한 가슴을 열어 한을 토한다. 스피커는 터질 듯 떨림으로 진동하고 기쁘지도 않은데 슬프지도 않은데 주르륵 눈물이 흐르는 이유. 사나이 옷소매 적시는 노래방 못다 한 꿈 그리고 희망마저 소연해지는데 이제 나는 감나무 가지에 걸린 찢어진 방패연.

새벽을 열다

　동녘 산허리 숨 가쁘게 치솟는 붉은 햇살, 선잠 깬 출근길 새벽을 밝힌다. 저 둥근 이글거림은 꼭 빼닮은 내 애인의 새하얀 얼굴. 터질 듯 잘 익은 앵두빛 붉은 입술. 홍조 띤 양 볼도 이 아침 햇살과 덩달아 떠오르고, 적막강산이 서서히 밝아 화두되는 아침. 날 실은 버스는 시속으로 달아나고 내 정신세계는 시심으로 가득하다.

까치가 비상하는 아침

　깍깍깍! 손님이라도 오시려나. 빙글빙글 허공을 날며 유난을 떠는 까치. 대통령이 된 이명박이 국정에 취임하는 봄날 아침, 시각은 여덟 시다. 이제야 이 나라가 바로 서며 뭔가를 보여주려나 그에게 한 표를 행사한 유권자의 한 사람으로 조심스럽게 그의 역량을 전망해본다. 너나 할 것 없이 이 나라 국민이면 새 대통령에게 바라는 건 주거 안정과 평화, 그리고 이 나라의 안보일 것이다. 당신의 임기 5년 국민에게 희망을 주시오. 까치는 길조라지.

·

또 다른 생각

코 고는 홀아비 기사와 술 좋아하는 전 영감이 나란히 죽은 듯 누워있다. 한쪽 벽에는 더러운 작업복이 아무렇게나 걸려있고 신인배우 고소영이 웃고 있는 구석진 찢어진 쇼핑백 빈 봉투. 길게 타래 풀린 화장지. 빛바랜 2월의 누런 신문지 목침 위에 덩그러니 지글지글 끓는 낡은 라디오가 짜라잔짠 짠짜라 뭔 소린지 알 수 없는 건전지만 잡아먹고 있다.

·

우리 아버지

우리 아버지 인간문화재라 해도 이상 없음이다. 세상 어느 누가 이런 솜씨를 가졌을까? 어느 것 하나 손색없이 다 그 손만 거치면 명품으로 귀한 보물이 된다. 시대를 잘못 타고나 일찍이 삶을 놓은 분이지만, 누구 말마따나 조금만 젊었으면 하는 말로 오늘날 맨손으로 만들어지는 모든 능력자로 국가에서 인정하는 장인이라도 되었을 것이다. 싸그락 싸그락 등잔불 조는 사랑채, 아버지 새끼 꼬는 소리, 으끄르르륵 트림 소리도 나고, 푸뚜뚜뚜뚜 무쇠솥에 풀때기 끓는 연줄 줄방귀 소리도 들린다. 아버지는 연신 마른 손바닥에 침을 뱉어가며 밤 늦도록 한 타래에 백발이 넘는 서너 타래의 새끼줄을 꼬아내고 새벽녘까지 쉼 없이 휜 가래를 뱉어낸다. 요강 속 넘실대는 아버지의 배뇨 위 하얀 가래침 뜬 요강을 보시며 구역질하는 어머니.

·

취미가 된 상상력

병적인 상상력 때문에 늘 피곤한 나. 그야말로 한국판 로댕이다. 돌멩이 하나 이름 모를 잡초 한 포기, 일단 내 눈에 들어오면 그것은 곧 별난 것이 되어 몰두하게 하고 생각에 잠기게 한다. 늘 두 개의 안경을 쓰고 산다. 나는 도대체 무엇이 되려 하는 것일까? 느낌은 곧 생각으로 이어져 글이 되고, 또 다른 것은 글의 뼈대가 된다. 순차가 없고 두서가 없는 요지경의 오늘날은 무한의 글을 쓸 수 있는 열린 글 바다다. 백과사전이다.

·

열등감

덩치 큰 대추나무라고 대추가 많이 열리남요. 궁둥이가 작다고 방귀 소리마저 작남요. 참새가 알만 잘납디다. 거북이가 토끼를 이겼잖소. 방울도 작은 놈이 요란허고, 암팡지고, 단단한 것도 작은 놈이라오. 알맹이 잘은 놈 육쪽마늘이 맛이 있고, 키 작은 보릿대 회오리 태풍이 와도 넘어질 줄 모른다오. 부자들이 가지고 노는 계란만 한 골프공이 대접받는 이유는 아슈? 밤톨 생밤이 맥주 안주에 이거 땅콩 오징어 발이 이거 작은 고추 아우 매워. 세계적 코미디언 찰리 채플린, 지금은 아니 엊그제 귀신이 된 전국노래자랑 MC 송해. 시금치 뽀빠이 이상룡 알통가다. 허씨 죽여주는 메추리알 장조림. 귀여운 스피츠, 말티즈, 점 콕 찍은 새우젓 눈 쥐눈이콩.

악연

바람 따라 흐늘흐늘 꼬리치며 차오르는 연이 아니다. 팔자 치부 억지 춘향 너는 너, 나는 나일 뿐. 서로 등을 보이며 되돌아간다. 모가지가 우뚝하여 사람이더냐? 인연을 재수로 치부하며 그냥 넘어갈 일은 아니다. 내 인생 최대의 실수요, 끔찍한 정신적 형벌이다. 해는 서산에 기울어 땅거미 지건만 이 산을 언제 넘을까?

학대

발길에 차이고, 목줄에 메이고, 더러운 구정물 얻어먹으며 겨우 큰 검둥이. 그래도 저를 거두어주는 주인이라고 충성의 꼬리를 흔드니 참 넌 바보다. 어찌 그리 순수하니? 무사히 금년 여름 삼복을 넘길 수 있을까? 훗날 네가 죽거든 널 학대한 주인으로 환생하여 똑같이 보답해주렴. 태어난 곳 어디더냐? 푸대접 배고픔이 서러웠을 검둥이, 나는 너를 훈계하는 양심의 예수.

저승 가는 길

나 이제 고단한 삶 짐 벗어놓고 가네. 훨훨 날아가네. 신명나게 떠나가네. 이승보다 저승이 좋다 하여 나 그리로 가네. 이별의 노래 부르며 가네. 사자 따라 가네. 뒤돌아올 수 없는 길을 가네. 기약 없는 먼 길을 가네. 워워워워~ 나를 상여에 태워 둘러멘 친구들과 이웃이 이별의 찬가를 불러주네. 꽃가마 상여에 나를 태워 영혼마저 기쁨을 준 생전의 이웃과 친구들, 아주 간다 한들 내 어이 잊으리.

·

핸드폰

작은 아이가 사준 난생처음 가져보는 핸드폰. 굳이 필요한 건 아니지만 요즈음 사람이면 애나 어른이나 필수품이 되는 이제 막 유행이 고조되는 시기에 나도 문명의 혜택을 받게 된 것이다. 가격은 60만 원대. 물론 현금이 아닌 몇 개월 할부다. 찌리리릿 애인의 목소리가 배달된다. 문명의 소리통, 오늘은 달갑지 않은 소식이 오고 내일은 희망이 담겨온다. 딸에게 고마워해야 하는 아버지였다.

·

다섯 포기의 호박

찬바람이 나면서부터 연하고 단 호박이 주렁주렁 넝쿨마다 맺혀 하루가 다르게 커간다. 오늘은 세 개를 땄다. 내일은 네 개는 딸 수 있다. 가방에 빵빵하게 들어앉은 호박, 나를 따라 나온 효순이는 살랑살랑 꼬리를 흔들며 내 손에 든 호박을 핥아댄다. 척박한 곳에도 걸음만 주면 황토밭에서도 이렇게 열매를 맺는구나. 오! 위대한 자연, 절로 감탄사가 나온다. 첫서리가 올 때까지 참 여러 개의 호박을 딸 수 있었다.

염소 놀려먹기

얼러리 꼴러리~ 염소는 새끼도 수염이 났데요. 담배도 띵호와, 종이도 띵호와, 호리병 주둥이 애해해해해~ 바이브레이션 좋고 털 꽁지가 파르르 떨고 나면 여지없이 검은 콩자반이 주르르르~ 까마중 아주 공갈 염소똥 1원에 열두 개, 오줌이 질질질질. 주절주절 염소똥 노래.

5월의 산

저 산의 푸르른 장관을 보라. 저 늠름함이란 마치 이순신 장군 같고 을지문덕 장군 같다. 계백이 서 있는 듯 도도한 산허리, 하얀 백발도사도 계시네. 몽상은 허상을 보여주고 감정은 슬픔이 되어 가슴을 찢고 10여 년 전 영면하신 어머니 아버지 계신 곳 시위가 아늑한 북망산천.

나는 나일 뿐입니다.

　70년대 장발의 비틀즈를 사랑한 사람, 내 무명가수 시절 장발로 기른 머리 취향이 평생의 트레이드 마크가 되어 지금도 난 긴 머리가 좋다. 시대를 역행한 스타일이지만 평생의 옹고집으로 귀 덮고 목 덮고 세월이 흘러도 똑같은 너풀머리. 자타공인 등록상표 같은 것. 말뚝 고수다. 다시 기르려 오늘 싹뚝! 비명을 지르며 번뇌의 풀을 잘랐다. 으흐흐흐~ 못생겨 먹은 낯판떼기.

현세

　파김치 인생, 무일푼, 소리 요란한 빈 깡통. 고단한 일상, 쪼개 나눌 빚. 늙어가는 인생, 낡은 세 마리 개가 벗. 조바심 나는 것들, 꿈꾸는 은둔 내일은 잊자 해도 그리고 멍.

내 자신을 내가 다스리는 사람

　나는 어떤 종교이거나, 믿음도 갖고 있지 않으며, 타인을 빌어 나의 안녕과 복과 사랑을 원치 않는다. 믿음이라는 자체를 신봉하지 않는다. 오로지 천성인 내 마음을 내 스스로 다스려 본능으로만 산다. 내가 나를 지지하는 것이다. 그래서 종교에 심취해 20년 30년을 교리에 몸담은 열성 교인보다도 더 사람다운 사람이 되기를 소원하기에, 나 자신을 위대하게 만들려고 노력한다. 하루에도 몇 번씩 나는 나를 위해 꽃가루 축복을 내린다. 심덕이 깊고 착하면 지성이면 감천이라 했으므로 약속 없는 어떤 날일쯤에 그 축복이 찾아와 나를 행복한 보정으로 안내할 때 세상 태어남을 기쁘게 노래하리.

·

호박씨

한 홉 실히 되는 호박씨 파종하고 떡잎 나오길 기다리는 마음. 열이틀 빗낫 갠 후 겨우 고개 내민 노란 화자. 어느 날이면 꽃이 필까? 그리고 못생긴 호박이 매달릴까? 조바심이 나는 오후, 나긋나긋한 애호박을 따설랑에 숭덩숭덩 썰어 자박자박하게 국물을 붓고 새우젓, 다진마늘, 들기름 찔끔 떨어트려 조물조물 주물러 자글자글 지져서 어머니랑 마주 앉아 밥 한 술 떠볼 날이 언제쯤일까? 애호박 지짐이는 약간 설렁설렁하게 덜 익혀야 제맛이라는 어머니의 맛있는 말씀. 아 잊었던 또 어머니 생각이.

·

농자천하지대본

내가 밀짚모자 쓰고 얼굴이 햇볕에 그을어 까매가지고 농사지을 때, 비탈진 밭두렁 호박구덩이에 똥 한 바가지씩, 한여름날 양분을 주고 된서리 맞을 때까지 야금야금 애호박 따먹던, 화수분 솜털 껄끄런 어린잎은 밥솥에 쪄 풋고추 다져 섞은 강된장에 쌈 싸먹고 호박꽃 뒤꼭지 꿀은 달달했지. 밀장국, 호박꾸미, 칼국수는 내가 제일 좋아했던 별미. 가을걷이 한참일 때 누렇게 잘 익은 늙은 호박은 시장에 내다 팔아 가용돈도 쓰고, 아버지 담배도 사드렸는데 참 옛날이야기네. 무서리 맞고 넝쿨걷이할 때까지 드나 드는 자리, 내 발자국에 굳어진 호박밭 눈 나리는 겨울, 신김치 썰어 넣고 늙은 호박 절여 팍팍 끓여 먹으면 감기도 썩 물러갔지. 다이어트에 좋은 호박. 산모 몸 부기 빼는 효과, 호박꽃이 시루떡은 또 어떻구. 찹쌀 넣어 잘 끓인 호박 풀떼기에 새알 옹심이는 골라 먹는 재미.

기대가 크면 실망도 크다

산허리 중등 잘라 퍼날라 매립한 황토에 욕심껏 심은 호박. 이 정도면 금년엔 호박 한 번 실컷 먹겠구만 했는데, 호기 어린 기대는 여지없이 무너지고 거름기 없는 산을 헐은 생흙으로 겨우 싹만 틔우고, 넝쿨도 못 뻗은 채 시름거리는 호박. 글러먹었구만. 들기름 새우젓 넣고 달달 볶아먹기는 이제 다 틀렸네 그려. 진작에 비료라도 한 주먹씩 줄걸. 농사일에 이골난 내가 왜 그런 실수를 했는지.

만행의 끝

하늘이 만든 걸작, 본능 교접. 지구는 만원이다. 구더기인 양 들끓는 인간군상. 나눔이 없고 베풂이 없다. 정이 없고 불신이 활화산 같다. 청산은 허물어져 나무가 울고 흙이 통곡한다. 구구한 세월 말없이 세상을 내다보던 붉어진 돌들이 논밭에 갯벌에 형체도 없이 묻히고, 세상을 노래하던 새들의 보금자리가 파괴돼 길을 잃고 인간을 원망하며 갈 곳을 잃었다. 용암으로 흘러내리는 저 웅장한 산의 노여움, 어디서 왔는가? 알 수 없는 괴질이 인간을 능멸한다. 가두리 양식장 같은 세상의 굴레 속에 허망해가는 세상사.

비가 오던 날

세차게 쏟아지는 사나운 빗소리, 쏟아지는 빗줄기만큼이나 오만가지 질서 없는 만감이 어수선한 빗소리 속에 숨어들어 함몰한다. 오늘따라 왠지 몸과 마음이 개운치 않고, 머리마저 아득한 기분에 지끈거리고 어지러워 컨디션이 제로다. 생각 위에 또 다른 생각을 겹치기 한다. 뒤죽박죽 중구난방이다. 생각을 다스려 지난 일들을 반추해보려 애쓴다. 곰곰이 그리고 깊고 넓게, 그래도 정리가 되지 않는다. 머리의 회로가 뒤엉켜버렸나 보다. 이런 영양가 없는 회오리에 시간만 낭비한 꼴이다. 뜨거울 때 마셔야 할 한 잔의 커피는 그사이 애인의 변심처럼 차갑게 식어버리고 닭 쫓던 개 지붕 쳐다보기로 멍한 기분에 으스스 한기가 온다.

좋아서 하는 일엔 행복이 두 배

내가 좋아서 하는 일, 그것은 내 안의 적극적인 긍정이다. 개밥 주고, 눈 씻기고, 청소하고, 커피 마시고, 여기까지는 아침 출근 후 자유의 시간이다. 8시 30분 어김없이 기계가 돈다. 공장에서 흔하게 쓰는 개잡부라는 유행어. 아무거나 두서없이 잘 처리하는 잡부의 애칭이라고나 할까. 나는 전천후 개잡부다. 지게차도

하고, 쓰레기도 치우고, 나무도 자르고, 묶고, 잡동사니 막일이 내게 주어진 임무다. 난 이 일에는 이골난 개잡부다. 그래서 개잡부라는 이유와 나이 먹은 노땅이라는 걸림돌이, 최저임금도 안 되는 월급에 내 노동을 판다. 일이 겨울 땐 은근히 신경질이 북받쳐 당장 때려치우고 싶은 충동이 하루에도 몇 차례씩이지만 그래도 참아야 하는 내가, 살고자 하는 인내로 견디고 나면 온몸의 힘이 빠지고 허탈하며 나 자신을 자책하는 심리로 묘한 하루가 되기도 한다. 거기에 갑질, 빈정, 투덜거림 이런 아니꼬움을 느끼고 받아들일 땐 피가 거꾸로 솟기도 하지만, 사람이라서 참을 수 있는 그런 날들이 수없이 나를 괴롭히고 실망하게 했다. 어떤 놈 누구라고는 밝히고 싶지 않다. 당시 나에게 행한 본인만이 알 일이다. 남의 돈 먹는 동등한 노동자 입장으로 개잡부보다는 위에 위치했다 해서 인격을 무시하고 생각하면 할수록 분통이 터지는 일이다. 바람에 떠밀려 멋대로 구르는 낙엽 같은 일상이다. 내 살 깎아 먹는 무좀 같은 일상, 이 굴레 언제나 벗어날까가 내 일상에 목표가 되었으니.

·

빗물을 노래하다

하늘은 온통 진회색 빛으로 검게 충혈돼 금세라도 빗물을 토해낼 듯 어둡고 침침하다. 여인의 눈물 같은 비가 하루가 멀다 하게 내릴 근심스러운 7월 장마철이다. 슬픈 이별이 아니어도 비는 오고, 흔한 여인의 눈물이 아니어도 비는 온다. 7월은 지루한 우기철, 어스름 초저녁 줄기찬 비를 뿌린다. 그 눈물은 광범한 물줄기가 되어 내를 흐르고 이르러, 바다에 닿아 강물로 출렁인다. 하늘의 슬픔이 녹아내린 허물, 대기의 지기는 지상을 떠돌며 부끄러움을 감추려는 듯 회색 안개를 피워 세상을 가린다. 도심의 불빛이 하나둘 켜지고 밝은 등불 사이로 시선을 모으는 굵은 소나기 물세레모니, 퍼포먼스 일곱 빛깔 무지개 빗속에서도 피어나고 하루는 그렇게 서서히 저물어간다.

•
이 고진 세월

그 옛날 솜 저고리 옷소매에 코 문지르던 내가 엊그제였건만 세월은 벌써 나를 환갑 나이에 이르게 했네. 이쁘고 귀한 자식은 시집살이 떠나고, 잔주름 늙은 마누라와 허무만 남았네. 세월아, 무섭다. 서둘러 가지 마라. 아니 그래도 일백 년을 못 사는 인생인 걸 무구한 세월 도래하며 잡초처럼 살아온 기적이여.

•
나는 뚱이라는 이름의 믹스견입니다

제 어미인 양 날 따르던 강아지 뚱이가 없어졌다. 놀래서였을까? 충격을 받아서일까? 징소리 나는 머리통 멀미에 혼선이 온다. 사방팔방 눈이 휘둥그레져 찾지만 이미 뭔 일이 벌어진 것 같다. 어느 누군가의 손을 탄 것 같다. 몇 날 며칠을 기다리는 수밖엔 방법이 없었다. 길거리 담벼락에 개 찾음이라는 방을 여기저기 써붙였다. 꽤 여러 날이 되어도 전화가 오거나, 이놈은 나타날 기미가 없다. 실망이 가슴을 뛰게 한다. 이제는 영 틀렸다. 자책하는 수밖엔 없다. 누군가가 데려갔다면 여기보다 나은 곳에서 살 수만 있다면 더 사랑해주고 아껴주는 사람이면 이런저런 잡생각으로 가슴이 찡하다. 그놈이 얼마나 날 그리워하며 울부짖을까? 이 생각 끝에는 내가 졸도할 만큼 정신적 충격이 온다. 여기를 봐도, 저기를 봐도 그놈의 허상만이 보일 뿐이다. 그놈은 지금 안질 치료 중이었는데 그 고름 같은 눈곱은 누가 떼어주고 닦아줄까?

●

똥파리

　내 거친 숨소리에 콧속으로 빨려 들어간 파리. 허우적거리는 날갯짓에 간지러운 콧속. 으해해해핵! 재채기 한방에 파리는 튀어나가 자유를 찾고 나는 연신 세 번의 재채기로 뻥 뚫린 시원한 가슴. 감히 똥파리가 내 답답한 가슴을 치유할 줄이야.

●

개 짖는 소리

　고요히 모두가 잠든 이 밤, 너의 신성한 짖음은 한 점 부끄러움 없는 전율의 성스러운 음색이니. 그러나 그 미성을 사람들은 시끄럽고 짜증 나는 잠 못 이루게 하는 소리 공해라 하더라. 무슨 말을 어떻게 해야 이해를 할까? 사람의 감성은 제각각이니 굳이 나무랄 일도 아니고 나 어렸을 적 밤이 이슥해 달이라도 기울 때쯤 먼 곳에서 들려오는 아련한 개 짖는 소리가 아직도 잊혀지지 않음은. 그 아련히 들리는 짖음은 한 소절의 음악 같은 것이었고 시적이며, 감수성 예민한 나에게는 황홀함까지 느꼈으니 아랫동네 개가 짖으면 윗동네 개가 되돌아오는 메아리처럼 짖어 답했다. 그 주고

받는 밤, 개소리의 향연. 아련하게 아늑히 들리는 한밤의 짖음은 시골의 깊은 밤 잊을 수 없는 정서였는데 그 아름다운 하모니가 소리 공해라니 온몸이 전율할 만큼의 시골 밤의 매력에 빠졌던 나로서 한마디를 더 옮기면 불 밝힌 도시의 밤은 밤과 낮이 구별되지 않을 만큼 소리 공해로 시끄럽고 부산하지만, 정적만이 흐르는 시골의 밤은 고단한 몸을 뉜 농군의 코 고는 소리와 뜨악하게 들려오는 개 짖는 소리는 밤이 밤 같은 낭만과 정서가 흐른다. 이것이 시골의 밤인 것을.

하늘과 땅이 울부짖던 날

땅을 딛고 사는 자, 짐짓 착하게 살지어다. 신의 훈령, 인간을 심판하는 신의 응징, 초상난 대륙의 땅 중국. 미움과 시기, 다툼과 도륙, 오만과 차별, 멸시와 이기, 방종. 세상 이치의 거부에 이골난 인간, 병든 한두 놈 때문에 예방이라는 차원에 살아있는 닭과 돼지를 강제로 한 구덩이에 쓸어 넣어 묻어버리고 주인 섬기는 개를 잡아먹고 인신매매 인간이 인간을 팔아먹는 더럽고 무지한 악행에 신은 기어이 응징을 내리니 너희 그 죗값 달게 받으라. 일백 년도 못 사는 인생이 그렇게 살아서야 신의 노도가 한계에 왔음이니.

금기를 깨다

뜨거운 커피가 식기를 기다리며 안 해도 될 고민에 빠진다. 인정할 건 인정해야지. 우뇌의 명령이다. 좌뇌가 발끈하며 누구 맘

대로 그건 안 될 말이라고 일침한다. 나는 내 나이를 인정하지 않았다. 나이는 숫자에 불과한 산수책의 더하기 빼기라고 세월을 비켜갈 수는 없지만, 아직도 꿈의 열정이 식지 않음에 굳이 나이 따위는 별개라고, 나와는 무관한 일이라고 그렇게 희망을 키워가며 내가 나를 잊어버렸던 나였다. 세월이 무슨 대수라고 오기만 부리다가 무거운 짐 내려놓듯 나는 비로소 오늘 오랜 금기를 깨고 나를 과감히 인정해버렸다.

한가위 보름달

휘영청 걸린 저 계수나무 달 속에 어머니 아버지 두 분, 그 얼굴이 저 달 속에 있네. 칠남매 아들딸 남겨두고 언제 저 달에 가셨노. 이승의 근심 잊으신 듯 신수 훤한 두 분 얼굴, 극락이 이승보다 좋으시면 그곳에서 오래오래 사세요. 오늘 밤 보름달은 유난히도 밝습니다.

복돌이의 넋을 기리며

희뿌연 회색빛 털의 몸을 갖고 이목구비 또렷한 누가 봐도 잘생긴 얼굴, 차분한 성격, 품위와 많은 사람을 따르며 귀여움을 독차지하던 너 복돌이. 네 주인은 널 복돌이라 이름 지어 불렀다. 널 볼 때마다 나는 널 일컬어 젠틀맨 영국 신사를 떠올렸지. 유난히 모든 동물을 좋아하는 나로서 너와 어찌 친해지지 않을 수가 있을까. 네 주인 이상으로 널 챙기고 사랑해줬지. 그렇게 나와 미운 정

고운 정 다 든 네가 어느 날 아침 교통사고로 비명에 그렇게 갈 줄이야. 세상을 아름다운 몸으로 태어나 주어진 목숨 다하지 못하고 빨리도 가버린 이별의 서글픈 아침, 서로 교감하며 지낸 어제가 이젠 옛일이 되었네. 놀라고 가슴 아팠던 그날을 세월이 널 잊게 하려 달아나듯 가는구나. 비운의 그날이 벌써 두 돌이 가까웠으니 그 시절 핸드폰이 있었더라면 사진이라도 한 장 남길 것을.

•

인생사 술래잡기

 돌고 돌고 또 돌고 굴리며 쳇바퀴 도는 다람쥐 시간은 끼고 도는 인생사. 새벽밥 한 술은 모래알 한 시간 길 위에서 시달리는 출근길. 주린 빈 창자는 한나절도 안 돼 밥 달라 소리 지르고 성찬은 아니어도 먹어야 할 12시는 왜 그리 긴지. 밥 한 공기 걸신들린 거지 모냥 뚝딱 쓸어 담으면 내 배는 늦둥이 밴 달 찬 우리 각시 배. 꺼어억 트림하고 이를 쑤신다. 구름 담배 신선초 한 대 물고 하늘 보구 누웠으니 내가 신선일세. 오늘 밤은 술이나 한 번 취해볼거나.

•

애호박 따기

 강아지를 안고 호박을 따러 간다. 오늘은 토요일 내일 일요일은 애호박 부침이나 할까 해서 친구도 부르고 이웃도 부르고 오순도순 너털거리며 막걸리 한 잔에 애호박 부침으로 안주하고 그래서 나긋나긋한 놈으로 따기로 작정. 하나 따고 두 개, 오~ 저기도 있네. 그럼, 도합 네 개. 더 뒤져보고, 아따 요놈은 너무 어려 월요일쯤 따면 죽여주는 맛일 테고. 와! 요기 두 개, 아주 맞춤이야. 대장부 살림살이 요만하면 됐고.

•

밤의 여로

자연은 위대하다. 자연은 오묘한 밤이라는 걸작을 만들어냈다. 세상의 모든 것, 꿈결에 행복해지는 시간이다. 나의 밤은 불 밝혀 지식을 얻고, 지혜로 나의 역사를 쓴다. 참 아름다운 밤이다. 모두가 잠든 사이 밤은, 우리가 알 수 없는 무수한 새로움을 발견해낸다. 사랑이 익는 밤. 취하고 노래하고 흥이 있는 요지경의 밤. 온종일 부산하던 내 강아지도 이제 내 품에 잠들 시간. 느른한 하품과 함께 나도 이제 고단한 오늘을 뉠 시간. 포근한 이불을 잡아당겨 내 벗은 몸을 덮는다.

•

고속도로 위 육교

숨 가쁘게 아침마다 오르는, 육교 중간에 서서 눈 아래 고속도로를 내려다본다. 무엇이 저리도 바쁜지 바람을 가르며 질주하는 자동차들. 생생한 삶의 현장을 보는 듯 가속페달을 밟아대는 운전자, 그들의 삶이 궁금해진다. 내가 오르내리는 육교 위에는 별난 쓰레기들이 다 있다. 사람들의 흔적들이다. 꽁초와 과자 부스러기, 먹다 버린 컵 떡볶이, 찌그러진 우유팩, 이쑤시개와 가래침, 반쯤 먹다 버린 빨간 사과, 이것들에 새까맣게 달라붙어 당분을 빨아먹는 개미들, 반쯤 녹은 막대사탕, 전월세 찢어진 광고지, 칼 갈아드립니다, 열쇠 고쳐요, 하수도 뚫어요, 단단한 남성, 오리지널 비아그라, 남자를 유혹하는 선정적 명함도 있다. 그대와 함께 불타는 밤을~ 나체 사진과 여자의 머리핀이 빠져있고 주우면 재수 없다는 돈, 백 원짜리 동전도 있다. 육교 난간 철재 코너에 떡허니 붙여진 성인용품 광고 하나, 그 옆 구석에 몰린 흙과 모래, 먼지 위에 뿌리내려 피워낸 노란 키 작은 민들레. 바람따라 율동한다.

·

차 한 잔

지금 내 고독은 깊은 심연의 바다. 걷잡을 수 없는 허상들. 복잡한 내 틈새를 비집고 들어오려는 악귀들의 함성. 그 광적인 포악을 뜨거운 물에 데워 죽이려 차가운 술 대신 잉글의 뜨거운 차를 마신다.

·

바람의 축제

하늘, 시리도록 푸르다. 설렁거리는 가을바람은 단풍을 부르고 싶어 가는 계절. 수수 모가지는 알알이 영글어 고개를 숙인다. 참새 쫓는 허수아비, 헌 옷소매 너울너울 삐딱한 허수아비 밀짚모자 위 고추잠자리 앉았다. 들녘은 가을걷이로 눈코 뜰 새 없이 바쁘다. 휘영청 늘어진 능수버들 그늘에 한가로이 되새김질하는 황소 지그시 눈을 감고 나른한 오후 오소를 즐긴다.

잉태의 욕망

　소생의 눈, 푸른 생명 한 알의 씨앗. 굳은 땅 밀어 올려 제 몫을 다하려 고개 내밀어 눈을 뜬다. 방울방울 봉우리 맺어 일시에 꽃을 피우는 들풀. 그러나 화무십일홍 없듯 사흘 묵은 낯선 손님 가신 뒤, 황량함이 남듯 화려함은 그렇게 낙화로 지고 내년을 위한 후손으로 한 알의 씨앗을 맺는다. 그렇다, 참으로 경건한 대자연의 거룩한 끝맺음이다.

애호박

　달짝지근한 맛있는 애호박. 젓국 넣고 지지고 볶아 이쁜 마누라랑 원통 소반 위에 다소곳이 올려 마주 앉아 흰 쌀밥에 썩썩 비벼 후루룩 쩝쩝 참 맛난 저녁 밥상. 첫 서릿발 내릴 때까지 너 애호박은 내 입맛 돋우는 효자 반찬. 두고두고 계속 많이 많이 열려라, 참깨.

소고기 미역국 소나타

　오늘은 귀빠진 날. 미역국 속에 소가 빠져 죽었다. 선하게 생겨 먹은 네 커다란 왕눈망울 휘둥그레진 채 마지막 죽음을 눈물로 원망했을 너의 살점이 칼에 썰려 조각이 난 채 여기 내 미역국 속에 빠져 내 생일을 기름지게 하는구나. 공포에 떨며 죽어간 네 붉은 살점을 뜯고 씹는 아~ 나는 야만인.

김훈 소설

두 번 읽고 코끝이 두 번 시큰한 소설, 김훈의 개. 작은 쪽배 풍랑에 죽은 주인이 그리워 워워워 바다를 향한 울부짖음. 바닷가 양지에 묻힌 주인의 묘를 파헤친 개, 보리. 어찌 인간이 주인 잃어 애달픈 개의 마음을 헤아려줄까? 이놈아, 아무리 그래도 한번 죽은 사람은 다시 올 수 없는 법이여. 그 말에 납작 엎드려 산소에 코를 박는 보리. 아~ 내 머리를 쓰다듬으며 울던 주인 할머니. 그 한 페이지의 기억이 오래오래 기억되는 이유는.

꽃씨

분꽃 순이가 생각나는 꽃씨의 이름. 꽃씨를 따며 내년 봄은 이 분꽃을 심어 고운 임께 한 아름 선물로 주어야지. 수줍음에 살짝 웃으면서 돌아서며 주어야지. 내년 꽃 만발한 여름 한 번쯤 행복해질 내 미리 미리의 생각.

봄

아직은 청양고추처럼 매운 2월의 한기. 칼날처럼 일어선 서릿발 속에 그래도 봄은 오는가 보다. 여린 잔가지 떨며 솜털 먼저 피워내는 봄의 전령사, 냇가의 버들강아지. 산비탈 양지에 진달래도 탐스런 몽우리 지고 한낮이면 아지랑이 아물거리는 들녘. 긴 하품과 함께 춘곤증이 몰려온다.

들꽃

　패랭이꽃, 물망초 너마저도 꽃이어서 벌, 나비 꼬여 드는가. 잡초 속에 흐드러진 쑥부쟁이 복수꽃. 너는 참 질기고 당찬 늦가을의 향기. 드높은 하늘을 올려다보는 네 꿋꿋한 자태가 자즈러져 서걱거릴 즈음이면 아마도 눈 덮인 한겨울일 테지. 인동을 견디며 또 다른 봄을 기약할 터. 너, 한기에 떨 우직한 들꽃이여.

님만이야 하리

　열흘 붉은 꽃이 곱다 한들 우리 님에 비할까. 아무리 꽃이 복스럽다 한들 달덩이 같은 우리 님 얼굴만이야 할까. 아무리 꽃이 화려하다 한들 갑사 치마저고리 맵시 나는 우리 님 고운 자태에 비할까. 아무리 꽃이 황홀하다고 한들 우리 님 샘 깊은 눈망울만이야 할까. 아무리 꽃이 아름답다 한들 우리 님 검은 반달 속눈썹만이야 할까.

틈새

　척박한 곳에 뿌리내려 가득히 자라다가 천상의 뜸한 비에 목말라 시들어 끝내 쓰러져 사그라지는 안타까운 들풀이여. 하늘이 널 미워함이 아니다. 척박한 틈새에 네 운명인 양 네 스스로 주저앉았으니 누구에겐들 허물치 마라. 다 내 탓이요. 자의로 인정할 일이다.

운명의 바다

삶의 바람에 떠밀려 이렇게 흘러가는 나는 나그네. 기를 써 극터듬는 삶에 가려져 내 안에 잊혀지는 것들. 그런 것들이 안타까워 울분을 삭여야 했다. 독한 광기를 부리듯 이렇게 저렇게 살아온 육십 평생. 기적을 기다리다 기다리다 어리석은 늙은이가 되었네. 이제 더 얼마나 또 어떤 기적을 언제까지 나는 꿈꿔볼까. 그 부숴버려야 할 평생의 한을.

우울한 목요일

이제야 오늘 나는 비로소 알았네. 한솥밥 두 친구가 휑허니 없는 지금에서야, 늘 같이했던 일상이 서로의 의지였음을. 저마다의 삶을 위해서 서운한 마음 뒤에 두고 홀연히 갈 때 그 마음인들 편했을까. 이별이라는 것 모두 아리고 쓰린 슬프고 눈물 나는 일. 친구따라 강남 가기를 안달난 마음일 때 불행은 겹치는가. 내게는 유일한 두 놈 고양이마저 행방이 묘연해 안 그래도 저린 가슴인데.

장미의 꿈

알알이 영글어가는 가을 수수밭 언덕에서 앞산을 향해 목청 높여 야호를 외치면, 긴 여운으로 되돌아오는 밤 메아리. 산천 내 고향의 소리다. 꿈 부푼 사춘기가 지나고 성인이 되는 나이 때, 가수가 되기 위하여 발성 연습을 위해 조석으로 매일 소리 질러 잠긴

목을 푼다. 이런 내 꿈의 열정을 모르는 이들은 누구네 둘째 아들 아무개는 똑똑한 놈 베렸다느니, 실성을 했다느니 비아냥거렸다. 꿈의 무대를 향해 비아냥을 듣던 언제 그 고향이 여기 있었을까. 흔적조차 없는 언덕배기 수수밭의 추억은 이제 내 마음속에만 존재할 뿐 애증의 시간 속에 그래도 그때가 정말 좋았는데.

·

태양 이글거리다

작렬하는 눈 부신 햇살을 감히 올려다볼 수 없어서, 지그시 오기로 올려보려다가 그만 에에엣취! 연달아 재채기만 하고 고개 숙인 등짝에 내려꽂히는 따가운 햇살. 그 강렬함이 세상을 감싸 안는다. 태양은 모든 살아있는 것들의 요긴한 건강 비타민. 자연이 베푸는 선물을 받아든 우리는 태양의 후예.

·

이별이라는 것

세상의 모든 이별은 다 슬프다. 가령 낯선 얼굴로 직장에서 만나 막 정이 들 즈음 헤어져야 할 적이라던가, 마음을 다 주어도 아깝지 않을 그런 사람이 사고로 저세상으로 갈 때이거나, 세월이 묻고 정이 묻은 내 고물차를 폐차하거나, 사랑으로 함께하던 애완 강아지가 죽었을 때는 물론, 돈 꾸어 쓰고 나눠 먹은 동생 같은 이웃이 이사 갈 때던가, 사랑하는 누이동생이 시집을 갈 때도 슬픔은 밀려오고 눈물 고이게 한다. 눈물 마를 날 없는 사연 많은 이 세상, 아무리 다 그렇다 해도 부모님 돌아가신 그 슬픔만이야 할까.

종기

　방울이의 항문에 종기가 나서 급하길래 내가 먹던 마이신을 억지로 먹이려다 손가락을 물려 새벽부터 피를 보고 광견병 어림도 없는 파상풍까지 별의별 생각을 다 하며 아침을 맞는다. 제대로 못한 빌어먹을 장군이다.

불안한 경계

　지독하게 심란해서 앉아있을 수도, TV를 볼 수도, 책을 읽을 수도, 글씨를 쓸 수도 없다. 온갖 것들이 힘겹고 벅차다. 양손을 펴 얼굴을 감싸 마구 부벼보지만 나무아미타불로 발작난 심란은 가실 리 없고, 안절부절 끝내 몸을 세워 서성이게 한다. 왜 이런 걸까? 교란. 지쳐버린 심신이 가져다준 정신적 발작일까? 고민, 고민해도 답이 나오지 않는 오늘.

노란 은행잎

　겨울이 오는 중입니다. 도롯가 줄지어 선 가로수 은행나무 노란 잎이 한꺼번에 우수수 떨어집니다. 떨어진 은행잎들이 바람에 휘날려 걸어가는 내 구두를 탁탁 때리며 제멋대로 굴러 흩어집니다. 새벽녘이어서 그 쓸쓸함이 더합니다. 내 사랑스런 강아지, 방울이가 아파 내 마음 덩달아 쓸쓸합니다. 이럴 때마다 사는 재미가 왜 이러냐며 투정합니다.

터럭

　뽑고 또 뽑고 20년을 뽑아도, 나고 또 나고 새순처럼 삐지고 나오는 턱수염. 사춘기 내 별명은 털보였다. 그 필연의 별명을 지어준 친구는 병들어 수년 전 저세상 사람이 되고 매끄러움이 좋아서 뽑고 또 뽑고 이 껄끄러운 턱으로 애인과 포옹하며 얼굴 비비면 따갑다고 앙탈을 부렸다. 수염이 돈이 되어 매일 이렇게 나온다면 난 갑부가 되련만. 쓸데없이 터럭만 무럭무럭 아이고오, 지겨워라. 주책없이 들구 나오는 수염. '수염이 석 자래도 먹어야 양반'이라는 속담이 여기에 꼽사리로 합세. 괜찮겠습죠.

교통체증

　빨리 좀 갑시다. 빵빵. 날씨 32도, 열 받은 운전자 온도 40도, 아스팔트 열기 30도, 합이 설설 끓는 100도. 끼어들기 열차와 야! 너 뭐야? 개새끼 쇠새끼 입씨름 욕설 열기 130도. 죽지 않길 천만다행일세. 인천 지하철 공사 불덩어리 도로 그냥 무한정 서서 매연만 뿜는 줄지은 차들. 짜증과 다툼은 아직 더 3년을 꼴아박아야 하는 애난의 지하철 시대.

9월의 폭우

　굵은 장대비가 비수처럼 내리꽂힌다. 땅이 패고, 쓸려나가고 풀과 나무가 쓰러지고 산이 무너져 온갖 것들이 흙탕물에 쓸려 종적을 감춘다. 사람이 죽고 도시도 농촌도 바다가 된다. 뭐라 읽어 낼 수 없는 무서운 빗소리. 천둥과 뇌성은 죄 많은 인간을 호령하듯 번쩍이고 하늘은 검은 먹구름으로 출렁이는 9월 폭우.

봉자

2010년 11월 어느 날 한동안 봉자가 안 보이길래 궁금해 전화를 걸었더니 아들놈이 하는 말, 엄마는 이제 전화를 못 받아요. 왜냐고 물었더니 이 세상에 없는 엄마란다. 그러면서 울먹이는 아들 녀석. 코찔찔이 김흥진 씨 맏딸 봉자가 죽었다. 누런 코를 매달고 훌쩍거리던 철부지 놀림감 봉자가 죽었다. 말이 어눌한, 데데데 봉자가 죽었다. 시집을 두 번 갔어도 또 혼자가 된 팔자 드러운 봉자가 죽었다. 그여나 풍이 와 한의원 침으로 버티던 봉자가 죽었다. 큰아들도 작은아들도 간질로 죽고 화병 난 봉자 아버지. 어느 날 자살로 화를 풀고, 맏딸 고명인 여중이 봉자마저 저세상 불귀의 객이 되었으니 삼남매 앞세운 늙은 봉자 엄마, 먼저 간 영감을 부르며 애 끓이는 새까맣게 탄 가슴. 쑥대밭 된 김포 사람 김씨 일가 서러워 목 놓아 울 일이다.

시인 함민복

강화도에 사는 함민복 시인이 나를 보고 시를 쓴다면 아마도 이렇게 쓸 테지. 어느 날 갑자기 용가리가 나타나듯 짜리몽땅 알타리무 같은 대가리 허연 친구가 생겼다. 잘 나가지도 못한 미지근한 얼굴에 항아리 술 거르는 용수 같은 코. 그가 세상의 줄을 잘못 서서 낙오로 저 아래에 있구나. 배꼽 나오게 큭큭 웃기는 텔레비전 라디오에도 안 나오는 이름 없는 웃기기 기술자. 아마추어 코메디언. 그 길 가다 말어 그늘 속 은둔이라니. 아! 아깝다. 애석토다. 제에길 헐 살금살금 도둑 눈발 내리는 겨울밤 술은 취하지 않고 자정 넘어 주절주절 얘길 해봐도 끝내 아까운 사람. 이제부터 이 사람이 내 형이고 세월 나눌 친구다. 고로 고비사막에서 키 큰 낙타가 다리를 절뚝거리노니 이 함민복이가 뭘 어찌해야 하는지 난감하네. 난감하네.

•

가을을 채집하다

돌각담 기어올라 뿌리 내린 담쟁이넝쿨 빨갛게 잘 물든 잎새를 따서 전화번호가 적힌 수첩 사이에 끼워둔다. 네잎클로버를 찾아서 책갈피마다 조심스럽게 끼워두던 사춘기 시절이 그리운 가을. 계절이 바뀔 때마다 나는 그 옛날의 풍경들을 그리워하고 눈감아 그 시절을 회상한다. 가을은 참으로 감동의 계절답다.

딸랑 한 개

여남은 포기 호박 심어서 딸랑 호박 한 통 땄다면 믿으시겠습니까? 비 때문에 글러버린 호박 농사. 조막손이 호박은 크기도 전에 꼭지가 물러 가을 감나무 연시처럼 떨어지고 6월에 웬 장마람? 별 꼬라지를 다 봐. 에이 김 샜어. 시들어가는 넝쿨을 내려다보며 푸념한다.

가신 님 그리워하며

여전히 올해에도 분꽃이 피었구려. 여보, 보고 싶소. 분꽃씨 따던 가을, 당신 모습이 아른거리오. 당신 없는 꽃밭엔 떨어진 까만 분꽃씨만 질펀하오. 언제나 오시려는지 아마도 당신이 오실 때쯤이면 그때도 여전히 분꽃은 피어있을까요? 기다림이 그리움으로 변하는 동안에도 분꽃은 여전히 당신을 반기며 피어나겠지요. 아마 꼭 그럴 겁니다.

한 뼘의 분위기

이별이라는 것이 그렇드라. 떠난다는 것이 그렇드라. 아쉬움 그것 또한 그렇드라. 먼지와 소음 지나친 열정, 그 충성에 짜증과 언짢음에 눈 흘기고 얼굴 붉혀 욕하던 4년 한솥밥. 그 주책바가지 고가가 지금 간다. 정든 고양이 사료 한 포를 선물로 남겨놓고 만감으로 문을 나선다. 마누라 바람기가 바꿔놓은 사내의 천성은 형큼어져 이젠 고운 명주실이 아니다. 질기고 모난 살점 베이는 억새 되어 자주 붉어지는 얼굴과 목의 핏줄이 서는 욱하는 사내로 거듭 났다. 노동의 권리를 오너와 팽팽히 줄다리기하다가 홧김에 이별이라는 죄목으로 간다. 왠지 파도 같은 불안감이 흔들림으로 나 또한 이직을 생각해본다. 이것이 직장인의 동료애란 것인가 보다.

·

정화조

    수세식 변기물 내리는 레버를 지그시 누르면 물은 빙글빙글 돌아서 좁고 어두운 흄관을 타고 좌르르 똥이 휩쓸려 내려간다. 꽤 명쾌한 소리. 부패하는 부글거리는 정화조 구린내가 빚어내는 신화, 구역나는 향기 그것은 오장육부를 통과한 뱃속 여과의 퇴적물. 먹고 마신 찌끄러기, 구린 향내 즉 똥을 말함이다. 정화조는 똥을 받는 큰 그릇이다.

·

외눈박이 황구

    어느 몹쓸 놈의 학대로 죄목도 없이 그저 꼼짝없이 맞은 매에 몸은 으스러지고 한쪽 눈은 빠져버렸다. 목줄이 매인 채 흙바닥에 쓰러져 저주 담긴 징그러운 울음을 운다. 슬픈 비명에 온몸을 떨고 분노한 사람들은 이렇게 말했다. 개만도 못한 악마 같은 놈의 새끼라고. 귀신은 뭘 먹고 사나 몰라. 저런 밥벌레를 안 잡아가고 천벌을 받아 벼락을 맞아 죽을 놈. 인두겁을 쓰고서 어찌 그리 끔찍한 행패를. 모가지가 우뚝하여 네놈이 사람이더냐. 너 같은 놈을 내지른 네 어미의 미역국이 참 아깝다. 이놈아! 더럽고 징그러운 놈! 그러나 사람들이 다 네 놈 같더냐? 3개월 병원치료로 다시 살아나 새 주인 따라나서는 날 수의사 굵은 눈물에 같이 울고, 행복해질 네 앞날이 너무나 고마워 널 사랑해줄 새 주인의 고마움에 또 한 번 울었다. 화면 속 TV 동물농장이 나를 세 번 슬프게 한 7월의 첫 일요일 애꾸눈 황구, 사랑해.

·

깨볶이

늦은 밤, 마누라가 깨를 볶습니다. 따다닥 딱딱! 따다다닥! 삶이 시름겹던 60년대, 저고리 서캐 터지는 소리 같습니다. 고소한 냄새에 내 주먹코가 벌름거립니다. 이 고소한 참깨로 내일 아침 마누라는 시금치나물을 무쳐내 밥상 위에 사뿐히 올려바치겠지. 생각만 해도 군침이 그냥 꿀떡.

·

팩 케이지 쇼

뼈까 번쩍! 이리 씰룩, 저리 씰룩, 일곱 여자의 배꼽이 춤을 춘다. 천덕스러워 보이는 저 꼬락서니. 산발한 머리카락도 흔들흔들 오락가락 춤을 춘다. 비척대는 허연 넓적다리, 열네 개 툭 뻴그러진 덩실한 궁뎅이는 어쩌고. 이렇게 텔레비전 속 여자들은 가슴 드러난 잠자리 날개옷을 입고 뱀처럼 꿈틀댄다. 객석에 바보들은 헤벌래 뿅 가고 막 가는 세상의 활동사진.

금년 봄맞이

먹고살기 바쁜데 봄나들이는 무슨 놈에 봄나들이. 그냥 넘어가. 이래서 벚꽃놀이는 가로수를 대신하고 노란 개나리는 공장 울타리에서 보고 진달래꽃 구경은 로타리 화단에서 봤다. 황사와 봄바람은 출근길에 맞닥트리고 자유가 있는 일요일, 옹색한 비탈에 호박씨 심는 나. 나에게 봄은 필요 이상인 것. 길을 걷다가 소나기 맞은 땡중의 중얼거림처럼이나.

광복절에 나는

낮술에 취해 늘어지게 새우잠 한숨 자고 났더니 알싸한 기분. 오늘은 8.15 광복절. 36년 일제의 핍박 속에서 빼앗긴 나라를 되찾은 해방된 기쁜 날로 태극기 손에 손에 들고 독립 만세를 부른 온 국민의 감격의 날이다. 그래서 안 먹던 술을 마신 술이라면 8.15 경축 축하주요, 기쁨주. 그야말로 금상첨화다. 엉터리 주장은 안 하고 싶다. 오늘을 기억하며 마신 술은 아니었으니, 주태백이 친구가 와 우연히 나눈 맛보기 한 잔이었다. 시간은 10시, 광복절 특집. 가요무대 가수는 60년대 낡은 노래를 토해내고 기분좋을 이 시간에 웬 절망 따위가 끌려오는 건지. 아마도 감정 가득한 멀미 나는 공장 스트레스 때문일 게다. 내일 월요일 또, 그 수모를 견디러 가야 하니까. 이제는 정말 여길 떠나고 싶다. 간절하다. 다만 서운한 것이 하나 있다면 헤어지면 다시는 못 볼 내 거둠이 절실한 내 귀한 길고양이들.

허씨, 그가 사는 법

나는 시인이다. 강아지 시인이다. 시인을 흉내내고 싶은 시인일 뿐이다. 이름도 없고, 유명하지도 않고, 알아주는 이도 없는, 나만이 나를 인정하는 나 홀로 시인이다. 나는 숨은 시인이다. 역겨운 세상을 사랑하느니, 차라리 자연을 사랑하고자 마음먹은 낭만 시인이다. 물과 공기 흙을 사랑하자고 나와 약속한 시인이다. 순백의 시인으로 거듭나고자 하얀 가슴을 열자고 했다.

겨울로 가는 길목

일곱 빛 칼라로 우거져 아름다움을 자랑하던 그 풍성했던 산이 허름해졌다. 낙엽이 지기 때문이다. 결핵 환자처럼 피골이 상접한 나무들. 그렇게 보일 뿐 나무는 이제 겨울을 인내하려는 준비의 과정으로 분주할 뿐이다. 푸른 잎 청색 고운 자태는 이제 내년 4월에나 보게 될 테지.

사랑 표현

나, 그대 있음에 참 행복하네. 나, 그대 있음에 두려움이 절반으로 줄었네. 나, 그대 있음에 사랑이 뭔지 배워가네. 나, 그대 때문에 기쁨 있을 줄 정말 몰랐네. 내 안에 그대 있음에, 나 깊이 감사하네. 그러나 나, 그대 때문에 큰 고민이 생겼네. 마누라 몰래 숨겨둔 그대여서 마음 조마조마하네. 그러나 한편 용기가 나네.

열 계집 싫은 사내 없다는 속설 하나에 나 배짱이 생기네.

•

과부 핀잔주기

오뉴월, 이 삼복에 냉면 한 그릇 나눌 수 없는 사이. 그렇게 바빠? 이게 무슨 애인이람. 이 핑계 저 핑계로 몸보신할 수 있는 곰탕 한 그릇 나눌 수 없는 사이, 이것도 애인이냐? 있을 때 잘해 이 과부야. 그 살찐 몸둥일 나 말고 누가 널 좋아할 꺼라고 캥기냐? 캥기길. 복 털지 말고 말 좀 들어. 뺑덕어멈 사촌 모냥 너 왜 그러냐? 애나 어른이나 말을 잘 들어야 이쁘지. 에이, 오늘 일진 개 같고 커피 맛도 꽝이다.

•

쉼터

공원은 너도 나도의 자유의 숲이다. 공간이다. 자유인이 산책하고 있다. 두 팔이 휘적휘적 춤추듯 자유롭다. 주인과 보폭을 맞춰 붙어 걷는 개의 자유. 핵핵대는 빨간 혀가 자유롭게 할딱인다. 엄마와 아이가 손을 잡고 자유의 공간을 걷는다. 응석받이 아이가 오만상이 찌그러진 채 칭얼대며 걷는다. 자유를 못 느낀 아이가 짜증이 나나 보다. 몸을 비비 꼬며 불시에 타성의 음을 낸다. 화가 난 엄마는 아이의 볼기짝을 찰싹 매질한다. 아이의 타성이 세 옥타브로 올라간다. 소음 100dB이다. 아무렇게 팔을 휘둘러 걸어도 제 꼴 남 뵈는 육갑을 떨어도 오두방정을 떨어도 끌끌끌 혀 찰 사람 없는 아주 서민적인 자유의 공간이 공원이다.

마지막 잎새

언제 내가 꽃길을 걸었던가. 스산한 가을밤 달빛이 차다. 살랑이는 차가운 가을바람에 은행나무는 우수수 잎을 떨구고 아무도 가지 않는 새벽길을 온통 노란 잎으로 덮어, 가을 단풍의 낭만을 자아낸다. 이웃집 삽살개도 노란 잎새가 좋았나 보다. 뒹굴고 긁어대며 수선을 떤다. 가을은 낭만이 있는 변신의 귀재다.

뻐꾸기

한밤의 뻐꾸기 우는 소리 정이 느껴지는 소리다. 어린 시절 고향이 그리워지는 소리다. 그러나 한이 맺히는 소리다. 제 둥지 못 짓고 제 새끼 못 키우는 비운의 새. 뻐꾸기의 한 맺힌 소리다. 무재주에 책임감이 없는 새다. 남의 새 둥지의 알을 훔쳐 버리고 자신의 알 하나만을 넣어 위탁으로 길러내는 모성애가 전무한 새. 뻐꾸기 평생 내 귀에서 떠나지 않는 소리. 온통 주둥이 안이 붉은색으로 개구리 뒷다릿살을 넙죽넙죽 받아먹던 그리운 소리, 뻐꾸기.

4월 빼빼로

초콜릿 막대과자 빼빼로처럼, 흠씬 물오른 너울가지 사마귀 눈처럼 뽀루퉁 빼꼼히 오월을 내다보려 하네. 노오란 황금빛 여린 잎새는 아마 5월이면 보게 될걸. 아기가 자라듯 새 잎새도 무한히 커갈 것이지.

청목

누런 취개가 두 마리나 사는 신작로 길 건너 집 뒤에는 늘씬하게 자란 청목이 줄지어 서 있다. 지금은 식수철 5월. 그중 몇몇 나무가 뿌리째 캐어져, 큰 흙덩이를 매달고 새끼줄에 얼기설기 묶여 벌렁 누운 채 제 몸 실어갈 스리쿼터를 기다린다. 이해 상관없는 나는 왜 이렇게 팔려가는 나무가 처량한 듯 불쌍해 보이는지 알다가도 모를 일. 노란 어린 묘목으로 심어져 십 년, 이십 년 이 터에 자리 잡고 서로 키재기를 하며 굳건히 이만큼 자랐을 청목. 이제 뿌리째 캐어져 여길 떠나면 그 어디로 가는 것일까? 쳐다보고 또 쳐다보고 나는 얼른 원당 고개를 넘지 못한다. 출퇴근하며 조석으로 눈빛으로 정들인 친근한 나무들이었기에, 신도시 개발 바람에 오랫동안 보아도 싫지 않을 정든 나무들이 제 몸 키운 고향을 떠나야 한다니, 이런 난개가 비극이 아니면 그 어떤 것이 비극이더냐.

제목이 없는 글

4월이지만 새벽이 아직은 차다. 기상이변이다. 나는 지금 여섯 시 차, 13번 버스를 탄다. 삐거덕 덜커덩 꽁무니 빠지게 달려 김포로 간다. 차창 밖 스치는 모든 사물들이 지구본처럼 돈다. 머리도 돌고, 눈동자도 돌고, 버스도 돌고 돌아 그렇게 새벽길을 간다. 밤잠을 설쳤나? 기사가 긴 하품을 한다. 벌써 동녘의 해는 붉은 대각선을 그리고.

예끼이, 화상들아!

새벽 첫닭이 울 시간에 저 꼬라지 좀 봐. 공원 누각에 고만고만한 세 놈이 대가릴 맞대고 모여앉아 밤새 마신 술주정이 한참이다. 늘어놓은 쇠주병이 도대체 몇 개야. 만취로 끄떡거리며 앉질러서 주접을 떤다. 쯧쯧쯧쯧, 굳었던 내 세 치 혀가 늴리리를 친다. 예라이, 빌어 처먹을 위인들아. 술 먹는 거로 유명해지니 기분 째지지? 집구석 마누라는 밤새 잠 못 이루고 무서운 호랑이가 되어 발톱을 세우고 날밤을 새웠을 터인즉, 예라이 이 화상들아.

수챗구멍

설거지물에 하얀 밥풀 하나가 둥둥 뜨길래 질떡 버렸드니, 그놈의 밥풀 하나가 수챗구멍 입구 틈새에 아슬아슬하게 끼어있다. 한 바가지 물을 냅다 끼얹어 수챗구멍으로 몰아넣으려 하지만 끄떡도 없이 고대로다. 이놈의 밥 알갱이가 오기가 있나, 살려달라는 듯 애걸을 하듯 이별이 아쉽다는 듯 더러운 수챗구멍이 싫다는 듯 그냥 그렇게 끼어있다. 하얀 밥알이 아오, 네가 그렇게 쎄냐. 빨대 쎈 문어발이야. 찰거머리가 아니구, 밥풀이지. 밥풀 나부랭이가 감히 안 떠내려가고 물 몇 바가지를 소비하다니, 이런 괘씸한 밥풀. 너 허례허식도 모르냐. 지구는 시방 물 부족 사태로 골머리를 싸매고 대책을 강구하고 있는 판인데 물 몇 바가지면 66은 세삼육, 77은 뺑끼칠, 88은 곰백팔에 물값이 암만 암만이고. 수도 계량기가 존나게 돌아 다음달 수도 공과금이 기십만 원 나올 텐데, 누가 책임질껴? 나는 백수 건달여. 10원 한 장도 못 벌어, 못 내. 밥풀 네가 낼래. 조옷까지 말라구. 이런 CE 부라알 노무 밥알갱이. 촤악~ 그냥 큭큭. 아유 재미나. 수챗구멍 부르스.

•

밤

어두운 밤이 아니다. 가을에 먹는 밤이다. 가을을 양손 가득 줍는다. 똘똘이 이뿐이 모노석건 여섯 마리의 개들이 호위하듯 나를 따르고, 나는 알 굵은 밤에 눈이 어두워 정신을 못 차리고, 머리 위에 그 따가운 밤송이라도 떨어지면 어떡하지? 위기의식을 느끼면서도 연신 밤을 줍는다. 안 그래도 정수리 대머리에 밤송이라도 떨어지는 날에는 총알을 맞은 듯 질겁을 하며 개들을 불러 산을 내려온다. 꽤나 겁 많고 몸 사리는 노땅이다.

•

만 원의 행복

불로동 고개를 넘어 일터에 거의 다다를 즈음 어떤 노인이 헌 가방 하나를 들고 주춤주춤 쩔쩔매는 모습에 왜 그러시느냐 물었더니 모깃소리만 한 목소리로 대꾸를 하건만, 발음마저 어눌해 도대체 뭔 말인지 밥을 먹었냐고 물었다. 못 먹었단다. 얼른 지갑을 열어 만원을 손에 쥐여드렸다. 수십 번 머리를 조아려 고맙다고 인사한다. 그날 만 원짜리 한 장이 그 할아버지에게는 대단한 구세주였을지도 모를 일이다. 적선이 적어 내가 더 미안한, 길에서 만난 할아버지 한 분.

소문 만복래

아니다. 개문 만복래다. 창문을 활짝 열어제낀다. 상큼한 겨울 정기를 방 안 가득 채우고 싶어서 가슴을 활짝 연다. 싱그러운 겨울 내음을 가슴 가득 채우고 싶어서 눈을 크게 뜬다. 아름다운 설경을 눈 안 가득 채우고 싶어서 마음의 문을 연다. 미아처럼 떠돌 겨울 낙엽을 차곡차곡 내 가슴에 쌓아두고 싶어서.

11월의 찬가

들판에 흐드러지게 피어난 아름다운 들꽃처럼 가을 단풍이 후두둑 맥없이 떨어진다. 마음의 여유를 누리는 무서리 내린 빈 새벽길이 좋아서 나는 오늘도 때 이른 출근을 고집한다. 낙엽을 밟고 앉아 나를 기다리고 있을 개들이 보고 싶어서 서둘러 고개를 넘는다. 참 상큼하고 기분 좋은 초겨울 아침이다.

낡은 버스 안에서

나는 지금 고물 버스에 올라앉아 출근 중이다. 폐차장에 온 기분이다. 뭔 소리냐구 물으신다면 오래된 낡은 버스 안은 여기저기 뜯기고 차 바닥도 닳고 찢겨 엉망이다. 수많은 승객의 손때가 묻은 손잡이에 때가 꼬질꼬질 더럽다. 버스 천정의 전등마저 전구가 맛이 가 희미해, 마치 두 남녀가 비밀스럽게 만나 가슴을 맞대 부여잡고 부르스를 추는 지하 비밀창고 같은 느낌이다. 벌써 폐차로 버려졌어야 할 더러운 고물차가 손님을 태워 돈을 벌다니 차주가 미치지 않고서야. 그러다가 사고라도 나면 집 팔고, 땅 팔고, 마누라까지 팔아도 보상이 모자랄 텐데 이런 고물로 돈을 벌다니. 차주의 속내가 보지 않아도 훤하다. 2013년 12월 17일자 이야기다.

·

우리 엄마

엄마, 죽은 엄마는 그렇게 잊고 사나봐. 엄마가 없으면 난 어떻게 살지. 슬픈 걱정이 태산이던 내가 엄마가 없어도 그냥저냥 살만하네. 슬픈 감정 서운함 세월 속에 묻어가 그럭저럭 살지 뭐. 엄마 매정하고 당찬 게 사람인가봐. 자식도 다 필요 없지. 그렇지 엄마.

·

모닥불 피워놓고

노동의 현장은 산밑의 난개발지로 주위 공장들 대부분이 이미 이주를 했고, 버려진 빈 흉물처럼 임시 거처지로 쓰고 남은 헌 자재를 모아 손질하고 선별해서 영세업자들에게 되파는 더럽고 힘든 일이다. 나는 정확히 6시 10분 버스를 탄다. 도착지는 김포다. 밤잠을 덜 자면서 매일 새벽 출근을 서두르는 이유는 여유로운 아침 시간을 할애해 아침 깨끗한 맑은 정신에 지식을 쌓으려 책을 보려는 욕심 때문이고, 사람이 많은 복잡한 버스가 싫어 겨우 승객이 두세 명에 불과한 첫차를 선호하는 까닭이다. 밤새 서리가 내린 아무도 가지 않은 하얀 길에 내 첫 발자욱을 남기며 도착하면 울창한 송림을 뒤흔드는 싸락거리는 바람 소리뿐. 아무도 없고 꼬리를 마구 흔들며 나를 반기는 마루와 미요. 이뿐이와 똘똘이 등 여섯 놈이 있을 뿐이다. 즉시 드럼통에 불을 피워 활활 잉글이 절정이면 개들을 불러 모아 불 앞에 앉혀 밤새 언 몸을 녹여주며 나도 책을 펼쳐 아침 독서를 한다. 따뜻하다. 불이 있어 좋다. 열두 개의 눈동자와 내가 불을 본다. 화려한 불꽃이다. 내 생각이 불과 함께 겹친다. 불과 생각이 하나가 된다. 생각이 불을 덮고 불이 생각을 덮으면서 함께 타 한 줌의 재로 사그러진다.

참새구이

짹짹짹 째재재잭 포르르르 방정맞은 참새야. 오늘 하루도 일용할 양식을 흩뿌리노니 배부르게 먹으렴. 쌀 한 줌을 오늘도 퍼먹이고 내일도 퍼먹일 나는 네놈들의 수호천사. 그 어떤 새보다도 일찍 새벽을 여는 암팡지고 부지런한 연민의 새 참새. 지금은 개체수가 줄어 멸종 위기종으로 분리돼 국가지정 천연기념 보호새가 된 너희들 참새. 이런 좋은 시절이 오기 이전엔 정말 천덕꾸러기 새였고 잡아 죽이고 싶은 미운 새였지. 농사꾼들과는 정말 악연이었어. 날만 새면 쫓는 자와 쫓기는 자의 충돌이었으니까. 깡통과 꽹과리가 등장하고 화약 딱총이 등장했으니까 얼마나 너희들이 미웠겠니. 원수였지 원수. 알곡을 먹는다는 이유로 치욕의 세월이었고 한겨울 신나는 얼큰 포장마차 참새구이. 이게 포장마차 간판이야. 눈 나리는 겨울밤 포장마차 단골 메뉴로 왕소금을 뿌려 구운 네 앙가슴살과 두 다리, 쫄깃하고 짭짤한 맛은 그 시절 최고의 술안주여서 값도 비쌌지. 늘 동이 났어. 없어서 못 팔았으니까. 대신 약삭빠른 엉큼한 포장마차 주인은 알에서 갓 나온 병아리를 잡아 짝퉁 참새구이로 속여 팔았어. 술 취한 놈이 뭘 알어. 병아리인지 참새인지. 그렇다면 그런 거지. 참 그렇게 속여서 많이들 해먹었지. 얼마나 어수룩한 옛날이었나. 병아리와 참새를 구별 못하고 속아서 사먹었으니 등신들. 입맛 돋우는 안주여서 그걸 빌미로 돈벌이를 나선 사람들이 많았어. 새 그물을 치거나 한밤에 지붕 초스락에 둥지를 틀어 잠이 든 너희들을 후라쉬를 비추어 잡아내어 안주로 팔고, 심지어는 쌀 알갱이에 쥐약을 버무려 마당에 뿌려 몰사시키는 나쁜 놈들도 있었으니까. 이렇게 저렇게 야비한 수법에 죽어간 너희 조상들의 숫자를 캐고 나면 아마 까무라칠 거야. 보복성이 강한 게 인간인가봐. 너희들이 얄미운 나머지 아예 먹어 없애는 걸로 보복을 한 셈이지. 얼마나 인간이 잔인허냐. 그래서 자주 잦은 재앙이 내리는 거야.

·

교통사고

  2015년 9월 2일, 자전거 타고 밥 벌러 가는 길에 교통사고를 당했다. 건널목 사고였다. 우회전 차가 건널목을 건너는 날 정면으로 친 것이다. 순간 정신을 잃었다. 저승문 앞에 서성이다가 그래도 지독한 삶이나마 이승이 좋아서 되돌아온 사람. 헌데 얼씨구 세상이 새로워 보이는 건 무엇이냐. 살아있음에 감사의 그늘일까. 가해자에게 너그러운 용서. 내 긍정의 무게에 마음을 담고 감사한 질펀한 무지개빛 눈물, 양 볼에 자국 남길 때 감긴 붕대 속 아픔을 잊고 소나기 맞은 땡중이 중얼거리듯 건방진 저승사자야. 네 이놈 썩 물러가거라. 아직은 젊어 못 간다고 전해라.

•

이유 있는 늙은이

틀렸다, 틀렸어. 이젠 모두 다 틀렸어. 꿈과 희망, 열정까지도 이젠 다 날아간 황새다. 젊은 날에는 돈이 가로막고, 줄 없고, 빽 없고, 돈 없어 이러지도 저러지도 오도 가도 못하다가 세월따라 늙어버린 몸, 천추의 한을 남겼다. 아직도 마음은 이팔청춘이건만 때깔만 쫓는 세상은 늙음을 부정하니.

•

작가

작가, 생각만 해도 설레는 이름이다. 적어도 나는 작가란 이런 사람이라고 감히 말하고 싶다. 작가란 세상에 없는 어떤 하나의 대상을 소재로 새롭고 참신한 내 안의 능력과 지혜와 손기술로 창조하고 꾸미고 만들어 예술품으로 승화시켜 대중의 찬사와 신뢰를 인정받는 특별한 사람을 말한다. 나도 작가가 되고 싶은 사람이다. 이미 출간했다. 그러나 아직 작가는 아니다. 어설픈 풋내기 아마추어일 뿐이다. 선전만 할 뿐이다. 열심히 읽고 쓰며 수업을 쌓는 중이다. 작가마다 자신의 특색이 있다. 자신 있게 쓸 수 있는 자신만의 글을 쓰는 것이다. 작가 지망생인 나는 세상사를 풍자로 한 유머 소설의 대가가 되는 게 꿈이다. 세상에 널린 게 다 글의 소재가 되는 우리네 인생사를 풍자한 글 말이다. 누구도 흉내

낼 수 없는 기상천외의 잡담 말이다. 내 노년의 소망 같은 것이다. 운명이고 팔자인 내 전부의 뜻이다. 머리통도 비었고 가방끈도 짧으니 역사를 쓸 것인가? 박진감 넘치는 범죄물을 쓸 것인가? 내가 자신 있게 할 수 있다는 건 내가 좋아하는 일을 할 수 있는 것을 말한다. 남의 인생을 들여다보고 내 삶의 테두리에서 이그러진 고통이거나 희로애락, 질곡과 야비, 파도와 억장 하여금 눈을 떴으니 보고 귀가 열렸으니 듣고 경험 얻은 세상사 왈 뼈대로 살아 천리만리 써 내려갈 글발은 내가 나를 선택한 청승이다.

・

앵커와 눈

일곱 시 뉴우스에 미인 기상 앵커가 내일은 고기압의 영향으로 눈이 으쩌고 저쩌고 떠들더니만, 자고 일어나 창문을 여니 진짜 눈이 왔다. 지금도 연신 나리는 중이다. 폭설이다. 소복한 눈 속에 발이 빠지는 걸 보면 적어도 60mm 이상은 될성싶다. 정확한 기상예보가 끝내준다. 백발백중 명사수다. 세상은 온통 백색으로 눈이 부시고 포근함으로 덮어 고요한 새벽이 경이롭다. 내려라, 눈. 자꾸 내려라.

・

현대판 심청이

그녀는 꽃 중의 꽃이다. 인간 꽃이다. 향기만 없을 뿐이다. 열매로 이르면 튼실한 열매, 직함을 주면 도덕군자다. 남편 없는 홀시어머니 뫼시고, 시집 식구 섬기는 요즘 세상 보기 드문 효부. 그대는 설렘의 꽃, 가시 없는 장미. 하늘 우러러 한 점 부끄러움 없는 포근한 목화솜. 세상이 변한들 가슴은 변할 수 없다는 신념의 꽃. 이런 그 여자가 내 이상형이다. 뼈 없는 물고기, 가녀린 봉선화, 말 잘 듣는 고양이. 그 암고양이가 내 가슴 안에 들어앉았다.

하루를 열며

주홍빛 햇살이 넘실넘실 고층 아파트 키를 넘어 솟아오른다. 내 두 눈과 일직선으로 딱 마주친 햇살. 앗! 눈이 부시고 동공이 시리다. 빛을 뿌리는 찬란함. 새벽 전선줄에 방울처럼 내려앉은 참새떼도 부리를 비비며 해맞이를 한다. 이제 막 내가 뿌린 한 줌의 쌀알로 만찬을 끝내고 전선에 앉아 식후 망중한을 달래는 중이다. 그새 해는 중천에 올라 아파트 위에 화살처럼 꽂혔다. 11월의 한기, 햇살의 틈새에서 나는 또 하루를 열고.

짹짹거림이 있는 아침

날마다 아침이면 바라다볼 수 있는 것이 있어서 좋다. 주방 창 너머 커다란 은행나무에 단골로 날아드는 참새떼의 아침을 알리는 청명한 짹짹거림이 좋다. 옛날 내가 농사짓던 그 시절로 돌아가자. 수수 모가지 익어 고개 숙이고, 좁쌀이 알알이 익어갈 때 귀찮게 달려드는 참새를 쫓느라 전쟁을 치룬 생각을 한다. 쫓으면 푸르르 일제히 날아올라 허공을 한 바퀴 선회하고 다시 몰려와 알곡을 쪼는 얄미운 참새였다. 빈 깡통도 두드리고 휘휘 홰를 쳐 총

소리도 내어보고 귀신 단지 같은 허수아비도 세우지만, 참새는 속지 않았다. 백약이 무효였다. 방법은 얼른 베어 거둬들이는 게 상책이었다. 떼거지로 몰려다니며 말썽을 피우던 그 많던 참새는 다 어디로 갔을까? 이제는 그 숫자가 미미하다 하여 동물보호법상 천연 보호새가 되었다. 무엇이든지 생명이 있는 것이라면 사라져서는 안 될 일이다. 밉고 천한 것일지라도 인간과 공존하며 살아갈 이유가 있으니까.

·

겨울비

우리 속담에 '닭 대신 꿩'이라는 속담이 있다. 해석은 간단하다. 닭을 필요로 하는데, 닭은 없으니 닭 대신 꿩을 이용하자는 임시 웅변의 지혜를 일컬음이다. 기상이변일 테지만 눈이 와야 할 지금 이 겨울에 추적추적 비가 내린다. 몸도 시리고 마음도 시리다. 따끈한 차 한 잔 후 불어 마셔보지만 내 직성은 그대로인데 겨울은 깊어가고 아, 내가 견디어 내야 할 노동의 벌판. 두 눈만 깜박이며 고민에 빠진 나.

·

겨울비

인간은 미완성의 속물이다. 가식과 위선을 앞세워 상대를 농락하는 비겁한 협잡꾼이다. 사람이어서 이웃이어서 정 나눈답시고 흔쾌히 가슴 나눴더니만 빌어먹을 되로 주고 말로 받았네. 머리 검은 짐승 걷어봤자라는 옛말, 그 말이 정답이요 명언일세. 그들의 고통을 내가 짊어진 채 나는 발을 뺄 수 없는 뻘밭에 주저앉았다. 십자가를 짊어진 예수였다. 숱한 날들을 별 헤듯 밤잠을 설쳤다. 가세가 기울 듯 심장은 헐떡이며 졸아들었고, 불안, 공포와 공황장애에까지 이른 정신적 충격에 치를 떨었다. 그렇게 나는 간교한 그들이 쳐놓은 투명 그물 안에서 반환점만을 돌고 돈 꼴이었다. 인간은 공을 모른다. 받는 것만 알 뿐 줄 줄은 모른다. 더러운 허상이다. 잘 먹고 잘 살라는 무운이다. 문둥병은 문둥이가 고칠 수 없다. 대타가 있다. 닭 쫓던 개 지붕 쳐다보기다.

·

부정주의

너무하다. 세상사 겨우 이런 것인가. 분통이 터진다. 필경 미쳐도 단단히 미쳤다. 오, 하나님, 역겨워 구역질하는 지겨움, 덕이 무너진 세상, 냉냉한 감성, 세상이 왜 이래. 백 년도 못 사는 인생 잠시 머물다 가건만 남은 생을 그렇게 추하게 살다 갈 게 뭐냐. 더러운 인간사.

·

벌목

나무는 움츠리고 떨며 죽은 듯 겨울을 인내했다. 이제 새순을 틔울 춘삼월이 오건만, 내 몸은 몇 동강이 난 채 산허리에 누었다. 인간의 이기로 베어진 내 몸. 마지막 그 뿌리마저 뽑혀 거동은 감추어 사라질지언정, 정말 이 산에 나는 우뚝 섰던 나무였을까? 청산이 슬퍼 운다. 심폐 기능이 마비되는 죽음의 그 숨 쉴 수 있는 산소는 어디서 얻어 마시며 후세에겐 무엇을 유산으로 물려줄까?
자멸로 가는 총명한 인간의 어리석음.

하늘을 보면

　한 점 부끄러움 없어 올려다본 하늘, 빙글빙글 낯선 까마귀 떼의 군무. 그 신바람 시선에 내 눈의 동공이 꽂히고 고개는 90도로 꺾였다. 찰나, 거억거억 남으로 유영하는 기억 자 기러기 떼 한 줄. 유연히 군무하는 까마귀 곁을 스쳐간다. 연두색 나팔꽃 넝쿨이 뒤엉킨 철망 울타리에 자즈러지며 날아 앉는 떼무리 참새. 우목한 내 빈 가슴에 상념 하나 던져준다. 시를 쓰는 사이 군무는 사라지고 폭음으로 허공을 나는 비행체 하나. 내 작은 손으로 어설프게 접어 날리던 종이비행기. 내 어린 날의 추억을 일깨워주고 저 두둥실 흰 뭉게구름은 흘러 흘러 어디로 갈까.

눈에 보이는 것마다

　유리창이 없는 버스는 없을까? 있으면 좋겠는데. 왜 그러는데? 창밖이 보기 싫으니까. 왜 보기 싫은데? 내 마음입니다. 쳇! 별난 맘도 다 있네. 이 냥반이 왜 이래. 아! 딱 보면 모르십니까? 하늘이 닿을락 말락 치켜 올라가 하늘을 가린 초고층 아파트, 저거 꼬락서니 뉘 집 딸년이여? 살은 쪄가지고 꽉 낀 청바지에 남산만한 살찐 궁뎅일 있는 대로 씰룩대며 걷는 폼새하구는. 그리고 저게 치마야? 빤쓰야? 배꼽티가 너무 짧어. 우렁 배꼽이 안녕하시어요? 그러면서 빵긋거려. 이래도 되냐? 뉘 집 손녀딸이야? 이이 이 이보시게! 저거 뵈냐? 낮술에 쫄아 길바닥에 열십자로 누워 대한민국 만세를 부르는 저 잡녀래, 저석. 저슴 여편네가 어떤 년인지 해골 꽤나 뽀개지겠다. 쯧쯧쯧쯧 엥. 건너다 뵈는 게 산소 자리라구 볼 게 없어요. 이래노니 유리창 없는 버스가 필요하지. 그러게 그런데 말입니다. 왜 할 말 있남? 그럼요 있구 말굽쇼. 가만히 생각해 봉께 유리창이 없는 버스가 있으면 기분 나이스로 볼만한 게 많겠는디요. 으잉? 그려? 그게 뭣이여? 앗따! 엄청 궁금하나 비네. 대고진상 직방 큐! 엉큼한 마음으로 두 눈을 찔끔 감고 어두운 버스에 올라탄 영자의 허여멀건 넓적다리 정도는 볼 수 있지 않을까. 백번 굿일 거 같은데. 예라이! 호로.

•

자존심 버리기

가난에 이골난 세상살이. 이것저것 아무것도 가진 것 없으면서 짜증은 부려 무엇하나. 작금의 삶이 운명이요 팔자니 욕심 털고, 시기 털고, 구차함 내려놓으니 맘 편코 속 편해 좋다. 겉보리 서 말만 있어도 처가살이가 웬 말인고. 빈 자에도 자존심은 있다. 처지가 처지인 만큼 더럽고 아니꼽지만 매인 몸은 어쩔 수 없더라. 불같은 배떼기 똥배짱도 감추게 되더라. 모욕과 굴욕도 인내하게 되더라. 자존심까지 팔아먹는 종속된 비열함, 이것은 말로다. 억울은 울분으로 달래고 가슴으로 통곡한다. 비루하게 이끄는 삶, 죽지 못해 산다는 게 정답이다. 고양이에 쫓겨 달아나다 코너에 몰린 쥐는 죽음을 포기하는 것이 아닌 뒤돌아 쫓던 성난 고양이를 물어뜯거든. 이판사판 합이 개판 식으로 궁하면 통하는 것이 세상 이치. 해무 같은 궁한 삶인들 마음마저 궁할까. 산다는 게 평생 애간장 녹는 일.

・

아침의 소야곡

    은행나무 꼭대기에 참새 패거리가 뫼 앉았다. 접시가 깨어지는 중이다. 작아도 알만 잘 낳는 참새야. 조반부터 그게 다 뭔 소리냐. 뱃부리 항구에 곤쟁이 새우젓 배라도 들어왔간? 누구라? 어멈이 바람이라도 나 놈팽이랑 야반도주해 튀기라도 했다냐? 나 이거야 원. 이 춘삼월에 너희들도 대장 뽑으려고 여야처럼 패거리 갑론을박 밥그릇 채트리기 쌈박질 대회하냐. 아유~ 시끄러! 돌아 버리겠네. 오나 가나.

・

피마주를 심으며

    아주까리 피마주는 동질성의 식물일까? 촌놈이지만 그건 잘 모르겠다. 학자가 아닌 무식해서 나는 오늘 잘 모르는 아주까리를 심는다. 어머니는 아주까리라고 하셨고 아버지는 피마주라고 이름하셨다. 도회지가 아니면 전기가 들어오지 않던 농촌의 밤은 석유 등잔과 피마주 기름, 들기름, 송진을 태우며 어둠을 밝혔다. 피마주와 동백기름은 여자들에게는 유용한 맵시 나는 머릿기름으로 인기가 있었다. 어머니도 피마주 기름으로 머리 단장을 하셨다. 피마주 머릿기름은 값도 비쌌다. 호기심에 맛이나 보자고 손가락으로 찍어 먹어보았다. 달지도 시지도 않은 그저 소태나 다름없이 톡 쏘게 썼다. 맛이 쓴 관계인지는 몰라도 피마주 기름은 먹지 않았다. 그런 기름을 먹었다는 소리조차 듣지 못했다. 등잔불과 머릿기름으로만 사용했다. 아주까리 껍질은 유리처럼 매끄럽고 얇지만 단단했다. 아주까리 기름을 짜려면 먼저 집에서 껍질과 알맹이를 분리해야 했다. 절구에 아주까리를 쏟아붓고 절구 갱이로 지근지근 이겨 껍질을 깨트려 키에 까불러 속살을 분리하고 가야 기름을 짜줬다. 어머니가 외출이라도 하실 땐 의례 청포에 머리 감으시고 피마주 기름을 발라 참빗으로 싹싹 빗어 넘겨 똬리를 틀어 은비녀를 꽂으셨다. 은은한 향기와 감태같이 검은 어머니의 머리칼은 피마주 기름으로 윤태가 났다. 어머니에게 피마주 기름은 귀한 보물이었다. 당알당알 여의주도 심었다. 수세미도 심고 꽈리도 챙겨 심었다. 콩밭의 까마중도 따먹으며 심었다.

·

토요일 아침

　TV 속에는 이과수 폭포가 물보라를 일으키며 무수히 흘러내리고 창밖은 지금 함박눈이 한참이다. 밥을 먹다 어금니 반쪽이 다이나마이트에 깨지듯 쪽이 났다. 이거 불길한 징조 아냐? 이거 봐, 박수무당 좀 불러봐. 늙으면 이빨도 가만 내비둬도 저절로 깨지고 부러지고 썩나 보다. 됐고, 개는 내 다리 사이에 코를 박고 씩씩거리며 잠들었다. 아침 후식은 뭘 먹을까 고민하며 두 손으로 얼굴을 문지른다. 밤새 자란 수염이 껄끈껄끈허니 삼국지에 장비 수염, 참외밭의 고슴도치다. 밤새 뭔 일이 있었나 하고 세상이 미심쩍고 궁금해 조간신문을 뒤적거린다. 맨 광고투성이. 개뿔도 볼 것도 없는 상업자 선전신문. 저희들은 광고해서 돈 벌고 독자는 신문값만 내면 된다 이거 아녀? 싸가지 없이. 임자, 거기 말야. 붓하고 먹 좀 갈아가지구 와. 신문 사절.

•

톨스토이

감히 무례하지만, 나의 지략은, 나의 이상은, 러시아의 톨스토이와 같음. 가족이 누리는 물질과 풍요, 자신의 추구적 삶, 세속에서의 해방감, 이해 부족한 가족, 어울림을 싫어하는 성격, 괴팍스러움, 이상주의, 고집까지 어쩌면 그럴까? 내 판박이야. 세인의 우상도, 사랑도 다 뿌리쳤다. 물질적 부호였지만 스스로 빈민촌에 거주하며 끝내 걸인처럼 길 위에서 생을 마감한 무소유 이상주의자 톨스토이.

•

대학병원과 사돈 먹은 에미나이

야! 내가 이래 뵈도 대학병원만 다닌 지가 어언 43년이야. 단골손님 나가신다. 길을 비켜라. 내가 병원에 떴다. 원장이 그냥 양말도 안 신고 맨발로 달려 나와 양손 모아 배꼽인사허는 거 있지. 아 그뿐이야. 내가 눈꼬리를 치켜뜨고 이봐! 원장! 요즘 일하는 게 티미해. 갱년기 왔어? 그러면 금방내 5.7의 강진이 와. 덜덜덜이야. 내가 무서워 그러는 게 아니라, 하도 돈을 많이 프러쎈트하니까 VIP 대접을 하는 모냥새야. 아 돈 주는 데 누가 눈을 흘겨.

으이그으 잘 나왔다.

●

어느 봄날

이렇게 햇빛 좋은 날 집구석에서 영양가 없이 책이나 뒤적거리는 주제. 팔잔지 중독인지 청승을 떠누나. 후다닥 나서서 3월의 매화나 구경할 일이지, 책에서 떡이 나오간? 밥이 나오간? 그거는 네 놈 생각. 황새가 어찌 봉황의 깊은 뜻을 헤아리겠냐? 이 똥을 싸서 깔고 앉아 뭉개며 매화 타령을 헐 녀석아. 코랑 말코 친구.

●

재생의 새 생명

작년에 스러진 묵은 거우쟁이. 틈새 비집고 푸른 민낯이 오늘 빼꼼히 고개를 내밀었다. 햇살 강한 비탈 양지에 미끄러질 듯 아슬아슬 걸터앉아 푸른 미소로 해죽해죽 갓난아이처럼 웃고 있다. 신비한 생명의 소생이다. 이렇게 자연은 살아있음을 과감히 드러내어 거웃거웃 커가는 것이다. 세상의 거룩이란, 생명을 두고 하는 말이리라.

●

불편한 진실

내가 나를 분석하고 자신을 부끄러워했다. 아주 작게 약간 소량으로 더러는 비난과 회의, 이기와 아집도 살아 꿈틀댔다. 산다는 것은 전쟁 그 자체다. 처절함이다. 굴레다. 그래서 어쩌면 태어남을 부끄러워해야 할 일이라 생각했다. 인간은 탈 가면을 버릇처럼 즐겼기 때문이다. 야비한 앙상블이다. 영물이지만 비감적 존재여서 가치 이하의 저 속물이 되기도 한다. 그래서 차라리 이면주의자다. 나 또한 다름없는 이 부류의 함축객이다. 그러나 양심적이다. 정의는 일획이다. 구부러짐이 없다. 이하동문이다. 올곧지만 느슨하다. 청순한 양이어서다. 인격을 존중하는 의미 깊다. 순백의 양심선언이다. 결백, 공소사실 없음. 부끄러운 적 없음에 두 손을 펴 하늘 우러러 눈 가릴 일 없으니 무던한 형통주의자 아닌가. 사람의 일 무한한 만고 형상, 삶의 도류, 고육지책, 오늘도 떠안고 넘어진 내 흉상 하나.

•

가족이라는 이유

개도 오랜 세월 가족으로 함께하다 보면, 여지없이 주인을 닮는다. 눈치도 백 단이다. 삐치고 심술도 부린다. 감정으로 식욕도 거부한다. 밤마다 정적을 깨트린 채 불 꺼지길 기다리는 여섯 개의 눈동자. 자정이 넘도록 책을 보고 글을 쓰는 주인 잘못 둔 운명의 개들이어서다. 이에 얼마나 더 충성일까? 내가 소등하고 자리에 누워야만 멈췄던 꼬리를 흔들며 내 주위에 아무렇게 누워 나와 같이 잠이 든다. 감히 마누라라는 작자가 저 고단한 개처럼 내 잠들기를 기다려 쭈뼛거리며 졸아줄까? 어림도 없는 개소리. 벌써 꿈나라 간 지 한참이다. 저승길 멀지 않은 늙은 주인 야독에 애꿎은 네놈들이 욕을 보는구나.

꼴찌면 어때

　이봐 허씨. 왜 그러시는데요? 쫌 변하면서 살어. 뭘여? 아~ 허공에 펄펄 드론이 날고 있는 이 시대에 아직도 접이식 뚜껑 아날로그야. 아, 시방 유치원 애들도 그거 안 써. 신가라 디지털 LG 쎄븐으로 바꿔. 챙피허게 016이 뭐야. 016이. 첨단세상 언제 따라잡을래? 그건 따라잡아 뭘 허게. 나는 세상의 변화가 절대 마음에 안 드는 사나힐세. 학학대며 다들 뛰어도 날랑은 어정어정 걸을란다, 느긋이. 빠른 거 좋아하다 뒤집히는 수가 있어. 고속버스가 신나게 달리다 달리다 거꾸러지는 거 있지. 배고프다구 후다다닥 퍼먹고 체해서 병원 가는 거. 누구를 위하여 종은 울리는 거냐? 나는 느려터져 더딘 열대의 숲에 안식처를 가진 나무늘보야. 나무늘보가 맘에 안 들어? 느림의 미학도 모르냐. 무식하고 개질치 않은 녀석, 뭘 알아야 면장을 하지.

일요일엔 그들을 만나러 간다

　청승 보따리 가방을 걸머메었다. 그 검정 가방 속에는 어제 먹다 남은, 아이유가 야설을 떨고 있는 메이커 통닭과 대강 뜯어 먹어 제법 살점이 붙은 뼉다구, 3,000원어치 빵과 찐계란 4개, 마누라 몰래 쎄비한 개 간식과 젓갈도 안 댄 닭도리탕 반 냄비가 정갈한 비닐에 싸여 가방 속에서 애햄 하고 있다. 이걸 맛나게 먹어줄 주인공은 세 놈의 견. 누렁이, 검둥이, 얼룩이. 먼 길 나서는 나그네처럼 나는 서둘러 이른 아침 김포로 간다.

짠소리 유머

　유전자 여러분, 사랑합니다. 기호 ○번 개 아무개올씨다. 한 표 부탁드립니다. 이 나라 국회의 참신한 일꾼으로 진정한 국민의 머슴이 되어 이 한 몸 던지려 합니다. 일하고 싶습니다. 놀구 있네. 말로만 어리석은 백성이 실수로 찍어 재수로 붙고 나면 누구시더라 권력이 나가신다. 길을 비켜라. 돈 나올 구멍이나 뚫러 다니고 공약 청렴 머슴 따윈 전당포에 잡히고 골프나 치러 다니고 맛있는 거나 먹고 민생이 뭐 어째? 자네 배만 빵빵하면 그만인감. 이런 얼어 죽을. 반대! 반대! 4년 내내 반대! 괴변이나 놓구. 뭘 으쩌자는 게야. 그러구서는 달달이 월급은 똠방똠방. 두 손이 부끄럽고 뒤통수가 근질거릴 텐데. 감히 내가 낸 혈세를 달달이 일도 안 하고 수백만 원씩 받아챙겨? 이런이런 능지처참을 할. 이래 놓으니 뗄껵 아무나 찍어줄 수가 있나. 인물이 있어야지, 물건이 없어. 내가 들러붙어 했으면 좋겠구먼. 차라리 개뿔도 모르는 날 찍어주지.

갑질

　뜩 허니 뒷짐을 지고 시계 부랄처럼 왔다 갔다. 오만 잔소리는 뚝배기 된장 끓듯 풀떡거리고, 내가 하면 로맨스 남이 하면 불륜이듯 남이 하는 일 눈에 안 차, 안달 안달. 내비두면 알아서 하건만 잘하는 것도 못하게 주눅을 들게 하니 이게 갑질이지. 해줄수록 양양이라더니. 열에 하나 그냥 넘어가는 일이 없이 참견과 핀잔. 또 한 번 갑질, 여기저기서 라면 끓이는 소리, 일보다 스트레스가 더 힘든 회사, 철부지 애는 없건만 들볶고 쑤석거려. 뭘 어쩌자는 것인지 천성이 그 지경이면 머지않아 문 닫아야지. 머슴을 거느리고 돈을 벌려면 최고의 대우와 그릇이 커야지. 이건 간장 종지 모냥 오종종해 가지구는, 눈앞의 이익만 챙기려 드니 오너가 그 지경이면 누가 널 위해 충성을 할까. 하나만 알고 둘은 몰라요. 겉똑똑이 속 미련은 이런 위인을 두고 하는 말.

혼사길

소담하게 피어오른 신록 5월, 푸르른 잎새 산을 이루었다. 거대한 이 산은 언제부터 이 산에 있었을까? 얼른 보아도 억세지 않은 나긋나긋한 어린 잎새, 살랑이는 5월의 봄바람에 사시나무 떨듯 하늘거린다. 나를 실은 차는 빠르게 질주하므로 다시 눈앞에 새로운 산이 나타나고 또 빠르게 시야에서 멀어지는 산 산 산. 나는 지금 '축 결혼' 흰 봉투에 부조금 챙겨 장가가는 조카 녀석 하객으로 용인 가는 길.

인생은

인생은 나그네. 빈손으로 태어나 빈손으로 홀연히 가는 것. 세상은 잠시 머물다가는 허망한 정거장. 돌고 도는 로타리 인생. 내 삶의 마지막 영면에 드는 날일 때 나는 비로소 다시 이승의 원점으로 간다. 모든 업과 짐을 벗고 자유를 얻었으니.

후유증

　사고 이후의 증후군, 후유증. 작년 9월 사고 이후로 나에게 오는 알레르기 같은 어지럼증과 전신이 휘청휘청 넘어가는 느낌의 두뇌 통증. 경험하지 못한 별세계의 일들이 지금 내 몸에서 일어나고 있다. 쉽게 빨리 끝낸 의료 합의의 후사 난제인 것이다. 내 임의로 성급히 병원문을 나선 건 아니다. 강요에 의한 퇴원이라고 하면 맞다. 그럴 수밖에 없었던 사연은 늙어 얻은 직장, 여러 날 입원으로 일손에 지장이 있다는 이유로 어쩔 것이냐. 결정을 해라. 아픈 건 네 사정이다. 내 사업에 필요 이상은 없다. 오늘 답을 듣고 가야겠다. 장승처럼 뻣치고 서서 성화를 부린다. 그 바람에 그야말로 그나마 짤릴가봐 완전하지 않은 몸으로 출근한 게 화근이 된 것이다. 우선 살아났으니 살기 위해 벌어야 하는 내심의 억지. 춘향이도 한몫한 셈이지만, 입원 내내 면회 한번 없다가 겨우 찾아와 퇴원을 강요하다니 참 대단한 갑질이다. 장장 5년이 지났지만, 지금도 가끔 사고의 후유증을 겪는다. 이 증상이 평생을 날 괴롭힐 복병일런지도 모를 일이다.

한낮 허상을 꾸다

　한 편의 시네마에서 하나의 특별한 장면이 평생 기억에 남듯 몽롱한 나는 선잠 속에 기억이 생생한 허상의 판타지를 꿈꾼다. 아득히 들리는 해괴한 목소리 쉰 노파의 신음 같은 소리다. 몽블랑. 나는 파란 눈을 가진 늙은이야. 톱스타 배우가 늙어버렸어. 쭈

굴쭈굴한 골 깊은 이마의 주름은 마치 출렁이는 바다의 파도 같아. 또 한 번 들리는 목소리는 가래가 찬, 거칠고 칙칙한 목소리였다. 아이를 갖는 게 이렇게 힘들 줄이야. 저 늙은이가 미쳤나? 뭔 애 타령을 하고 돌아다녀. 나는 노파를 힐난하며 노려본다. 그러나 허리 꾸부정한 노파의 배는 올챙이처럼 부풀 대로 부푼 출산이 임박한 임산부였다. 오! 마이 갓. 이거 봐! 나는 평생에 아기를 가져보지 못했어. 두 번을 결혼했으나 아이를 못 낳는다는 이유로 소박맞고 쫓겨나 거리를 전전하다 우연히 노숙자 영감과 사랑을 나눴지. 하늘이 날 도운 게야. 젊어서도 안 생기던 애가 나이 80에 생긴 게야. 세상을 오래 살다 보니 이런 괴변도 생기드라구. 으흘흘흘 흘리는 노파의 음흉한 웃음에 내 팔과 다리에 우둘두둘 소름이 돋는다.

주책이거나 망녕이라구는 생각지 말어. 늙어 거무틱틱하지만 나는 샤방샤방한 미인이었어. 물론 젊을 때 소싯적 이야기지만, 세계적 미인이었다구. 클레오파트라보다도, 마돈나보다도 더 예뻤지. 그러면서 노파는 손거울을 들어 화장하기 시작했다. 자! 이제 나 좀 봐줘. 이쁘지? 예전만은 못하지만 말이야. 나는 헉 소리를 내며 뒷걸음질을 친다. 눈은 온전한 여우 눈이었다. 얼굴은 백색으로 창백하다 못해 푸른 빛이 났다. 짙게 이겨 바른 붉은색 루즈는 턱밑까지 녹아내려 온통 붉은 피 칠갑을 한 모양새였다. 히히 어때? 이쁘지? 히죽거리던 노파가 갑자기 나를 연민의 눈으로 쳐다보며 다가온다. 나는 혼비백산하여 으악 소리를 치며 벌떡 일어났다. 꿈이었다. 온몸은 식은땀으로 축축했다. 나의 심신이 많이 지쳐 있나 보다. 말도 안 되는 이런 엉터리 괴변의 꿈을 꾸다니

지겹고 난해했던 생활전선인 회사를 나온 지 한 달이 넘었다.
무료하겠구나 하겠지만, 전혀 그렇지가 않다. 내가 원하던, 하고 싶은 일이어서 책상 앞의 난 행복한 하루하루다. 그 재미에 잠자는 걸 잊으리만큼 열심이다 보니 심신이 지친 나머지 신경과민까지 겹친 과민성 콤플렉스가 주는 요주의 위험 신호가 아닐까. 어떤 하나의 사물에 신경을 곤두세워 그것에 탐닉할 때 정신적 허상이 보이듯이 내가 지금 그 일을 경험했던 거다. 머리가 지끈대고 어지럽다. 현실과 같은 생생한 판타지였다. 아직도 가슴이 뛴다.

·

내일을 위한 오늘의 고뇌

오늘 같은 날은 내가 미쳐 돌아간 느낌이다. 시간이 가는지 밤이 저무는지도 모르고 글을 쓰다 히프가 마비가 오는 듯하여 힐끗 시계를 보니 새벽 5시다. 아침부터 책상머리에 앉아 두 끼 식사 시간을 빼고는 줄곧 쓴 셈이다. 그제서야 눈이 뻑뻑하고 가슴이 뻐근함을 느낀다. 오랜 시간 볼펜을 잡은 손가락이 마비가 온 듯 펴지질 않는다. 몸과 머리가 이즈러지게 내가 나를 학대한 꼴이다. 의자에 벌렁 기대어 허리를 펴고 기지개를 켜며 긴 하품을 한다. 이제야 날밤을 샌 피곤이 한꺼번에 몰려오는가 보다. 정신이 몽롱하다. 눈과 생각이 함께하면 그것은 보배가 된다. 집념 같은 내 판단이 상당히 잘못된 생각일까. 지성이면 감천이라는 속어에 사활을 걸 이유도 있지만 지금 오늘 같은 이런 혹사를 당연시 하듯 하는 내 행동에 문제가 있는 것일까. 내가 은밀하게 풀어야 할 숙제인 것 같다.

시작은 반이다

책을 접하고 책과 친해지면서 나도 글을 한번 써볼까 하는 욕심을 갖게 된다. 맹랑한 도전의식이다. 처음 시작은 욕심과 관심이 자신을 불러올 때만이 가능하다. 도전은 자신감이며 능력이되 현실이다. 오랜 세월 생활화된 나의 독서 경험이 작가라는 반열에까지 이른 나의 업적이다. 행복한 경험을 하고 있는 것이다. 소를 타다 보면 소와 다른 말을 타보고 싶은 것이 인간의 심리다. 글을 쓰다 보니 서재가 갖고 싶어졌다. 그 서재에 내가 쓴 책을 나란히 꽂고 싶은 거다. 넓고 큰 방, 평방 구조에 맞춘 맞춤 서재는 지금 240만 원이 소요됐다. 내 빈 지갑을 보면 과용이다. 수백 수천 권의 책이 꽂힌 서재에 둘러싸여 많은 책의 영감을 받으며 글을 쓴다면 얼마나 많은 지혜가 쏟아져 나올까? 하는 주술적 환상에 젖어본다. 이보다 더한 행복은 없을 거라는 희망적 메시지가 전달된다. 그 소망이 이젠 현실이 됐다. 그래서 꿈은 이루어진다고 했나 보다.

고양이가 사는 법

한번 집을 나간 고양이가 다시 집에 돌아오는 건 불가능에 가깝다는 찬반론이 대세다. 믿어도 되나요? 글쎄 정말 그럴까? 고개가 갸우뚱하기도 하지만 사례가 그렇다니 굳이 못 믿을 것만도 아닌 듯하다. 앙칼지고 포악한 성질의 동물이기 전에 고양이는 요물이라는 옛사람들의 편견은 무엇을 근거로 그런 터무니를 인용했는지. 삼복더위가 한참일 때 서늘한 기분으로 더위를 피해준다는 여름철 납량특집 괴기한 귀신에 관한 영화 속에는 으레 고양이가 등장하는데, 그것도 까만 고양이가. 고양이를 이용하는 장면에는 앙칼지고 포악하고 차가운 습성을 이용한 하나의 넌센스물로 영화의 쿨한 장면을 연출키 위한 각본을 쓴 영화인의 아이디어일 뿐 엄밀히 따져 실제 고양이는 그런 간담을 서늘하게 하는 괴기한 동물이 아니다.

단, 고양이의 습성상 낮보다는 주로 밤을 좋아하는 야행성이라는 점을 고려함도 빼놓을 수 없는 이유다. 고양이는 새침하지만, 카리스마도 있다. 앙칼지고 날렵하지만, 저를 사랑해주는 주인에게는 순한 양이다. 특유의 애교도 부리고 뒹굴고 앞발을 들어 허우적대며 놀자고 얼러대는 정감 넘치는 사랑스런 동물이다. 이런 내 둘도 없는 친구인 고양이가 집을 나간 지 한 달이 돼도 돌아오지 않는다. 나는 평정을 잃고 넋이 나간 듯 건성으로 드나들며 안절부절 서성인다. 온통 귀에는 이명이 오듯 고양이의 애타는 울음소리뿐이다. 연이틀을 줄기찬 소나기가 세상을 물바다로 만들어 여기저기서 재산과 인명피해가 한참인 이때, 도대체 네 놈은 어디에 있는 것이냐? 배는 또 얼마나 고플 것이며, 불행하게도 어디서 사고나 당하지는 않았는지. 도대체 어디에 생각을 고정시켜야 하는지 그 난해함은 당사자가 아니면 이해 불가다. 차라리 죽은 네 시체라도 보면 체념으로 잊겠지만 그것도 저것도 생사 오리무중이니 이 애끓는 심정이란 호강에 겨워 집을 나간 것도 제 팔자니 그저 살아만 있어주길 염원하며 거의 체념상태인 어느 날 밤 12계단 위에 납작 엎드려 냐옹거리며 날 반긴다. 이게 꿈인가? 생시인가? 믿어지지 않는 순간이다. 드라마에서 많이 본 장면의 한 장면이다. 얼마나 반가워하는지 바짓가랭이에 몸을 비벼대며 나를 두고 빙글빙글 돌며 야단이다. 장장 한 달이 조금 넘은 어느 날이었으니 한번 나간 고양이는 다시 돌아오지 않는다는 속설이 내 고양이로 하여금 확신이 깨어졌다.

•

연민의 소나타

 군이 사실을 밝힐 수 없는 숨기고 싶은 그 무엇이 있다. 그것은 사람이어서 가능하고 본능이어서 담대한 일이다. 언제든지 외로움은 환멸을 가져다주고 희망을 잃는 모체가 된다. 신은 인간에게 능력이라는 아낌없는 보배를 안겼다. 그 보배는 자신이 경우에 따라, 시기에 따라 충분히 그리고 적당히 이용하면 되는 것이다. 그것은 상대성이지 혼자는 아니다. 손뼉도 마주쳐야 소리가 나듯 인간관계란 쉬운 듯하면서도 호락치 않는 변성의 법칙이라 해도 좋을 일이다. 신이 창조한 조물주는 하나는 외로워 둘이라는 쌍무지개를 살아있는 모든 것들에게 선물했다. 그것은 큐핏, 사랑이라는 앙상블이다. 암컷은 잉태의 태반이다. 수컷은 번식의 가교로 인류의 근간이다. 채우고 누려라, 그리고 즐겨라. 참 아름다운 세상이다.

•

비감

 바보상자의 비감, TV를 고발한다. 오늘날 인류의 문명적 발전은 이제 여기서 얼마나 더 기막힌 세상을 만들려나 하는 감동스러움의 고조에 흥분되는 일이지만 문명의 이기에 치명적 사고나, 죽음에 이르는 감당할 수 없는 불행이 비일비재한 사실은 우리 모두가 실감하고 직면한 예다. 굳이 고도화되는 문명에 행복해하고 만족해할 일만은 아니다. 사람이 손발을 움직여서 해야 할 일을 기계가 하고, 편하고 쉽고 간단해서 굳이 신경 쓸 일 없어 몸과 마음은 편치만 이로 인해 퇴화하는 모든 안타까움은 어찌하랴.

나는 인간의 이런 기대어 사는 안일이 매우 걱정스럽다. 아니 우려스럽다. 나 또한 현실적 문명의 혜택에서 벗어날 수 없는 한 사람이기에 앞서, 자고 새면 눈으로 세상을 보는 바보상자의 비감, TV를 고발코저 한다. 예부터 우리는 자랑스러운 동방예의지국이다. 부모에 대한 자식의 효를 제일로 쳤고, 나라에 충성하고 친구 간의 우정과 신의를 강조한 흰옷을 즐겨 입은 일명 백의민족이다. 도덕은 우리 국민의 근간이었다. 남편을 여의고 정조를 지킨 열녀에게는 후한 상을 내렸고, 그에 걸맞은 상징물을 세웠다. 부모에 효하고 착한 자는 큰 벼슬자리에 이르게 할 만큼 인과 덕을 기렸다.

이런 순수한 착한 민족으로 산 우리에게 슬며시 다가와 문명의 발전이라는 이름으로 한 마리의 미꾸라지가 맑은 우물을 흐려놓듯이 파고든 문명이 우리를 2등분해 반으로 갈라놓았다. 그렇게 해서 사람들은 빠르게 여기에 빠져들었고, 문명의 발전이 얼마나 인간에게 절대 필요함을 노골화 인정하기에 이르렀다. 여기까지는 좋다고 하자 사람은 문명과는 다르게 만물의 영장류라서 모든 것을 자기 이상대로 바꾸고 고칠 수 있는 능력의 소유자다. 몇 해 전 일이다. TV 화면의 여성 노출에 대한 많은 논란이 찬반으로 동질성을 이탈한 건 온 국민이 다 보고 느낀 사실이다. 방송 매체의 공공성은 하루아침에 달라질 수 있는 보이기식으로 하여금 즉시 개선되는 마술 같은 매력이 있다. 여론의 뭇매와 성토의 대상이기 때문이다. 그러나 그것도 잠시 눈 가리고 아웅하듯이 반짝 이벤트로 흐지부지하다가 슬며시 되살아나는 불꽃처럼 다시 매체는 민낯을 드러냈고, 이제 오늘날 TV는 인기몰이식 경쟁이라도 하듯 방송사마다 민망함마저 잊어도 좋을 만큼 출연 여성을 상품화해 야한 신체 노출을 유도, 클로즈업해 방영하는 과감성으로 대중성을 호도하는 TV 오락성에 심각한 이의를 제기한다.

그리고 한 말씀 더 붙이자면 문명도 시대 변천도 좋다. 그러나 우리 문화를 아끼고 지키는 것은 그 나라 국민의 우월성이자 대단한 긍지다. 자긍심을 갖고 우리 것에 대한 애착과 전통을 지키며 예를 차리는 뿌리 깊은 문화 민족이면 더없이 우리의 역사를 빛낼 일이며, 세계적 귀감이 되는 동방의 유서 깊은 민족으로 추앙받을 일이다. 우리 그렇게 하자. 우리는 위대한 대한민국 일등 국민이니까.

●

믿는 자여, 참선하고 거룩하라

나는 믿음을 신봉치 않는다. 하나님의 전당이라는 교회엔 철없던 코 흘리개 시절 크리스마스 때 천막 개척교회에서 사탕을 준다고 이웃집 누나가 날 꾀어 강요에 의해 손잡고 끌려가 본 게 전부다. 믿음을 전도하는 여러 사람으로부터 여러 번 믿음을 강요받았지만, 그때마다 얼굴 뜨거운 미안한 마음으로 거절했다. 이건 나의 지론이다. 믿음이 강한 분들에겐 미움의 대상이 될 수도 있는 잘못된 발언일지는 모르지만 믿음이란 타인에 의한 어떠한 강요나 선동으로 따라나설 일은 아니다. 진정 자신이 원하고 느끼며 믿음으로 하여금 자신의 평화와 안녕을 간절히 원할 때만이 가능할 일이다. 결국, 내 마음을 열어 교회에 나간다고 하면 하나님을 위해서 기도하는 것은 아니다.

나를, 내 가족을 위한 소망과 염원을 하나님을 기대어 구원받고자 함이니라고 말하고 싶다. 예루살렘의 예수나, 보리수나무 밑에서 깨달음을 얻은 인도의 석가모니, 그들도 신이 아닌 사람이었다. 신은 투명하다. 사람의 눈에 보이지 않는 영적인 존재다. 이를 가르쳐 신이라 부른다. 다만 인내하고 고뇌하며 고통으로 마음의 수양을 쌓아 깨달음의 경지에 이르러 타인과는 차원이 다른 특별한 사람이어서 많은 사람은 그를 존경하고 따르며 신성시하는 것이다. 그러므로 신앙이란 자기 자신을 정신적 위안으로 그분의 계시를 따르고 섬기며 나를 위한 자기 수양을 쌓고자 하는 것이 신앙의 본질이 아닐까 한다.

성경은 이미 3,000년 전에 오늘날을 예언했다고 했다. 역시 경지에 오른 신의 한 수. 통찰력은 믿기 어려운 현실에 감탄할 일이다. 수긍이 간다. 부인하지 않겠다. 21세기는 불기둥으로 망하리라는 신의 가르침은 수천수만 년이 흐른들 변할 수 없는 것이다. 오늘날을 예언한 3,000년 이후의 2022년이라는 장구한 세월이 흐르면서 세상이 걱정스럽게 변했다. 가르침은 세속된 인간들의 그릇된 습성과 정신을 일깨워주는 큰 스승이다. 그렇다. 나는 크리스찬은 아니어도 세상을 함께 공유하며 살기에 교인들과 나와의 거리감을 두거나 그들을 비평하지는 않는다. 열성으로 시간을 다투고 할애하며 추종자를 섬기려는 열정만은 높이 평가한다. 믿음은 그렇게 사활을 걸듯 지극정성이어야 한다. 종교에 미친 골수분자라는 별명을 얻어야 되는 것이다. 착하게 살고 헌신적인 종교인으로 태어나길 염원하는 것은 내 진심이다. 내가 이 진실을 소리 높여 강조하고 싶은 데에는 아픈 상처가 있어서다. 평생을 하나님을 섬기며 종교 집안으로 살아온 친구이자 피를 나눈 의형제에게 사업을 미끼로 거금 수천만 원을 사기당한 내 사위의 냉가슴앓이에 배신의 잔꾀를 남긴 친구지만, 나는 기꺼이 그를 용서했다. 하나님 율법에 원수를 사랑하라 이르셨던 그 율법을 따라 원수를 사랑한 것이다. 그러나 그 이후부터 그는 전화를 바꾸고 연락을 일체 끊어 종문소식으로 남남이 된 사례다. 평생 씻을 수 없는 양심적 죄를 저질러 놓고 죄를 사한답시고 제 발로 교회를 찾아가 하나님 앞에 무릎 꿇고 무슨 기도를 했을까? 나는 오지랖이 넓다. 쫑뿔난 성격의 탓인지는 모르나 내 생각의 일부를 많은 사람에게 알리고 싶은 충동적인 사람이어서 사서 눈총을 먹는 일도 마다한다. 사람들은 새로운 것에 집착한다. 오래된 것에는 신념과 긍지가 담겼으므로 함부로 할 수 없는 것이지만 오래된 어떤 것 하나에 치중하기보다는 새로움을 창조해 어제보다 나은 오늘이 될 수만 있다면 새로운 것에 탐닉해 기대해도 결과물에 집착하는 일도 나쁘지는 않으리라 본다. 감히 성경의 구절도 오늘날에 맞추어 재검된 새로운 모습으로 다시 태어난다면 하는 생각이다. 이런 상상이 절대 율법에 어긋나는 경거망동한 일은 아닐 거라는 생각과 종교를 추종치 않던 자들도 감화하여 종교에 임하는 계기가 될 수도 있는 만큼 종교계에 큰분들이 한 번쯤 머리를 맞대고 연구 검토해볼 필요가 있지 않을까. 이 시대에 맞게 개량된 성경 말씀 말이다. 덧붙여 여기까지는 노 크리스찬 한 개인의 일방적 소견일 뿐이며 성경의 본질을 오도하는 의미는 절대 아님을 천명한다. 수많은 성도분이 있으시므로, 어렵고 조심스러워 가슴을 콩닥이며, 생각만큼만 썼음을 밝힌다.

·

인생은 외롭지 않아야 한다

사람의 한평생은 그야말로 지그재그 왔다 갔다 돌고 돌아서 가건만 다시 원점에 머무는 것이 인생이다. 젊음을 넘어선 황혼의 문턱에서 이제 바라고 원하는 건 아무것도 없다. 그저 사는 날까지 무병장수만을 기대할 따름이다. 동갑네들은 병으로, 자살로, 그렇게 하나둘셋 이승을 떠났고, 살아 남겨진 자들에게 슬픔과 상처만을 주었을 뿐 남은 것은 닭 쫓던 개 지붕 쳐다보기로 허무만 남았음이다. 그 허무를 넘어서는 지략은 고민하지 않아도 될 일이다. 마음의 문을 활짝 열면 매사가 오케이 땡큐다. 무지개 같은 허상을 좇는 게 인생이다. 맑고 밝은 지혜의 빛은 어디에 있느냐고 물을지언정 내 안에 있는 감로수를 찾을 일이다. 이 나이라면 찌든 삶에 이골이 난 황혼의 선후배, 다 받을 것도 줄 것도 남길 것도 없는 무에서 유를 창조한 시달린 삶을 제조한 숙련된 오버타임의 늙은이일 수밖에 없다. 그래서 꼰대라는 오명을 뒤집어쓰고 젊은 것들에게는 짜증나는 박제되고 외면당하는 수모의 슬픈 세상의 뒤안으로 한 많은 인생을 죽지 못해 사는 퇴물의 질긴 목숨들이다.

　억울하고 분해서 몸부림쳐 항거할 일이다. 혁명도 피 끓고 팔팔한 젊은 날에나 가능한 일이다. 이 나이에 갑론을박, 이 구석 저 구석 캐고 오목조목 따져 이유를 댄들, 노망기로 치부될 가능성이 100%다. 건너다 보니 절터요, 알고 죽는 해소병이다. 자존심, 오기, 편견까지 다 버릴 일이다. 지금 이 세상은 절대 늙음을 신용치 않는다. 아직 일할 나이다. 나는 일하고 싶다. 그러나 그것은 1인 시위에 불과한 핀잔의 몽독만 입을 뿐이다. 숙련되어 축적된 기술이 나이가 많다는 이유로 퇴출당하고 사회생활에 제약을 받는다. 신용이 상실되는 근본적인 사고방식이 늙은 우리들에게 코로나 같은 정신적 죽임을 경험하고 있다. '그저 그냥 가만히 계시면 되십니다' 하면서 어르고 달래 자존심까지 주저앉혀 그것도 대접이라고 어르신이라는 맛깔난 용어로 겉치레 효하는 척한다. 늙은이가 늙은이다워야 하는 동등한 대접받는 그런 태평성대의 그늘은 어느 하늘 아래에 있을까.

·

함께 가는 길

　매사는 불여튼튼이라는 아버지의 귀한 말씀을 헤아려본다. 어떤 일이건 착수 전에 단단한 준비와 철저한 계획이면 실수 없이 일을 마칠 수 있다는 의미의 속언이다. 대통령도 사람인지라 실수가 왜 없겠냐만 역대 대통령마다 임기가 끝나면 집으로 안 가고 감옥으로 가는 게 지금 이 나라의 현실이다. 권력으로 인한 비리도 빌미가 되지만 생각이 모자란 정치 일정의 실수로 인한 죄목이 명예와 인격에 치명적 상처를 남긴다. 보고 느끼고 행함에 있어 똑똑한 국민이어서 대통령을 형벌하는 것이다. 법의 공정성에 예외는 없는 민주주의여서 가능한 일이다.

5년 임기의 새 대통령을 내 손으로 뽑은 국민은 새 대통령에게 거는 기대는 참으로 지대하다. 자신이 내건 공약에 찬반을 표명하여 주권 권리를 행사하는 건 민주주의의 근본이다. 임기 내내 국정보다는 북한에 집착하다 임기를 마친 민주당의 꽉 막힌 정치 행보를 설마 답습하려는 의도는 아니겠지만, 새 대통령이 된 윤석열 정부의 행정이 국민들에게 실망스러운 미움과 혼란으로 인기몰이에 낙제점을 면치 못하고 있다. 실수를 연발하는 대통령 자신의 정계 경험 부족으로 인한 부작용도 있겠지만, 정치나 사회나 윗사람을 보필하는 참모들이 똑똑해야 나라 살림이 순탄할 거라 본다.

그러나 자꾸 드러나는 청문회의 입장으로 볼 때 이 시대의 정부는 끼리끼리의 규합인지 의리인지 모르게 각 부처에 직위를 맡기는 데 있어 심각함을 볼 수 있다. 전문성을 가진 직위에 딱 맞는 인물 선정이 잘못된 탓에 논란과 시끄러움이 생기는 것이며, 보직에 아무런 이력이나 경험도 없는 사람을 배석하는 실수, 임무 정책이 큰 문제가 아닐 수 없다. 경험이 없기에 실수하고 국민의 질타가 있으면 머리 숙여 사과나 하고, 그래도 해명이 안 되면 수세에 몰리면 사표 수리를 한다느니 오기로 버티기 추태로 정치인의 자격을 의심받는 사례가 비일비재하니 국정이 순조로울 수가 없는 것이다. 차라리 청문회를 없앴으면 좋을 듯하다. 일할 생각은 안 하고 후보로 내세우면 그 사람 뒷조사를 캐내는 데 중점을 두고 해갈을 하고 다니니 세월이 좀 먹는 것도 아니고 국민은 허수

아비인가. 서로 밥그릇 싸움질로 헐뜯고 이간질하며 자신의 이익만을 챙기려는 구태. 도대체 뭣 허려고 정치판에 뛰어들었는지 아이러니한 위인들이 있어 실로 걱정스럽다.

언제 수그러들지 모르는 3년여의 21세기 괴질인 코로나로 많은 인명이 희생된 우리의 현실을 보면서 답답한 행정 처신에 이의를 제기하고 싶다. 보건당국의 많은 관계분과 의료계 간호사 그리고 일반 봉사자분들 생명을 담보한 채 희생을 마다한 애국정신과 헌신적 봉사에 진정 머리 숙여 감사드린다. 그간 기세등등하던 코로나가 새로운 신약 처방의 백신 덕일까? 봄눈이 녹듯 서서히 침잠해지는 데에는 천만다행이라는 감탄사마저 나오지만, 아직도 확진자가 속출하고 사망자도 수십 명씩 나오는 지금 야외 마스크 전면 개방하고 실내에서는 써야 한다는 이번 새 지침 발표에 모순이 있는 듯하여 꼬집고자 한다.

어딘가 모르게 거꾸로 정책 발표인 듯하다. 이렇게 두서없이 풀어놓았다가 재발이라는 함정이 생기면 그때는 뭐라고 둘러댈 명분이 없지 않겠는가. 하루 인명 손실이 3,000명이 넘는 미국이 조기에 마스크 전면 개방을 발표했다. 선진국이 개방했으니 우리도 질 수 없다는 질투에 의한 개방인지는 발표 당국의 관계자들만이 알 일이지만 설마 그런 의도에서의 발표였다면 미국의 행정을 모방한 것이지 우리 정치 성향은 아니지 않은가. 생각과 이념이 다른 게 동양과 서양이다. 성급할 게 아니라 경과를 보면서 우리는 우리대로의 조치가 필요한 것이다.

무모한 조치에 예기치 않은 병마가 창궐하기라도 하면 엉터리 당국이라는 손가락질에 또 자리 바뀜이 있을 관망도 무시 못하거늘 TV 자막에는 '올겨울 코로나 감염 역습 우려'라는 경고 자막이 흐르고 마스크는 풀어놓고 또 한 번 이변이 일어날 공산이 십중팔구다. 오락가락 정책에 국민은 혼란스럽다. 어느 장단에 춤을 추랴. 큰코 다치고, 뒤통수 긁적거릴 일 만들지 말고 앉아서 구만 리 서서 삼만 리 도합 12만 리를 내다보는 선견지명식 축지법. 수십억만 리를 내다보는 신가라 천체 망원경 모냥 멀리멀리 내다보는 망원경 정책을 펴시라 이 말씀.

국민의 혈세로 비싼 코로나 예방 백신 사들여 멀쩡한 몸에 이 물질 집어넣는 되풀이 지겨움의 해결책은 마스크 개념에 답이 있는 것이 아닐까. 단 한 명의 환자도 안 나올 때까지 한번 내린 지침을 고수하는 선택된 지침이었으면 좋았을 것을 언제까지 국민의 긴 행렬이 땡볕에 줄 서서 차례를 기다리게 할 것인가. 그리고 코로나에 밀려 계류 중인 국정 업무는 언제 다 해결하자는 심사인지 이 나라 국민의 한 사람으로서 우려스러운 마음에 한목소리를 내지만 혹여 일방적인 나 개인의 실수담으로 옳은 정책임을 모르고 실소한 건 아닌가 하는 자구심도 있어 당국에 죄송함도 없지 않아 있다. 대통령도 하는 실수를 나라고 비켜갈 순 없는 일. 이미 물은 엎질러진 것이고 어쨌거나 방역당국의 참신한 정책이 내가 바라는 소망일지라.

•

삶의 의미가 담기는 것들

먹고사는 문제. 수염이 석 자래도 먹어야 양반. 당신은 무엇을 먹고사십니까? 이념도 세대도 밥상 민심 앞에는 장사가 없다고 했다. 나라님이 새겨들어야 할 대목이다. 인간도 동물도 잡초 한 포기조차도 살아 움직이는 것이라면 먹어야 사는 이치는 이하 동문이다. 사람은 밥을 먹어야 한다. 육식동물은 고기를 먹어야 하고, 초식동물은 풀을 먹고 산다. 초식동물의 먹이가 되는 초원의 풀은 대지의 습기와 빗물을 얻어야 산다. 이렇듯 하찮은 어느 것 하나 미물까지도 자기 몫을 다하며 살아가는 책임감이 있어 세상이 형성되고 아름다움이 생겨나고 행복을 느끼며 사는 것이다.

아무리 인생사가 힘들고 고단해도 우리가 항상 잊지 않으며 살아가야 할 의무 같은 게 하나 있다. 바로 자연보호다. 고도의 산업화로 산과 들, 논밭 천지에 산업시설이 들어옴으로써 훼손되지 말아야 할 안타까운 것들이 우리 곁에서 사라져간다. 언제 이 산이 저기에 있었을까 싶을 만큼 산이 헐리고 강을 메워서 사람의 터전으로 자리바꿈을 한다. 고향을 떠나 수년 만에 찾아본다. 여기가 거기든가 긴가민가하고 서먹하며 낯선 이미지에 서운해하며 이내 향수에 젖는다. 지금 어디를 가도 온전한 전원이 아닌 농촌은 없다.

공장과 주거가 어우러져 공생관계에 사뭇 심각한 상태가 되어가고 있다. 울타리 너머로 발꿈치 들어 얼굴 보며 별미를 나누어 먹던 옛날의 농촌은 없다. 언 발 동동거리며 코 훌쩍거리던 아이들이 없고 연지곤지 찍고 시집오면 한바탕 동네잔치가 벌어지던 경사가 없다. 추억 속에만 있는 동화 같은 세상이 됐다. 저녁 연기 피어오르던 드높은 굴뚝과 키 낮은 집들은 폐허가 되어 흉물스럽고 허리 굽은 백발의 노인 둘만이 느린 동작으로 텃밭을 일굴 뿐이다. 나이 많은 이장이 제 부모 봉양하듯 이 집 저 집을 드나들며 홀로 외롭게 사는 노인들을 돌보느라 여념이 없다. 잎이 다 떨어진 앙상한 감나무에는 벌써 땄어야 하는 연시가 까치밥이 되어 짓물러가고 있다. 퍼내고 퍼내도, 마르지 않던 저녁 쌀 씻고 빨래하던 여인네 웃음 소리, 수다가 그치지 않던 용천 샘물도 빛바랜 나무 뚜껑이 덮혀진 채 썩어가고 둥근 박이 여물던 가을의 초가지붕 허름한 자리엔 키 큰 잡초만이 무성하다.

　문명의 이기에 인간은 지쳐가고 있다. 어느 것 하나 부족함 없는 물질 만능의 시대에 살기에 몸과 마음이 편하고 모자라고 그리운 것 없지만 허망해가는 민심과 정이 메말라간다. 자기 부정을 정당화하고 앞서가는 자의 뒷덜미를 낚아채는 이권주의 만행이 스스럼없이 자행된다. 도덕은 무너지고 타인을 이용한 사기와 방종이 노골화되는 슬픈 현실이 눈앞에 있다. 혐오스럽게 이웃이 경계하고 문을 처닫아 걸고 대화 없는 성냥갑 속에 산다고 할 만한 세상이다. 사람은 눈으로 보는 것과 듣는 이해가 다르다. 만지고 보고 느끼면 서로 교감하지만 듣기만 하고 볼 수 없을 땐 금방 잊거나 오래 기억하지 않는다. 직접 보면서 느끼면 감정은 통찰에 이를 만큼의 능력으로 받아들이는 뇌가 있어 오래 기억하고 추억으로도 간직하게 되는 것이다. TV 속 화면은 온통 무희와 가무, 별난 오락물 범죄를 다룬 불륜 등 비관적 인생관을 흥미 위주로 각색하여 방영하므로 혼란을 주고 만들지 말아야 할 프로그램 개발에 열을 올린다. 보고 배울까봐 걱정스러운 폭력물 갖가지 범죄 유형, 자식을 둔 부모라면 실로 걱정스러운 볼거리들이 우후죽순 이어서 간담을 서늘케 한다.

　학교 수업도 그렇다. 아무리 세계화 시대라 하지만 우리 말보다는 외래어 교육에 치중하는 교육제도에도 문제가 있다. 백문이

불여일견이라는 말이 있다. 백 번 듣고 보는 것보다 한 번의 실전 현장경험이 더 실속이 있다는 뜻이다. 주입식 교육에서 벗어나 현장 투입식 교육이 앞서야 한다. 무엇보다도 사람이 되는 인성교육에 중점을 두어 아이들을 훈육할 일이다. 또한, 우리의 얼에 대한 교육도 서두를 일이다.

내 균형의 마블링

한숨 놓아도 되겠구나 했더니 일보다도 더 고된 복병을 만났다. 이 나이에 노동으로 생계를 꾸려가겠다고 굳이 나서야 할 이유는 없다고 본다. 못 먹고 못 살던 시대, 수명이 고작 환갑을 넘기면 장수 집안이라고 하며 동네잔치를 크게 하던 때가 있었다. 내가 어린 시절이 그때였으니 50~60년 전이라고 보면 된다. 이런 경사스런 환호가 있기 전인 호랑이 담배 피던 시절로 가보자. 부모가 고령이면 자식이 부모를 지게에 짊어지고 산속으로 가 토굴을 파고 그곳에 산 채로 들어 앉혀놓고 목 놓아 슬퍼하며 산을 내려오던 일명 고려장, 그 고려장에 원귀가 돼도 한참 됐을 그런 나이에 핀잔과 모욕을 당하면서 먹고 살겠다고 노동에 집착하는 내 자신이 원망스러울 만큼 굴욕적 치욕은 나에게 하루하루가 지옥이었다.

울며 겨자 먹기로 6년여를 버티다 아비규환의 구덩이에서 벗어났다. 오래도록 벼르고 벼르던 내 노동의 끝이 지난달 8월 종지부를 찍었다. 체질상 나이와는 상관없이 건강체에서 아직 일할 능력은 다분한 상태다. 어쩌다 일손이 모자라 일용직을 쓸 때가 있는데 일하러 온 젊은 놈도 하는 말이 여지껏 몇 년간 한국에 와 별별 일을 다 해봤지만 이 집 일같이 먼지 많이 나고 힘든 일은 처음이라며 이런 중노동을 어떻게 매일매일 하느냐며 참 대단한 사람들이라는 핀잔을 듣기도 했다.

퇴근 때 내일도 와서 좀 도와달라 하면 싫단다. 이 돈 받고 누가 이런 일을 하냐는 게 핑계의 이유다. 생명을 담보한 지독한 본드, 먼지와 큰 소음, 허리 휘는 무거운 물건을 공깃돌 놀리듯 다뤄야 하는 벅찬 일일망정 요령으로 습관화된 탓에 그리 힘든 줄 모르고 해내지만 결국은 속으로 골병드는 노동 중 상노동이 내가 하는 일이었다. 이런 중노동에 비해 월급은 쥐꼬리 최저임금에도 못 미치는 일용직의 반도 안 되는 저임금이 내 월급이었고, 1~2년에 한 번 올려준 월급이 6년여 만에 법적으로 조치된 최저임금 수준이 내 한 달 급여였으니 이건 봉사료도 아니고 나이 먹고 늙은이라는 이유를 들어 차별된 얄팍한 오너의 계략에 희생물이 된 것이 나였다.

기술이 전제치 않고 힘만 있으면 해낼 수 있는 단순 작업이면서 일의 종류는 수십 가지로 곤욕스러울 때가 참 많았다. 중노동이면 거기에 해당하는 보상이 주어져야 마땅한 일이 아니겠는가. 왜 거기에 나이가 무슨 상관이며, 도매금으로 차별을 받아야 하는지 해명을 듣고 싶다. 울지 않는 아이 젖 안 물린다고 다그치고 보채지 않아, 네가 이곳이 아니면 나이 먹고 갈 데가 있간? 주는 대로 받어. 이유 불문 칼자루 쥔 건 나니께, 그거면 됐지. 늙은이가 삐딱하면 관두시던가. 쌔고 쌘 게 사람인데 뭐 맘대로 허셔. 사회생활이 그렇듯 주어진 일에 능력이 생기고 연륜이 있으면 그에 따른 대우와 진급이라는 계급사회가 엄연히 존재한다. 그러므로 말단일망정 자기 직급에 걸맞는 보상은 정당한 것이다. 저임금의 노동 착취로 나만 잘 살겠다는 얄팍한 업주라면 기업의 오너로서는 자격 미달이다. 그런 작은 그릇으로서는 절대 성공할 수 없음을 스스로 자각해야 할 일이다. 사람 몇 명의 소규모 공장에서 대기업으로 부를 이루어 성장한 그릇 큰 오너들의 생각을 담은 책 속의 기업정신을 탐독하여 배우고 실천할 일이다.

어떻게 해야 큰 그릇이 될 수 있는가를 밤을 새워 고민할 일이다. 내 회사를 위해 몸 바쳐 일하는 종업원을 차별 없이 내 가족처럼 껴안고 최대한의 인격으로 대우해줄 때 인간은 생각하는 감정의 동물이어서 은혜를 알고 있기에 그에 버금가는 내 충성의 자비를 최대한 발휘해 회사를 위해 성심성의를 다하리라는 충성심이 생겨나는 것이다. 어떻게 내 것은 안 주면서 받으려고만 하면 되겠는가. 작은 말 한마디로 천 냥 빚을 갚는다는 옛 속담을 상기할 일이다. 나누고 베풀면 반드시 보상은 배신하지 않는다는 사실을 인식할 일이다. 내 이익만을 위해 최소한의 경비로 최고의 이익을 챙기려는 의도는, 오너로서의 기업정신은 최악인 0점이다. 나를 위해, 나의 기업을 위해 수고하는 노동자에게 최고의 예우는 인간적이며 기업가라면 꼭 갖추어야 할 정신적 필수 아이템인 것이다. 예의주시할 일이다.

무지개빛 꿈을 찾아서

당신은 지금 무얼 하고 계십니까? 할 일 없는 늙은이가 되어 노인정에서 장기 훈수나 두고 계시죠. 무슨 소리! 아니 올씨다. 백수로 돈은 못 벌어도 할 일이 태산이오. 할 일 없는 늙은이라니, 예끼이 잡사람. 내가 시방 어떻게 하고 있는지 한번 볼텨? 나는 아마추어 작가다. 2014년 두 권의 소설을 출간해 인터넷상에 이름을 알린 바 있고, 세 번째 책이 출간 중이다. 틈틈이 써둔 두 권 분량의 원고가 쌓여있고, 총 10권의 책을 출간하는 게 나의 목표다. 작가라는 이름으로 책상머리에 앉았다. 평생의 꿈인 가수의 길을 끝내 못 이루고 한을 남긴 채 밥벌이에 전전하며 틈틈이 밤새워 글을 쓰며 생명을 담보한 더러운 먼지 속에 중노동을 하다가 생각을 바꿨다. 이런저런 추하고 아니꼬운 일상을 청산하고 언제까지라고 기약 없는 글을 쓰기 위해 안방 샌님이 됐다.

 힘든 노동에서 탈출하여 자유로운 몸이 되어 한나절이 되도록 늦잠을 퍼질러 자도 어느 누구에게 제약받을 일 없다. 비 개인 오후, 잡다한 밀린 일거리가 골치인 듯 육체적 고통에서 벗어나자 이젠 정신적 고통을 떠안아야 하는 운명 같은 현실에 직면하여 고통스런 지혜를 모아야 한다. 짧은 식견으로 백지를 채워나가는 건 각고의 노력 없인 불가능하기에 내 노년의 인생을 건 모험을 시도하고 있는 것이다. 내일을 향한 오늘의 고뇌는 내일 날의 행복을 추구하는 일이다. 세상에 태어나 먹고 자고 일만 하다가 생을 마치는 그런 심판 없는 인생은 시시해서 싫다. 사람은 태어나 서울로 가고, 말은 태어나 제주로 간다고 했다. 서울은 그 나라의 수도다. 발전의 모태가 되는 삶의 근간이 되며, 꿈을 키울 수 있는 요람의 본거지이기 때문이다. 유행이 앞서는 게 서울이고 인텔리들이 탄생하는 본고장이 서울이다. 탐라국 하면 제주가 얼른 생각난다. 굵직굵직한 고구려나 신라, 백제 그리고 제주의 탐라국이 있다. 뭍에서 멀리 떨어진 물 위의 섬 제주는 말의 본고장이다. 장군이 타고 병사가 전쟁터에서 말 달리며 싸우던 날렵한 말들이 제주에서 병마로 길들어졌다는 역사의 기록처럼 지리적으로나 기후, 말 먹이가 풍부한 드넓은 초원 삼박자가 말 사육에 적합한 이유였을 게다.

나는 서울로 가고 싶은 것이다. 수도는 모든 것의 중심이다. 보리 강촌의 평범한 젊은이가 꿈을 향해 몰래 고향을 빠져나와 서울에 입성해 수년 후 출세하여 가산을 세우는 현실을 볼 때 서울은 꿈꾼 자를 불러들이는 낯선 마음속 고향이리라. 눈 감으면 코 베어간다는 옛말이 있다. 서울을 두고 한 말이다. 서울은 각처에서 모여든 모산지패가 모여 경쟁하고 다투며 삶을 꾸려가는 긴박한 현실에 머리 회전과 능력이 남달라야 하는 불협화음의 도회지로 지혜가 없으면 군림할 수 없는 불모지라 할 만큼 녹녹지 않은 곳이 서울이다. 출세를 하려거든 서울로 가라는 말이 있다. 전국 각처에서 자신의 큰 뜻을 이루고자 불철주야 구름처럼 출세의 가도로 서울을 동경하는 것이다. 이제 나는 시간이 별로 많지 않은 사람이다. 시절을 낚는 강변의 한가한 태공이 아니다. 번갯불에 콩을 볶도록 뛰어도 나는 불만이 태산이리라.

글 쓰는 일은 나의 본업은 아니다. 글을 써 밥을 먹어야 하는 절박함도 아니다. 나는 내 글을 상품화하려 하지 않는다. 감히 문학에 문자도 모르던 내가 무슨 돈벌이 수단이 될 것이며 유명세로 이름을 남길 것인가. 이것은 나의 솔직한 푸악이다. 어느 작가처럼 베스트셀러를 써 큰돈을 벌어 부와 명예를 한꺼번에 얻고 싶은 야심에 찬 욕망 따위도 없다. 책을 써서 팔리면 좋고 안 팔리면 말고 아무런 부담이 없는 온전한 내 노년의 취미의 글일 뿐이다. 어느 전문가에게 글 쓰는 방법을 전수받은 적도, 전문대 국문과를 나온 이력도 없는 문학에 문외한으로 그냥 생각이 미치는 대로 소신껏 써 한 권의 책을 만들지만, 여러모로 부족함이 많다 보니 노력이 갑절이어서 힘이 드는 것은 어쩔 수가 없다. 인내로 끈기로 쓴다. 아마추어 작가일 뿐이다. 작가라는 이름조차도 나에게는 사치다. 귀뚜라미, 여치, 찌르래기 노래하는 모깃불 한여름밤 마당에 멍석을 깔고 밤이 이슥하도록 손자, 손녀에게 들려주던 할아버지의 옛날이야기 같은 재미있고 구수한 글을 찾아 꿈에서조차 헤맬 일이다. 일평생을 손에서 연필을 놓아보지 않은 일편단심 민들레가 나다.

　평생 일기를 쓰면서 글에 대한 매력을 얻었을 성싶고 그 답습된 일기로 하여금 쓰는 취미에 내 감정을 빼앗겼나 보다. 성격은 차분하고 고상하다. 혼자라면 더없이 좋은 고독이 내 이상이며 O형의 피로 매우 감성적이다. 남을 추월하고 앞서기보다 한발 뒤져서 먼저 배려하고자 하는 게 나의 미덕이며, 모나지 않고 방종이 허락지 않는 느림의 미학을 큰 덕으로 좌우명을 살았다. 가난하지만 착하게 산다. 있으면 주고 싶고 나누고 싶은 것이 내 진심의 전부다. 가진 것 없어 빈곤한 살림일망정 가진 자를 부러워하고 돈에 대한 애착과는 거리가 먼 내 욕심 없는 심성이 바보스럽지만 없는 것도 팔자요, 운명이라며 술 한 잔에 시 한 수로 답하며 자리를 떠 껄껄거리는 방랑시인 김삿갓과 내가 무엇이 다를까 하는 감정에 젖기도 한다. 허탈하게 모든 걸 운명으로 돌리고 다 내려놓으니 내가 신선이지 하는 마음에 나는 누구인가라며 내 인생에 늘 감사하며 그렇게 살기로 했으니 여기 내 숨 쉬고 있는 이곳이 무릉도원이 아닐까.

하늘로 가는 비문의 시(詩)

    열 달 어머니 모태에서 나 세상 밖으로 나와, 희로애락의 삶을 살았어. 인생 길어봤자 고작 일백 년 안팎인 것을 사노라니 굴곡도 무궁했지. 기쁜 날보다 슬프고 힘겨웠던 날이 더 많았던 내 한평생이어서 그러려니 하고 맥 놓구 살다 보니 서산에 해 기울 듯 어느새 몸은 늙고 무심한 게 세월만 갔네. 천 리 먼 길, 나 이제 떠나려 하네. 아쉬움 하나 있다면 천륜인 내 두 새끼 세상에 반드시 세워놓고 영영 보지 못하고 다시 올 수 없는 저 높은 하늘나라로 아버지라는 이름 석 자 남기고 훌쩍 떠나야 하는 서러운 눈물 하나와 마음에 담아둔 못다 한 일 아직도 태산인데 이대로 가야 하니 길 떠나는 등짐이 너무도 무거워 섭섭한 마음이지. 마지막이라는 세상과의 인연이 여기까지가 끝인데 이별 연습도 없이 태고의 섭리따라 한양 가듯 나 즐겁고 행복한 마음으로 소풍 가듯 북망산천 떼 입힌 새집으로 훌연히 이사 가네. 여보게. 나 이승의 한세상 잘 살다 가노라고 안부 전해주시게. 나 지금 소풍 가는 길이라고.

    2017년 11월 어느 날 아침, 멍 때리듯 긴장을 늦추고 체념이라도 한 듯 두 눈을 감고 스테레오로 가곡을 듣는다. 한 주 내 끕끕했던 온몸의 피곤함이 눈 녹듯 착 가라앉아 마치 땅속으로 꺼지는 듯한 느낌이다. 고음으로 볼륨을 높였다. 가곡은 추억과 향수를 부르고 과거사를 일깨워주는 매력이 있다. 가사 자체나 음악의 색깔이 정갈하며 겸허함과 미덕이 묻어나는 선곡자들의 숨은 내공의 실력이 여실히 드러나는 감성의 하이 파이브여서다. 음감으로 행복한 마음이어야 할 때 왜 갑자기 이런 생각을 했을까? 세상에 이유 없는 항변이 없듯 우연한 사고이거나 자살, 몹쓸 병마로 앞서간 친구들의 비운이 떠오르면서 나도 언젠가는 예외일 수 없는 내 생의 미로에 회의라도 느끼는 것일까? 언뜻 유언이라는 두 글자가 상념에 오른다. 그러면서 작금의 내 연륜을 헤아려본다. 나이 차 노령에 이르면 밤새 안녕이라는 노인을 두고 흔히 이르는 유행어 같은 것이 있다. 이런 말이 오갈 때면 때로는 공허한 심적 난타로 팬한 자만에 빠져 고민하기도 한다. 조금 전까지만 해도 감성에 행복하기만 했던 음악이 갑자기 소음처럼 시끄러워 음을 정지시켰다. 머릿속이 심란했을까? 눈을 감아본다. 북망산천의 덩그런 묘지의 봉분과 줄 지어선 비문의 형상이 행렬을 다투듯 시야를 훑고 지나간다. 아직은 아니다.

　먼 훗날 내 사후를 대비한 하나의 상징물인 한 편의 시를 비문에 새겨두자. 그렇게 하기로 하자. 아직 멀쩡하고 건강한 몸으로 말이 씨가 된다는 불길한 생각을 비문에 새길 글귀를 그것도 기분 좋게 음악을 듣다가 느닷없이라는 어처구니 속에 이거 재수 없는 생각은 아닐까. 방정맞은 잡스런 심경은 아닐는지. 개똥밭에 굴러도 이승이 좋다 하듯 운명이라는 것과 죽음의 상관관계는 함부로 할 수 없는 인간주의적이어서일까. 어렵사리 써놓고 나서도 왠지 찝찝한 마음과 개운치 않음은 수많은 묘한 감정들을 불러 모으니 별로 영양가 없는 짓거릴 한 것 같아 멋쩍기가.